MANUAL DO PERFEITO

LATINO-AMERICANO

Plinio Apuleyo Mendoza
Carlos Alberto Montaner
Alvaro Vargas Llosa

MANUAL DO PERFEITO IDIOTA LATINO-AMERICANO

13ª EDIÇÃO

Apresentação
Mario Vargas Llosa

Prefácio
Roberto Campos

Tradução
Rosemary Moraes e Reinaldo Guarany

BERTRAND BRASIL

Rio de Janeiro | 2025

Copyright © 1996 by Plinio Apuleyo Mendonza, Carlos Alberto Montaner e Alvaro Vargas Llosa

Título original: *Manual del perfecto idiota latinoamericano*

Capa: projeto gráfico de Simone Villas Boas

Editoração eletrônica: Imagem Virtual, Nova Friburgo, RJ

2025
Impresso no Brasil
Printed in Brazil

CIP-BRASIL. CATALOGAÇÃO NA FONTE
SINDICATO NACIONAL DOS EDITORES DE LIVROS, RJ.

M498m
13ª ed.

Mendonza, Plinio Apuleyo
   Manual do perfeito idiota latino-americano / Plinio Apuleyo Mendonza, Carlos Alberto Montaner e Alvaro Vargas Llosa; apresentação Mario Vargas Llosa; prefácio de Roberto Campos; tradução Rosemary Moraes e Reinaldo Guarany. – 13ª ed. – Rio de Janeiro: Bertrand Brasil, 2025.
   364p.

   Tradução de: Manuel del perfecto idiota latinoamericano
   ISBN 978-85-286-0594-5

   1. América Latina – Política e governo. 2. América Latina – Civilização. I. Montaner, Carlos Alberto. II. Vargas Llosa, Alvaro. III. Título.

97-0198

CDD – 320.98
CDU – 32(8.6)

Todos os direitos reservados pela
EDITORA BERTRAND BRASIL LTDA.
Rua Argentina, 171 – 3º andar – São Cristóvão
20921-380 – Rio de Janeiro – RJ
Tel.: (21) 2585-2070

Não é permitida a reprodução total ou parcial desta obra, por quaisquer meios, sem a prévia autorização por escrito da Editora.

Atendimento e venda direta ao leitor:
sac@record.com.br

SUMÁRIO

Prefácio da Edição Brasileira. Roberto Campos		7
Apresentação. Mario Vargas Llosa		15
I	Retrato de Família	23
II	A Árvore Genealógica	35
III	A Bíblia do Idiota	51
IV	Somos Pobres: a Culpa É Deles	77
V	O Remédio que Mata	119
VI	"Criar Dois, Três, Cem Vietnãs"	139
VII	Cuba: um Velho Amor nem se Esquece nem se Deixa	169
VIII	O Fuzil e a Batina	187
IX	"Ianque, Go Home"	219
X	Como É Linda Minha Bandeira	241
XI	O Idiota Tem Amigos	273
XII	Aí Vem o Lobo Feroz!	293
XIII	Os Dez Livros que Comoveram o Idiota Latino-Americano	307
Index Expurgatorius		349

PREFÁCIO DA EDIÇÃO BRASILEIRA

Só há uma coisa pior do que ser explorado pelo imperialismo; é não ser por ele explorado.

JOAN ROBINSON

A tradução do *Manual do perfeito idiota latino-americano* chega em boa hora. É leitura imperdível para todos que desejam se vacinar contra os diferentes "ismos", que nas últimas décadas constituíram o substrato cultural explicativo do atraso latino-americano — o nacionalismo, o populismo, o estatismo, o estruturalismo e o protecionismo. Todos trouxeram uma contribuição negativa. O nacionalismo, útil na fase de formação das nacionalidades, gradualmente tornou-se um obstáculo à importação de capitais e tecnologia. O populismo degenerou na proliferação de subsídios e na formação de custosas e ineficientes burocracias assistencialistas. Do estatismo resultou o Estado Empresarial, negligente em suas funções clássicas e invasor da esfera natural da atividade privada. O estruturalismo, ao subestimar o componente monetário da inflação, levou a políticas monetárias e fiscais permissivas, criando pressão inflacionária crônica e ocasionais hiperinflações. O protecionismo obliterou o princípio das vantagens comparativas e sancionou a criação ou sobrevivência de setores não competitivos; a eficiência depende não apenas do livre ingresso de novos competidores como do desaparecimento dos ineficientes, coisa inviabilizada pela combinação de protecionismo e estatismo que tem caracterizado a cena latino-americana. Juntas, essas deformações culturais constituem a doença dos 'ismos', que obscureceu por longo tempo nossa percepção dos componentes fundamentais do desenvolvimento econômico: espírito empresarial, produtividade e poupança. São qualidades que vicejam sobretudo em ambientes institucionais que preservam a liberdade competitiva e prestigiam o direito de propriedade contra o Estado interventor e predador.

O original castelhano do *Manual* tem um prefácio do notável escritor Mario Vargas Llosa e foi escrito, a três mãos, com grande verve, boa pesquisa histórica e agudo senso econômico, por Plinio Apuleyo Mendoza (colombiano), Alberto Vargas Llosa (peruano) e Carlos Alberto Montaner (cubano). O último é um democrata belicoso, que apoiou Fidel Castro na derrubada de Batista, e depois teve de enfrentar uma nova ditadura, a do próprio Fidel. Todos os três foram simpatizantes do marxismo, que nos anos 50 e 70 grassou na América Latina como uma espécie de gonorréia juvenil, até que a queda do muro de Berlim agisse como penicilina ideológica.

O *Manual* é uma devastadora catilinária contra a mitologia latino-americana dos nacional-populistas e esquerdistas. Aqueles, afeiçoados à arte de distribuir e incompetentes na arte de produzir, inflingem, através do populismo clientelesco, patrióticos infortúnios à população. Estes, contumazes idólatras do fracasso, recusam-se a admitir que as riquezas são criadas pela diligência dos indivíduos e não pela clarividência do Estado; que resultam da disposição de poupar e correr riscos de investidores nacionais e estrangeiros; que os monopólios estatais são fontes de abuso e ineficiência; que o melhor instrumento de controle

PREFÁCIO DA EDIÇÃO BRASILEIRA

social do mercado é a concorrência e não o altruísmo do burocrata; e que a intervenção estatal gera privilégios e corrupção.

São parte da idiotice latino-americana a falsa causalidade e a errônea identificação de inimigos. Exemplos da falsa causalidade é a seguinte tirada slogânica: "O subdesenvolvimento dos países pobres é o produto histórico do enriquecimento de outros. Em última instância, nossa pobreza deve-se à exploração de que somos vítimas por parte dos países ricos do planeta." Para essa cultura da inveja, a economia internacional é um jogo de soma zero, no qual inexiste a noção de vantagem mútua.

A errônea identificação de inimigos consiste em atribuir-se a pobreza endêmica e os absurdos desníveis de renda na América Latina ao capitalismo e ao liberalismo, animais quase inexistentes em nossa paisagem e que apenas agora ensaiam uma tímida presença. Os reais inimigos são outros: o mercantilismo patrimonialista, o estatismo e o nacionalismo. Eles é que explicam os monopólios estatais dispendiosos e ineficientes; a inflação crônica, o empobrecimento e a extorsão imposta a poupadores e a usuários, vítimas de altas tarifas, impostos complexos e confiscos periódicos. Cabe, aliás, notar que o nacionalismo nem sequer é produto nativo; é um transplante europeu. O produto nativo deste subconsciente é o caudilhismo político.

O *Manual* dá explicações interessantes sobre o antiamericanismo, que é capítulo obrigatório na Bíblia do idiota latino-americano. Há um componente "cultural", ancorado na tradição hispano-católica; um "econômico", conseqüência de uma visão nacionalista e marxista das relações econômico-financeiras entre o "império" e as "colônias"; um "histórico", derivado dos conflitos armados entre Washington e alguns vizinhos do sul; e um "psicológico", produto malsão dessa mistura de ódio e admiração, que nos provoca a grande nação do Norte. O antiamericanismo é uma espécie de "mau hálito" do terceiro-mundismo, que até recentemente poluía a política externa brasileira, assim como a de países vizinhos.

É impiedosa a demolição feita, pelos autores, de mitos revolucionários e de heróis populistas: Pancho Villa, Augusto Sandino, Fidel Castro, Perón, Allende, Che Guevara, Velasco Alvarado. Colocados sob a lupa implacável da análise de resultados, tornam-se figuras menores, diferenciadas apenas pelo seu grau de masoquismo imaginário ou pelo infortúnio que impuseram a seus países. "*Somos pobres: la culpa es de ellos*" é o refrão de todas essas figuras, cuja sensatez econômica é inversamente proporcional à capacidade de suas glândulas salivares...

Enfocando principalmente o componente hispânico, o *Manual* subestima a contribuição brasileira para a idiotice do subconsciente. Vargas, com sua estranha mistura de nacionalismo, despotismo e populismo paternalista, é mencionado apenas *en passant*. Nada se diz sobre figuras políticas mais recentes, como o líder sindical e candidato presidencial José Luiz Inácio Lula da Silva (Lula), segundo quem a inflação seria devida não à expansão monetária do Governo e sim à "ganância dos empresários". Ou sobre as arengas de Leonel Brizola, segundo o qual nosso subdesenvolvimento resulta das "perdas internacionais" que nos impõem as multinacionais, exploradoras de nossas riquezas. Ou sobre a paranóia antropológica de Darcy Ribeiro. Este declara que os Estados Unidos, talvez a sociedade mais inovadora e criativa da era moderna, são um mero transplante da Europa, que "não apresenta novidade nenhuma neste mundo". O Brasil, por contraste, seria a Nova Roma, "tardia e tropical", na qual a mestiçagem se torna um misterioso detonador de criatividade! A verdade, naturalmente, é outra. Boa parte de nosso subdesenvolvimento se explica em termos culturais. Ao contrário dos anglo-

PREFÁCIO DA EDIÇÃO BRASILEIRA

saxões, que prezam a racionalidade e a competição, nossos componentes culturais são a cultura ibérica do privilégio, a cultura indígena da indolência e a cultura negra da magia...

Os dois brasileiros que merecem mais espaço no *Manual* são Frei Betto e Fernando Henrique Cardoso. O primeiro, por causa de seu apostolado da Teologia da Libertação. Este porque um de seus livros, intitulado *Dependência e desenvolvimento na América Latina*, tornou-se um dos "*diez libros que conmovieron al idiota latinoamericano*".

A Teologia da Libertação é uma espécie de coquetel de frutas retirado do "refrigerador teológico" para livrar os pobres de seus inimigos satânicos. Mistura-se, diz o *Manual*, uma onça de Hegel — a idéia da consciência como fator de liberdade —, outra de Freud — o comportamento humano condicionado pelo inconsciente que reprime nossa psiquê —, e finalmente uma onça de Marcuse, ou seja, a repressão social da coletividade inconsciente. Essa coletividade inconsciente seria resgatada ao lhe ser devolvida a consciência social! Administrado tal coquetel filosófico e ideológico, libertar-se-ia o povo da repressão que o impede de perceber que está sendo explorado. O socialismo seria assim uma espécie de trampolim para o céu, e o capitalismo, presumivelmente, um tobogã para a terra. Para Frei Betto, o capitalismo e a economia de mercado estão na raiz de nossa miséria e da injustiça. Só que essas instituições nunca vicejaram na América Latina, onde imperam o estatismo e o patrimonialismo. Frei Betto é capaz de dizer, com unção evangélica, megabobagens como as seguintes: "Cuba é o único país onde a palavra dignidade tem sentido." Ou então: "Em nossos países se nasce para morrer. Em Cuba, não!" O capítulo do *Manual*, que tem o sugestivo título "O fuzil e a batina", é uma devastadora crítica da "teologia da libertação", com seu vezo econômico antiliberal, traduzido numa absurda tentativa de síntese entre o marxismo e o cristianismo. O único resultado é a transformação da inveja em fator de salvação eterna.

O livro de FHC, escrito com colaboração de Enzo Faletto, publicado em 1969 (com 26 reedições), justifica plenamente a recomendação do autor para que esqueçamos o que escreveu. Os países se dividiriam entre "centro" e "periferia". Estes, subdesenvolvidos, cumpririam na economia mundial as funções que lhes fossem determinados pelos países do Centro. Suas decisões de produção e consumo se tomariam em função da dinâmica e dos interesses das economias desenvolvidas. Nascido do propósito de encontrar uma explicação para os fracassos da doutrina cepalina de substituição de importações (que não lograra diminuir a brecha que separava os Estados Unidos e o Canadá de seus vizinhos do Sul) — a "teoria da dependência" acabou fazendo uma homérica confusão entre estágios temporários de subdesenvolvimentos e fatalidades sociológicas. Com o salto espetacular dos tigres asiáticos na última década, que tornou os "periféricos" Hong Kong e Cingapura mais ricos do que a metrópole inglesa, e com a sofisticação de Taiwan e Coréia em indústrias de ponta, a teoria da dependência caiu no ridículo.

FHC faria anos depois, durante a década "revisionista" dos 80, um trânsito exitoso da academia para a política. Bem antenado para os acontecimentos mundiais, reconheceu a superioridade das economias de mercado e as vantagens da tríplice abertura internacional para as importações, tecnologia e investimentos. Eleito presidente do Brasil em 1994, com uma plataforma reformista de modernização capitalista, é hoje acusado de "neoliberal". A acusação é francamente exagerada, pois até hoje FHC não fala em "economia de mercado" e sim em "mercado socialmente controlado", expressão simpática porém conceitualmente contraditória. Assim,

PREFÁCIO DA EDIÇÃO BRASILEIRA

a conversão de FHC ao liberalismo, conquanto sincera, não é completa. Mas essa conversão revela que o subdesenvolvimento mental, característica das esquerdas brasileiras, conquanto doença grave e contagiosa, não é incurável.

O subdesenvolvimento latino-americano não resulta da espoliação internacional ou da falta de recursos naturais. Nem se pode dizer que sejamos vítimas do capitalismo selvagem, pois que nunca nos livramos do mercantilismo patrimonialista, com seus monopólios estatais, burocracias corruptas, fiscalismo predatório e clientelismo político.

A filtragem de numerosas experiências de desenvolvimento, sejam exitosas, sejam fracassadas, permitem-nos hoje detectar com satisfatória acurácia os tijolos institucionais do desenvolvimento sustentado: razoável estabilidade de preços, competição na microeconomia, investimento na formação do capital humano e abertura internacional. As vigas do edifício são o respeito à liberdade empresarial e ao direito de propriedade.

Ao invés de exorcizar falsos demônios, temos de reconhecer que o subdesenvolvimento é, na essência, menos um problema material do que cultural: um misto, em suma, de idiotice e "mau caratismo". Infelizmente, ambas as coisas são abundantes neste subcontinente, que lorde Palmerston outrora chamou de "continente desperdiçado"...

ROBERTO CAMPOS

APRESENTAÇÃO

Acredita que somos pobres porque *eles* são ricos e vice-versa, que a história é uma bem-sucedida conspiração dos maus contra os bons, onde *aqueles* sempre ganham e nós sempre perdemos (em todos os casos, está entre as pobres vítimas e os bons perdedores), não se constrange em navegar no espaço cibernético, sentir-se *on line* e (sem perceber a contradição) abominar o consumismo. Quando fala de cultura, ergue a seguinte bandeira: "O que sei, aprendi na vida, não em livros; por isso, minha cultura não é livresca, mas vital." Quem é ele? É o idiota latino-americano.

Três escritores (latino-americanos, é óbvio) o citam, dissecam, resenham, biografam e imortalizam num livro — *Manual do perfeito idiota latino-americano* — escrito como os bons matadores toureiam os miúras: aproximando bem o corpo e deixando nacos de pele na faina. Mas a ferocidade da crítica que o anima está abrandada pelas gargalhadas que salpicam cada página e por uma desapiedada autocrítica, fazendo com que seus autores incluam suas próprias idiotices na deliciosa antologia da estupidez que, à guisa de índice, encerra o livro.

Conheço muito bem os três, e suas credenciais são as mais respeitáveis que um escrevinhador pode exibir em nossos dias: Plinio Apuleyo Mendoza é constantemente assediado pelos terroristas colombianos ligados ao narcotráfico e à subversão, que há anos querem matá-lo por denunciá-los sem trégua em reportagens e artigos; Carlos Alberto Montaner lutou contra Batista, depois contra Castro e há mais de 30 anos luta do exílio pela liberdade de Cuba; e Alvaro Vargas Llosa (por acaso meu filho) tem três julgamentos pendentes no Peru de Fujimori como "traidor da Pátria" por condenar a guerrinha estúpida na fronteira do Peru com o Equador. Em algum período de sua juventude, os três passaram pela esquerda (Alvaro diz que não, mas descobri que fez parte, quando em Princeton, de um grupo radical que, usando boinas a la Che Guevara, fazia manifestações em frente à Casa Branca) e agora todos são liberais, nessa variante às claras e sem complexos que também é a minha, fazendo em alguns terrenos fronteira com o anarquismo, e a que o personagem desse livro — o idiota ultrapassado — se refere quando fala de "ultraliberalismo" ou "fundamentalismo liberal".

A idiotice que impregna esse manual não é aquela do tipo congênita, essa natureza do intelecto, condição do espírito ou estado de ânimo que enfeitiçava Flaubert — a *bêtise* dos franceses. Esse tipo de idiota desperta o afeto e a simpatia, ou, pior, a comiseração, mas não o desprezo nem a crítica, e às vezes até uma secreta inveja, pois nos idiotas de nascença, na espontaneidade da idiotice, há algo parecido com a pureza e a inocência, além da suspeita de que neles poderia ocultar-se nada menos que essa coisa terrível chamada pelos crentes de santidade. A idiotice que essas páginas ilustram é outra. Na verdade, ela não é somente latino-americana: corre como o azougue e crias raízes em qualquer parte. Postiça, deliberada e de livre-escolha, é adotada conscientemente por preguiça intelectual, apatia ética e oportunismo civil. É ideológica e política, mas acima de tudo frívola, pois revela uma abdicação da faculdade de pensar por conta própria, de cotejar as palavras com os fatos que pretendem descrever, de questionar a retórica que faz as vezes de pensamento.

Ela é a beatice da moda reinante, o deixar-se levar sempre pela corrente, a religião do estereótipo e do lugar-comum.

Ninguém está livre de sucumbir, em algum momento de sua vida, a esse tipo de idiotice (eu mesmo apareço na antologia com uma citação perversa). Ela reforça a estupidez ontológica — como o funcionário franquista que, numa viagem à Venezuela, definiu o regime em que vivia: "O franquismo? Um socialismo com liberdade." — com idiotices passageiras e quase furtivas, de genialidades literárias que, num súbito assomo de lírica inocência, explicam, como Julio Cortázar, que o Gulag foi apenas um "acidente de percurso", ou documentam, com onisciência matemática, como o fez García Márquez em sua reportagem sobre a Guerra das Malvinas, quantas castrações foram realizadas por minuto a golpes de cimitarra pelos *gurkas* britânicos nas hostes argentinas.

Os contra-sensos dessa estirpe são perdoados com facilidade por serem breves e pelo ar risonho que assumem; asfixiantes são os que se enroscam em barrocos tratados teológicos, explicando que a "opção pela pobreza do genuíno cristianismo" passa pela luta de classes, pelo centralismo democrático, pela guerrilha ou pelo marxismo, ou por pacotes econômicos a demonstrar, com bombardeios estatísticos e tabelas comparativas de ficção científica, que cada dólar contabilizado como lucro por uma empresa norte-americana ou européia consagra o triunfo do modelo Shylock no intercâmbio comercial, porquanto preparado com sangue, suor e lágrimas terceiro-mundistas.

Existe a idiotice sociológica e a da ciência histórica; a politológica e a jornalística; a católica e a protestante; a da esquerda e a da direita; a social democrata, a democrata cristã, a revolucionária, a conservadora e — ah! — também a liberal. Todas estão aqui registradas, retratadas e maltratadas sem piedade, embora, sem sombra de dúvida, com saboroso humor. Na verdade, esboça-se no livro, em seus jocosos treze capítulos e em sua imperdível antologia, algo que aglutina e explica todas essas aberrações, equívocos, deformações e exageros delirantes que se fazem passar por idéias: o subdesenvolvimento intelectual.

O grande mérito do livro está na seriedade escondida sob a veia risonha com a qual foi concebido: mostrar que todas as doutrinas que procuram analisar profusamente realidades tão dramáticas como a pobreza, os desequilíbrios sociais, a exploração, a inépcia para produzir riqueza e criar emprego e o fracasso das instituições civis e a democracia na América Latina são explicadas, em grande parte, como resultado de uma pertinaz e generalizada atitude irresponsável de se comportar como avestruz no que diz respeito às suas próprias misérias e defeitos, negando-se a admiti-los — e portanto a corrigi-los — e buscando desculpas expiatórias (o imperialismo, o neocolonialisnmo, as transnacionais, os injustos acordos de intercâmbio, o Pentágono, a CIA, o Fundo Monetário Internacional, o Banco Mundial, etc.) para sentir-se sempre na cômoda situação de vítimas e, de consciência tranqüila, eternizar-se no erro. Mendoza, Montaner e Vargas Llosa, em suas pesquisas sobre a idiotice intelectual na América Latina, parecem chegar, mesmo sem se terem proposto a isso, à mesma conclusão do economista norte-americano Lawrence E. Harrison que, num polêmico ensaio, afirmou há alguns anos ser o subdesenvolvimento "uma doença mental".

Aqui, essa idiotice intelectual aparece sobretudo como fraqueza e covardia face à realidade real e com uma propensão neurótica a substituí-la por uma realidade fictícia. Não é de se estranhar que um continente com essas inclinações tenha se tornado a terra propícia ao surrealismo, à beleza inebriante da fantasia e da intuição, e à desconfiança para com o racional. E, ao mesmo tempo, tenham proliferado as satrapias militares e o autoritarismo, e fracassado as tentativas de arraigar esse costume dos consensos e concessões recíprocas, da tolerância e responsabilidade individual que constituem o sustento da democracia. Ambos parecem conseqüência de uma mesma causa: uma incapacidade profunda para discernir entre verdade e mentira, realidade e ficção. Isso explica por que a América Latina produziu grandes artistas, exímios músicos, poetas e romancistas excepcionais; e pensadores tão pouco terrenos, doutrinadores tão pouco profundos e tantos ideólogos em discordância perpétua com a objetividade histórica e o pragmatismo. Assim como explica também a atitude religiosa e beata com que a elite intelectual adotou o marxismo — do mesmo modo como tornou sua a doutrina católica —, esse catecismo do século XX, com respostas pré-fabricadas para todos os problemas, que eximia de pensar, questionar o que está à volta e questionar-se a si mesmo, que dissolvia a própria consciência nas cacofonias do dogma.

O *Manual do perfeito idiota latino-americano* pertence a uma riquíssima tradição, cujos mestres foram Pascal e Voltaire, e que, no mundo contemporâneo, tem Sartre, Camus e Revel: a do panfleto. É um texto beligerante e polêmico, que carrega nas tintas e busca o confronto intelectual, move-se no plano das idéias e das anedotas, usa argumentos e não motejos nem críticas pessoais, e contrapõe a ligeireza da expressão e sua virulência dialética ao rigor de conteúdo, seriedade da análise e coerência expositiva. Por isso, embora o humor esteja presente, trata-se do livro mais sério do mundo; depois de lido, como ocorre com o verso de Vallejo, faz o leitor pensar. E a tristeza logo o assalta.

Continuaremos para sempre assim, criando com tanta liberdade e teorizando tão servilmente? A América Latina está mudando para melhor, não há dúvida. As ditaduras militares foram substituídas por governos civis em quase todos os países, e uma certa resignação com o pragmatismo democrático parece estender-se por tudo, substituindo as velhas utopias revolucionárias; aos tropeções e trompaços, vão sendo aceitas coisas que há pouco tempo eram tabu: a internacionalização, os mercados, a privatização da economia, a necessidade de reduzir e disciplinar os Estados. Mas tudo isso de má vontade, sem convicção, porque assim está em voga e não tem remédio. Reformas feitas com tamanha má vontade, arrastando-se os pés e resmungando-se entre dentes contra elas não estariam condenadas ao fracasso? Como poderiam dar frutos esperados — modernidade, emprego, império da lei, melhores níveis de vida, direitos humanos, liberdade — se não há, apoiando essas políticas e aperfeiçoando-as, convicção e idéias a lhes dar vida e renová-las sem trégua? Porque o paradoxo do que ocorre atualmente na América Latina é o governo de suas sociedades começar a mudar, suas economias a ser reformadas, e suas instituições civis a nascer ou a renascer, enquanto sua vida intelectual fica, em grande parte, estancada, cega e surda às grandes mudanças experimentadas pela história do mundo, imutável em sua rotina, seus mitos e convenções.

Esse livro irá sacudi-la? Arrancá-la de sua sonolência granítica? Os idiotas convocados abrirão os olhos e responderão ao desafio dos três mosqueteiros do *Manual* com idéias e argumentos contraditórios? Que assim seja. Nada faz tanta falta, para que mudanças na América Latina sejam duradouras, quanto um grande debate a oferecer fundamento intelectual, sustento de idéias, a esse longo e difícil processo de modernização do qual resultem sociedades mais livres e mais prósperas e uma vida cultural com uma cota nula, ou pelo menos escassa, de idiotices e idiotas.

Mario Vargas Llosa
Paris, janeiro de 1996

MANUAL DO PERFEITO IDIOTA LATINO-AMERICANO

*À memória de Carlos Rangel
e para François Revel,
que tanto num quanto em outro lado do Atlântico
combateram sem trégua a idiotice política.*

I

RETRATO DE FAMÍLIA

Os mais variados e confusos ingredientes, além de cálculos e ressentimentos, intervieram na formação política do perfeito idiota. Em primeiro lugar, é óbvio, encontra-se muito da vulgata marxista de seus tempos universitários. Nessa época, alguns folhetos e cartilhas de um marxismo elementar ministraram-lhe uma explicação fácil e plena do mundo e da história. Tudo ficava devidamente explicado pela luta de classes. A história avançava como um libreto previsto (escravidão, feudalismo, capitalismo e socialismo, ante-sala de uma sociedade realmente igualitária). Os culpados pela pobreza e pelo atraso de nossos países eram dois funestos aliados: a burguesia e o imperialismo.

Noções semelhantes do materialismo histórico lhe serviriam de caldo para ali cozinhar, mais tarde, uma extravagante mistura de teses terceiro-mundistas, migalhas de nacionalismo e demagogia populista, acrescentadas de uma ou outra veemente referência ao pensamento — quase sempre caricaturalmente citado — de algum emblemático caudilho de seu país, leia-se José Martí, Augusto César Sandino, José Carlos Mariátegui, Víctor Raúl Haya de la Torre, Jorge Eliécer Gaitán, Eloy Alfaro, Lázaro Cárdenas, Emiliano Zapata, Juan Domingo Perón, Salvador Allende, quando não o próprio Bolívar ou Che Guevara. Tudo servido em escaldantes caçarolas retóricas. O pensamento político de nosso perfeito idiota se parece com esses opulentos acepipes tropicais, onde se encontra de tudo, desde grão-de-bico e fatias de bananas fritas até pena de papagaio.

Se pudéssemos deitar esse personagem no divã de um psicanalista, descobriríamos, nos rincões mais íntimos de sua memória, as feridas de alguns complexos e de ressentimentos sociais. Como a maior parte do mundo político e intelectual latino-americano, o perfeito idiota provém de modestas classes médias, freqüentemente de origem provinciana e provavelmente vindas de baixo. Teve talvez um avô próspero que foi à falência, uma mãe que enviuvou cedo, um pai profissional liberal, comerciante ou empregado premido pelas dificuldades cotidianas e ansiando por melhores tempos para a família. O meio de onde se origina quase sempre é marcado por rachas sociais, próprias de um mundo rural desaparecido e mal assentado nas novas realidades urbanas.

Tenha ele crescido na capital ou numa cidade do interior, sua casa pode ser uma daquelas desdenhadas pelos habitantes de bairros mais elegantes e modernos: a modesta casa de um bairro de classe média ou uma dessas velhas casas úmidas e escuras, com quintal e vasos de flores, telhas e canos enferrujados, um Sagrado Coração no fundo de um corredor e lâmpadas penduradas nos quartos, até que o tumultuado desenvolvimento urbano confine-o num minúsculo apartamento num edifício multifamiliar. Seus companheiros de infância devem ter sido a Emulsão Scott, o xarope balsâmico, as radionovelas, os mambos de Pérez Prado, os tangos vingativos, os apertos do final de mês e parentes sempre temerosos de perder o emprego com a mudança de governo.

Abaixo dessa empoeirada camada social, à qual provavelmente todos nós pertencemos, estava o povo, essa grande massa anônima e paupérrima, que enche as ruas, praças, mercados e igrejas na Semana Santa. E acima, sempre arrogantes, os ricos com seus clubes, suas grandes mansões, suas socialites e suas festas exclusivas, observando com desdém do alto de seus conceituados sobrenomes as pessoas da classe média, chamados, conforme o país, de "lobos", "abutres", ou qualquer outro termo pejorativo.

Nosso homem (ou mulher) não adquire desde cedo o título de idiota pelo fato de buscar no marxismo, quando ainda está tomado de acne infantil, uma explicação e um rompimento. Quase todos nós, latino-americanos, padecemos de marxismo assim como se padece de sarampo, até porque alarmante não é ter passado por essas asneiras e continuar repetindo-as — ou, pior, acreditando nelas —, mas tê-las confrontado com a realidade. Em outras palavras, o mal não é ter sido idiota, mas continuar sendo.

Com muita ternura, portanto, podemos compartilhar com nosso amigo lembranças e experiências comuns. Talvez o fato de ter pertencido a uma célula comunista ou a algum grupelho de esquerda, ter cantado a *Internacional* ou a *Bella Ciao*, jogado pedras na polícia, colado nos muros cartazes contra o governo, ter panfletado ou gritado em coro, com outra multidão de idiotas imaturos, "o povo unido jamais será vencido". Vinte anos são nossa idade da inocência.

O mais provável é que, em plena crise de sarampo, comum a tantos, nosso homem tenha sido surpreendido pela revolução cubana com as imagens lendárias dos barbudos entrando numa Havana em delírio. Saberemos então que para ele a idolatria por Castro ou por Che Guevara não será efêmera, mas perene. Tal idolatria, que levou tantos companheiros de sua geração à mata e à morte, se tornará, em nosso perfeito idiota, um tanto discreta caso não seja mais um militante de esquerda radical e sim deputado, senador, ex-ministro ou presidente de um partido importante de seu país. E mais: não deixará de abanar alegremente o rabo, como faz um cachorrinho ao ver um osso, se encontrar à sua frente, na ocasião de uma visita a Cuba, a mão e a presença barbuda, exuberante e monumental do líder máximo. Logo, idiota perfeito, terá uma explicação plausível para os piores desastres provocados por Castro. Se há fome na ilha, será por culpa do cruel bloqueio norte-americano; se há exilados, é porque são vermes incapazes de compreender um processo revolucionário; se há prostitutas, não é por causa da penúria que a ilha vive, mas pelo livre direito que agora têm as cubanas de dispor de seu corpo como bem entendem. O idiota, sabe-se de longa data, alcança extremos sublimes de interpretação dos fatos, para não perder a bagagem ideológica que o acompanha desde sua juventude. Ele não tem outra muda de roupa.

Como nosso perfeito idiota tampouco tem queda para apóstolo, sua militância nos grupelhos de esquerda não sobreviverá a seus tempos de estudante. Ao sair da universidade e iniciar a carreira política, buscará o amparo confortável de um partido com alguma tradição e opções de poder, transformando suas veleidades marxistas numa honrosa relação com a Internacional Socialista ou, se é de estirpe conservadora, com a chamada doutrina social da Igreja. Será, para usar seus próprios termos, um homem com consciência social. A palavra social, obviamente, o fascina. Falará de política, mudança, plataforma, corrente, reivindicação ou força social, convencido de essa palavra santificar tudo o que faz.

Do sarampo ideológico de sua juventude ficarão algumas marcas bem fortes: certas oposições e críticas ao imperialismo, à plutocracia, às multinacionais, ao Fundo Monetário e outros tentáculos (pois também herda várias metáforas zoológicas do marxismo militante). A burguesia provavelmente deixará de ser chamada por ele de burguesia, para ser designada como oligarquia ou identificada com os "ricos" ou com o rótulo evangélico de "os poderosos" ou "favorecidos pela fortuna". Obviamente, serão suas todas as interpretações terceiro-mundistas. Se há guerrilha em seu país, será compreensivelmente chamada de "a insurgência armada", e por intermédio dela pedirá diálogos patrióticos, embora mate, seqüestre, roube, torture ou pratique extorsão. O perfeito idiota é também, conforme a definição de Lenin, um idiota útil.

Aos 30 anos, nosso personagem terá sofrido uma prodigiosa transformação. O pálido estudante da célula ou do grupelho semiclandestino terá agora a aparência robusta e a personalidade brilhante e desenvolta de um político profissional. Terá engolido o pó das estradas e suado camisas sob o sol ardente das praças enquanto abraça compadres, aperta mãos, toma cerveja, pisco, aguardente, rum, tequila ou qualquer outro licor autóctone nas cantinas dos bairros e povoados. Seus seguidores o chamarão de chefe. Será um orador prolífico e de frases de efeito, que sofre estremecimentos quase eróticos à vista de um microfone. Seu êxito residirá essencialmente em sua capacidade de explorar demagogicamente os problemas sociais. Por acaso não há desemprego, pobreza, falta de escolas e hospitais? Por acaso os preços não sobem como balões enquanto os salários são exíguos salários de fome? "E tudo isso por quê?", perguntará satisfeito ao ouvir a própria voz, difundida pelos alto-falantes, alcançando toda uma praça. Vocês sabem, ele dirá. Todos nós sabemos. Porque — e então brotarão agressivas veias em seu pescoço enquanto levanta o punho ameaçador — a riqueza está mal distribuída, porque os ricos têm tudo e os pobres não têm nada, porque à medida que crescem os privilégios, cresce também a fome do povo. Por isso é necessária uma autêntica política social, por isso o Estado deve intervir em defesa dos deserdados, por isso todos devem votar nos candidatos que representam, como ele, as aspirações populares.

Dessa maneira, o perfeito idiota, quando resolve seguir carreira política, colhe votos para se eleger deputado, representante na Câmara ou senador, governador ou prefeito. E assim, de discurso em discurso, de palanque em palanque, vai vendendo, sem grande empenho, suas idéias populistas. Pois essas idéias agradam, arrancam aplausos. Ele tornará responsável pela pobreza não só os ricos (que tudo têm e nada dão), como também os injustos termos de troca, as exigências do Fundo Monetário Internacional, as cegas políticas de abertura que nos expõem a concorrências desastrosas nos mercados internacionais, e as idéias neoliberais.

Será, além de tudo, um verdadeiro nacionalista. Dirá que defende a soberania nacional contra as conspirações do capital estrangeiro, desse grande banco internacional que nos endivida para em seguida estrangular-nos, deixando-nos sem mudança social. Por esse motivo, ao invés de entregar nossas riquezas naturais às multinacionais, ele reclama o direito soberano do país de administrar seus próprios recursos. Privatizar empresas do Estado? Jamais, gritará nosso perfeito idiota tomado de cólera. Impossível entregar a um punhado de capitalistas privados o que é patrimônio de todo o povo, da nação inteira. "Jamais!", repetirá com a cara mais vermelha que a crista de um peru. E seu auditório entusiasmado também dirá "jamais", e todos voltarão meio embriagados, excitados e contentes para casa, sem mudar em nada sua condição. Nessa história, o único a prosperar é o idiota.

E realmente prospera. Aos 40 anos, nosso perfeito idiota, metido na política, assumirá algum papel de protagonista dentro de seu partido e já terá à sua disposição, em secretarias, ministérios ou institutos, alguns bons quinhões burocráticos. Isso será bastante oportuno, pois provavelmente seus discursos em praças e palanques já terão começado a não surtir tanto efeito. A verdade é que os pobres não terão deixado de ser pobres, os preços continuarão subindo e os serviços públicos, de educação, de transporte ou de saúde, serão tão ineficientes como de costume. Por causa da desvalorização de suas propostas devido à inútil reiteração, de agora em diante sua força política dependerá essencialmente de sua capacidade em distribuir cargos públicos, bolsas de estudo, auxílios ou subsídios. Nosso perfeito idiota é necessariamente um clientelista político. Possui uma clientela eleitoral que talvez já tenha perdido suas ilusões quanto à grande mudança social oferecida, mas não na influência de seu chefe e nos pequenos benefícios dela que possa tirar. Alguma coisa é alguma coisa, pior é nada.

Naturalmente nosso homem não está só. Em seu partido (de alto conteúdo social), no Congresso e no Governo, outros políticos do mesmo porte e trajetória semelhante à sua acompanham-no ou com ele disputam cotas de poder. Por se aproximarem da administração pública como abelhas num pote de mel, depositando ali suas fichas políticas, logo as entidades oficiais começarão a sofrer de obesidade burocrática, ineficiência e labiríntica "tramitologia". Dentro das empresas públicas surgirão vorazes burocracias sindicais. Nosso perfeito idiota, que nunca deixa de caçar votos, costuma adular esses sindicalistas concedendo-lhes tudo quanto pedem através de desastrosos acordos coletivos. Essa é outra expressão de sua consciência nacional. Afinal de contas, aquele dinheiro não é seu, mas do Estado, e o dinheiro do Estado é de todos: ou seja, de ninguém.

Com esse tipo de manipulação, não é de estranhar as empresas públicas se tornarem deficitárias e que, para pagar seus altos gastos de funcionamento, seja necessário aumentar tarifas e impostos. É a fatura que o idiota faz pagar por seus desvelos sociais. O aumento do gasto público, próprio de seu Estado benfeitor, freqüentemente acarreta um severo déficit fiscal. E se ocorre a algum desventurado pedir a liquidação de um monopólio tão caro e a privatização da empresa de energia elétrica, dos telefones, portos ou de fundos de pensões, nosso amigo reagirá como que picado por um escorpião. Será um aliado da burocracia sindical para denunciar semelhante proposta como uma via para o capitalismo selvagem, uma manobra dos neoliberais para desconhecer a nobre função social do serviço público. Desse modo, tomará o partido de um sindicato contra a imensa, silenciosa e desamparada maioria dos usuários.

Em apoio a nosso político e a suas posições estatizantes, outros perfeitos idiotas virão oferecer-lhe a mão: economistas, catedráticos, colunistas de esquerda, sociólogos, antropólogos, artistas de vanguarda e todos os membros do variado leque de grupelhos de esquerda: marxistas, trotskistas, senderistas, maoístas que passaram a vida pichando muros ou preparando a luta armada. Todos se mobilizam em favor dos monopólios públicos.

A batalha pelo alto é apoiada pelos economistas dessa vasta camada na qual a bobagem ideológica é rainha. Esse personagem pode ser um homem de 40 e tantos anos, catedrático de alguma universidade, autor de alguns ensaios sobre teoria política ou econômica, talvez de barba e óculos, talvez viciado em fumar cachimbo e com teorias inspiradas em Keynes e outros mentores da social democracia, e com o pai Marx sempre presente em alguma parte de seu saber e de seu coração. O economista logo falará de estruturalismo, termo que deixará perplexo o nosso amigo, o político populista, até compreender que o economista de barba propõe colocar em funcionamento a maquininha de emissão de dinheiro para reativar a demanda e financiar a mudança social. Será o feliz encontro de dois idiotas perfeitos. Explicando melhor, o economista impugnará as recomendações do Fundo Monetário, apresentando-as como uma nova forma repudiável de neocolonialismo. E suas críticas mais ferozes serão reservadas aos chamados neoliberais.

Dirá, para júbilo do populista, que o mercado inevitavelmente desenvolve iniqüidades, que compete ao Estado corrigir os desequilíbrios na distribuição da receita e que a abertura econômica só serve para aumentar cega e vertiginosamente as importações, deixando em franca desvantagem as indústrias locais ou provocando sua ruína com a inevitável seqüela do desemprego e aumento dos problemas sociais.

Claro, "já dizia eu", declararia o político populista, totalmente impressionado com o ar de erudição que o economista confere à própria tese e pelos livros bem documentados que alguma editora universitária lhe envia. Folheando-os, ele encontrará cifras, indicativos, citações memoráveis para demonstrar que o mercado não pode anular o papel justiceiro do Estado. Alan García tem razão — lerá ali — quando diz que "as leis da gravidade não implicam que o homem renuncie a voar". (Naturalmente, os dois perfeitos idiotas, unidos em sua admiração recíproca ante tão brilhante metáfora, esquecerão de nos dizer qual foi o resultado concreto obtido pelo senhor García, durante seu catastrófico governo, com tais elucubrações.)

Aos 50 anos, depois de ter sido senador e talvez ministro, nosso perfeito idiota começará a pensar em suas possibilidades como candidato presidencial. O economista poderia vir a ser um magnífico ministro da Fazenda de seu governo. Ao seu lado tem também nobres constitucionalistas de seu signo, professores, tratadistas ilustres, totalmente convencidos de que para resolver os problemas do país (insegurança, pobreza, caos administrativo, violência ou narcotráfico) necessita-se de uma profunda reforma constitucional. Ou de uma nova Constituição a finalmente consagrar novos e nobres direitos: o direito à vida, à educação gratuita e obrigatória, à moradia digna, ao trabalho bem remunerado, à amamentação, à intimidade, à inocência, à velhice tranqüila, à felicidade eterna. Quatrocentos ou quinhentos artigos com uma nova ordenação jurídica e territorial, e o país ficará novo em folha. Nosso perfeito idiota é também um sonhador.

Certamente ele não é um homem de grande disciplina intelectual, embora em seus discursos use freqüentes citações de Neruda, Vallejo ou Rubén Darío, e palavras como telúrico, simbiose, sinergia, programático e conjuntural. Contudo, onde encontra melhor ressonância para suas idéias é no mundo cultural da esquerda, composto de catedráticos, indigenistas, folcloristas, sociólogos, artistas de vanguarda, autores de peças teatrais e músicas de protesto e filmes de arte. Entende-se muito bem com todos eles.

Compartilha suas concepções. Como poderia discordar dos ensaístas e catedráticos que exaltam os chamados valores autóctones ou telúricos da cultura nacional e as manifestações populares de arte, em oposição aos importadores ou cultuadores de uma arte estrangeira e decadente? Nosso perfeito idiota acha, assim como eles, que é preciso resgatar as raízes indígenas da América Latina, seguindo-se os passos de um Mariátegui ou de um Haya de la Torre, cujos livros cita. Apóia todos que denunciam o neocolonialismo cultural e se opõem a criações de real conteúdo social (esta palavra é sempre uma capa mágica) ou introduzem na arte pictórica formas e reminiscências da arte pré-colombiana.

Provavelmente nosso idiota, enfim congressista, propôs (e às vezes impôs), através de alguma lei, decreto ou resolução, a obrigação de alternar a música estrangeira (para ele decadente, Beatles inclusive) com a música nativa. Dessa maneira enlouqueceu ou esteve a ponto de enlouquecer seus desventurados compatriotas com enxurradas de música típica. Exigiu também a participação de artistas locais nos espetáculos e proibiu a presença excessiva de técnicos ou artistas do Exterior.

Por idêntico escrúpulo nacionalista, promoverá a criação de grupos de artistas populares, oferecendo-lhes todo tipo de subsídios, sem se importar com sua qualidade. Trata-se de desterrar o funesto elitismo cultural, denominação que em seu espírito pode incluir as óperas de Rossini, os concertos de Bach, as exposições de Pollock ou de Andy Warhol, o teatro de Ionesco (ou de Molière) ou os filmes de Bergman, em proveito de representações cheias de diatribes político-sociais, de truculento ufanismo e de deploráveis bairrismos folclóricos.

Paradoxos: para nosso perfeito idiota latino-americano, não parece proibitivo oferecer e receber bolsas de estudos ou subsídios de funcionários ou universidades norte-americanos, pois graças a elas pode, das próprias entranhas do monstro imperialista, denunciar em livros, ensaios e conferências o papel neocolonialista que representam não só os *Chicago Boys* ou os economistas de Harvard, mas também personagens como o Pato Donald, o tenente Columbus ou Alexis Carrington. Nesses casos, o perfeito idiota latino-americano converte-se num astuto quinta-coluna a fazer balançar os valores políticos e culturais do império.

Nosso amigo move-se, portanto, num vasto universo ao mesmo tempo político, econômico e cultural, no qual cada disciplina apóia a outra e a idiotice se propaga prodigiosamente como expressão de uma subcultura continental, vedando-nos a passagem para a modernidade e o desenvolvimento. Teórico do terceiro-mundismo, o perfeito idiota nos abandona nesse Terceiro Mundo de pobreza e de atraso com seu vasto catálogo de dogmas considerados verdades. Nas páginas a seguir, este manual compila essas sublimes bobagens de livre circulação na América Latina.

II

A ÁRVORE GENEALÓGICA

> *"Nós, latino-americanos, não estamos satisfeitos com o que somos, mas ao mesmo tempo não conseguimos chegar a um acordo sobre o que somos nem sobre o que queremos ser."*
>
> *Do bom selvagem ao bom revolucionário,*
> CARLOS RANGEL

Nosso venerado idiota latino-americano não é o produto da geração espontânea, mas a conseqüência de uma longa gestação que perdura há quase dois séculos de História. Pode-se afirmar, inclusive, que a existência do idiota latino-americano atual só foi possível devido à perpetuação de um tenso debate intelectual do qual participaram algumas das melhores cabeças da América. Daí descende diretamente nosso idiota.

Tudo começou no instante em que as colônias hispano-americanas cortaram os laços que as uniam a Madri, no início do século XIX, e em seguida os pais da pátria formularam a inevitável pergunta: por que nossas repúblicas — que quase imediatamente mergulharam num período de caos e empobrecimento — vão pior do que os vizinhos norte-americanos, que por sua vez foram as Treze Colônias?

> *Enquanto nossos compatriotas não possuírem os talentos e as virtudes políticas que distinguem nossos irmãos do Norte, os sistemas inteiramente populares, longe de nos serem favoráveis, receio que virão a ser a nossa ruína. Infelizmente, essas qualidades parecem estar muito distantes de nós, na intensidade que se deseja; e, pelo contrário, estamos dominados pelos vícios que foram contraídos sob a direção de uma nação como a espanhola, que só sobreviveu em atrocidade, ambição, vingança e avidez.*
>
> SIMÓN BOLÍVAR, "Carta a um cavalheiro que tinha grande interesse na causa republicana na América do Sul" (1815)

A primeira resposta a aflorar em quase todos os rincões do continente tinha a pena liberal de então. A América Latina — já àquela altura chamada de Hispanoamérica — ia mal porque herdara a tradição espanhola inflexível, obscurantista e ditatorial, agravada pela má influência do catolicismo conservador e cúmplice daqueles tempos revoltosos. A Espanha era a culpada.

Um notável expoente dessa visão antiespanhola foi o chileno Francisco Bilbao, terrível agitador, anticatólico e antidogmático, cuja obra *Sociabilidade chilena* mereceu a paradoxal distinção de ser queimada publicamente pelas autoridades civis e religiosas de dois países latino-americanos consagrados à piromania ideológica.

Bilbao, como bom liberal e romântico de sua época, foi a Paris e lá participou da terrível revolução de 1848. Como era de se esperar, encontrou, na Cidade-Luz, o apreço e apoio dos revolucionários de então. Michelet e Lamennais — como conta Zum Felde — chamaram-no de "nosso filho" e com ele mantiveram copiosa correspondência. Bilbao, uma vez na França, naturalmente reforçou sua conclusão de que para progredir e prosperar era preciso desespanholizar-se, tese que resumiu num panfleto muito lido na ocasião: "O evangelho americano".

De volta ao Chile, fundou, em 1850, a Sociedade da Igualdade, e lutou de forma exemplar pela abolição da escravatura. Contudo, ao se reencontrar com a América, incorporou outro elemento um tanto contraditório à sua análise, ao qual mais tarde recorreram Domingo Faustino Sarmiento e incontáveis ensaístas: "Não urge apenas desespanholizar-se; é preciso também desindianizar-se", tese que o autor de *Facundo* acabou defendendo em seu último livro: *Conflitos e harmonia das raças na América*.

Como dito primeiramente por Bilbao e depois por Sarmiento ao reafirmar a hipótese republicana mais manipulada na segunda metade do século XIX a respeito de nosso fracasso relativo: vamos mal porque chegam até nós — não só devido ao sangue espanhol, mas também ao sangue índio e, obviamente, ao negro — o atraso, a incapacidade de viver livremente e, como já sentenciara certa vez, desesperado, Francisco de Miranda, "a desordem". A eterna desordem latino-americana a que são tão apegados nossos inquietos idiotas contemporâneos.

Ao longo de todo o século XIX, de uma forma ou outra, foi essa a etiologia atribuída pela classe dirigente a nossos males: não é preciso ser muito sagaz para compreender que essa visão levava pela mão uma compreensível e crescente admiração pelo panorama promissor e diferente que se desenvolvia na América de origem britânica. Baseados nela, os dois pensadores mais importantes da segunda metade do século XIX, o mencionado Sarmiento e Juan Bautista Alberdi, enriqueceram a opinião de Bilbao com uma proposição concreta: imitemos, dentro de nossas próprias peculiaridades, os anglo-saxões. Imitemos sua pedagogia, suas estruturas sociais, seu modelo econômico, sua Constituição, e desse milagre facsimilar sairá uma América Latina vigorosa e indestrutível.

Imita-se aquele em cuja superioridade ou em cujo prestígio se acredita. É assim a visão de uma América deslatinizada pela sua própria vontade, sem a extorsão da conquista, e em seguida renegada à imagem e semelhança do arquétipo do Norte; ela já vaga nos sonhos de muitos sinceros interessados em nosso futuro, inspira a fruição com que formulam a cada passo os mais sugestivos paralelos, e se manifesta através de constantes propósitos de inovação e reforma. Temos a nossa nordomania. É necessário opor-lhe os limites de consumo que a razão e o sentimento apontam.

JOSÉ ENRIQUE RODÓ, *Ariel* (1900)

Só que essa fé no progresso norte-americano, essa confiança no pragmatismo e esse deslumbramento com o êxito material começaram a estremecer, mais precisamente na pátria de Alberdi e de Sarmiento, em 1897, quando Paul Groussac, pioneiro da intelectualidade rioplatense de então, publicou um livro de viagem, *Da Prata ao Niágara*, no qual já reivindicava de modo taxativo o confronto espiritual entre uma América anglo-saxônica materialista e outra hispânica, sobrecarregada pelo peso ético e estético da espiritualidade latina.

Groussac não era afrancesado, mas um francês na verdadeira acepção da palavra. Um francês aventureiro que chegou a Buenos Aires aos 18 anos, sem falar uma palavra de espanhol, mas conseguiu dominar o castelhano com tão assombrosa perfeição que logo se converteu no grande outorgante das honras intelectuais da época. Chegou a ser diretor da Biblioteca Nacional de Buenos Aires — dizia-se, exageradamente, ter lido todos os livros que lá se encontravam — e de seu posto exerceu um imenso magistério crítico nos países do Cone Sul.

É mais do que provável o uruguaio José Enrique Rodó haver conhecido os papéis de Groussac antes de publicar, em 1900, o que seria o mais lido e influente ensaio político da primeira metade do século 20: *Ariel*. Um livro curto, escrito com a prosa açucarada do modernismo — Rodó "escrevia com papel seda", asseverou certa vez Blanco Frombona — e sob a límpida influência de Renan, mais concretamente, de *Calibã*, drama em que o francês, autor da famosa *Vida de Jesus*, utiliza os mesmos símbolos que Shakespeare empregou em *A tempestade* e de que Rodó se serviu em seguida.

O que significou, de qualquer forma, o famoso opúsculo de Rodó? Essencialmente três coisas: a superioridade natural da cultura humanista latina face ao pragmatismo positivista anglo-saxão; o fim da influência positivista comtiana na América Latina, e o desprezo implícito ao antiespanholismo, de Sarmiento e Alberdi. Para Rodó, assim como para a geração arielista que o seguiria, e na qual Rubén Darío, enjoado de cisnes e álcool, militava entusiasmado com seus poemas antiimperialistas, não havia por que rechaçar a herança da Espanha, mas assumi-la como parte de um legado latino — França, Itália, Espanha — a enaltecer os hispano-americanos.

O arielismo, como é evidente, significou uma bifurcação importante no velho debate promovido para encontrar a origem das desventuras latino-americanas, derivação surgida exatamente no momento preciso de apoderar-se da imaginação de numerosos políticos e escritores da época, pois dois anos antes, em 1898, o continente de fala castelhana tinha visto a guerra hispano-cubana-americana com uma mescla de admiração, estupor e precaução. Em poucas semanas, os Estados Unidos haviam destruído a frota espanhola, ocupavam Cuba, Porto Rico e as Filipinas, humilhando a Espanha e liquidando quase totalmente seu velho império colonial de quatro séculos.

Os Estados Unidos, no olhar nervoso da América Latina, agora não só constituíam um modelo social arquetípico como haviam passado a ser um ativo poder internacional a competir com os ingleses e com todas as potências européias no campo militar. Os Estados Unidos haviam deixado de ser a admirada república para converter-se em outro império.

Os primeiros conquistadores, de mentalidade primária, incorporaram os habitantes na qualidade de escravos. Os que vieram depois incorporaram os territórios sem os respectivos habitantes. Os Estados Unidos, como já temos insinuado nos capítulos anteriores, inauguraram o sistema de incorporar as riquezas sem os habitantes e sem os territórios, desdenhando as aparências para chegar ao âmago da dominação sem o peso morto de extensões para administrar e multidões para dirigir.

MANUEL UGARTE, *A nova Roma* (1915)

Armado dessa visão geopolítica e filosófica, começou a proliferar em nosso continente uma criatura muito eficaz e extraordinariamente popular, que hoje chamaríamos de analista político: o ardente antiimperialista. Sem dúvida, o mais destacado dessa espécie foi o argentino Manuel Ugarte, bom jornalista de prosa rápida, orador capaz de inflamar as massas e sempre panfletário, que se esganiçou inutilmente tentando explicar não ser antiamericano, mas antiimperialista. Sua obra — súmula e compêndio de artigos, conversas e conferências, distribuída em diversos volumes — causou grande impacto continental, especialmente na América Central, no Caribe e no México, passagem

A ÁRVORE GENEALÓGICA

dos ianques, convertendo-se por acaso no primeiro "progressista" profissional da América Latina.

Curiosamente, a idéia básica de Ugarte, e a tarefa que se havia imposto, ainda que progressistas tinham raízes conservadoras e de inspiração espanhola. Ugarte via no antipanamericanismo — o imperialismo de então era o panamericanismo fomentado por Washington — um obstáculo que cortaria o apetite imperial norte-americano, da mesma maneira que 400 anos antes a Coroa colocava na "antemuralha das Índias" a delicada responsabilidade de impedir a penetração protestante anglosaxã na América hispânica.

Aquele rançoso argumento, contudo embrulhado como novidade, havia experimentado um recente *revival* pouco antes do aparecimento de *Ariel* e do arielismo. Realmente, em 1898, antes (e durante) a guerra entre Washington e Madri, não faltaram vozes espanholas a atualizar o velho raciocínio geopolítico de Carlos V e Felipe II: a guerra entre a Espanha e os Estados Unidos — como em seu momento a batalha contra os turcos em Lepanto — serviria para impedir, com o sacrifício da Espanha, que a decadente Europa caísse presa das ágeis garras da nova potência imperial surgida do outro lado do Atlântico.

Ugarte, como era de se esperar dada sua enorme influência, procriou uma boa quantidade de discípulos, inclusive o pitoresco colombiano Vargas Vila, ou o não menos extravagante peruano José Santos Chocano, mas onde sua prédica rendeu os melhores frutos foi em Havana, cidade em que um sereno pensador, sóbrio e sério, dom Enrique José Varona, publicou, em 1906, um ensaio intitulado *O imperialismo à luz da sociologia*. Varona, homem respeitável, reivindicou pela primeira vez no continente a hipótese de que a crescente influência norte-americana era a conseqüência do capitalismo em fase de expansão, um impetuoso movimento de bancos e indústrias norte-americanas a crescer como erva daninha, encontrando seu terreno mais fértil na fragilidade desprotegida da América Latina. Para Varona, cético, positivista e portanto hospitaleiro com certos mecanismos deterministas que explicavam a História, o fenômeno antiimperialista norte-americano (Cuba estava sob intervenção de Washington no momento do aparecimento de seu folhetim) era uma conseqüência da pujança econômica dos vizinhos. O capitalismo, simplesmente, era assim. Transbordava.

Em virtude da imensa maioria dos povoados e cidades mexicanos serem donos apenas do terreno que pisam, sem poder melhorar em nada sua condição social nem dedicar-se à indústria ou à agricultura; por estarem os morros, as matas e as águas monopolizados em algumas mãos; por essa razão será promovida a expropriação, mediante indenização de um terço desses monopólios aos seus poderosos proprietários, a fim de que os povoados e cidadãos do México obtenham logradouros e colônias, e melhore em tudo e para todos a falta de prosperidade e bem-estar dos mexicanos.

EMILIANO ZAPATA, *Plano de Ayala* (1911)

O discurso incendiário de Ugarte e as reflexões de Varona foram o prelúdio de um aparato conceitual muito mais elaborado a originar duas vertentes que durariam até nossos dias incrustadas na percepção dos ativistas políticos. A primeira corrente foi o nacionalismo agrário que surgiu a partir da revolução mexicana de 1910; a segunda, o aparecimento do marxismo como influência muito direta em nossos pensadores mais destacados, presente desde o momento do triunfo da revolução russa de 1917.

Da revolução mexicana ficaram a mitologia regional de

Pancho Vila, mais cantada do que respeitada, e também a sugestiva reivindicação agrária criada em torno da figura controversa e muito utilizada de Emilliano Zapata. Apesar de tudo, ficou a Constituição de Querétaro de 1917, com seu rompimento da ordem liberal criada por Juárez no século anterior, e o surgimento do compromisso formal por parte de um Estado que a partir daquele momento se responsabilizava pela tarefa de importar a felicidade e a prosperidade para todos os cidadãos mediante a justa redistribuição da riqueza.

Do período de exaltação marxista e de esperança na experiência bolchevique, o mais ilustre dos representantes foi, sem dúvida, o médico José Ingenieros (1877-1925). Ingenieros, argentino e psiquiatra — duas palavras que com o tempo quase se tornaram sinônimas —, nunca militou no Partido Comunista, mas iniciou, voluntária e expressamente, a sinuosa tradição do *fellow-traveller* intelectual latino-americano. Nunca foi membro de qualquer partido comunista, mas apoiava todas as suas causas com a perícia de um franco-atirador certeiro e fatal.

Os livros de Ingenieros, bem construídos, mas escritos com prosa descuidada, estiveram, durante a primeira metade do século, nas estantes de quase toda a *intelligentsia* latino-americana. *O homem medíocre*, *As forças morais* ou *Para uma moral sem dogmas* eram lidos tanto em Buenos Aires quanto em Quito ou São Domingos. Suas atividades como conferencista, seu penetrante senso de humor e sua irreverente gravata vermelha, não muito diferente do guarda-chuva carmesim que então brandia na Espanha o improvável "anarquista", converteram-no não somente no tema central das discussões como dotaram-no de um certo esnobismo socialista tão atraente que ainda hoje se costuma ver seu rastro trivial em alguns intelectuais latino-americanos mais apaixonados pelo gesto do que pelo conteúdo.

Atualmente, com o aparecimento de uma nova ideologia que traduz os interesses e as aspirações da massa — a qual gradualmente adquire consciência e espírito de classe —, surge uma corrente ou tendência nacional que se sente solidária com a sorte do índio. Para essa corrente a solução do problema do índio é a base de um programa de renovação ou reconstrução peruana. O problema do índio deixa de ser, como na época do diálogo de liberais e conservadores, um tema secundário. Passa a representar o Tema capital.
    José Carlos Mariátegui, *Regionalismo e centralismo.*
    Sete ensaios de interpretação da realidade peruana (1928)

    Com base no magistério de Ingenieros, a resposta a nossa eterna e apressada indagação — "por que nós, latino-americanos, vamos tão mal?" — deslocou-se de Buenos Aires para Lima, e lá dois importantes pensadores deram sua interpretação pessoal.
    Curiosamente, esses dois pensadores, ambos peruanos, José Carlos Mariátegui e Víctor Raúl Haya de la Torre, iriam encarnar, cada um, as duas tendências políticas que já apontavam no horizonte: de um lado, o marxismo dos bolcheviques russos, e do outro, o nacionalismo estatizante dos mexicanos.
    José Carlos Mariátegui (1895-1930) teve vida curta e infeliz. Praticamente não conheceu o pai, e uma lesão na perna, deixando-o coxo desde criança, culminou mais tarde numa amputação total, desgraça que amargou profundamente nos últimos anos de sua curta existência.
    Foi um estudante pobre e brilhante, bom escritor desde a adolescência — formada por frades — e talvez seu único período de felicidade tenha sido durante os quatro anos que passou na Europa, paradoxal e um tanto oportunisticamente custeados por seu inimigo, o ditador Augusto B. Leguía.
    Em 1928, Mariátegui escreveu o livro *Sete ensaios de interpre-*

tação da realidade peruana, que durante várias décadas continuou fecundando a promíscua musa dos idiotas latino-americanos. A obra é um misto de indigenismo e socialismo, embora não estejam afastadas certas manifestações racistas antichinesas e antinegras, como assinalou o brilhante ensaísta Eugenio Chang-Rodríguez.

Para Mariátegui, o problema índio, mais do que uma questão racial, já com uma análise de inspiração marxista, era um conflito que remetia à posse de terra. O caciquismo latifundiário era responsável pelo atraso e pela espantosa servidão dos índios, mas não terminavam aí os problemas do peruano rural: também pesava como uma lápide a subordinação dos produtores locais às demandas estrangeiras. Só se semeava no Peru o que os outros comiam no Exterior.

Provavelmente, muitas dessas idéias — as boas e as más — na realidade pertenciam a Víctor Raúl Haya de la Torre, pois a primeira militância de Mariátegui foi junto a seu compatriota e fundador do APRA. Porém, após se conhecerem começaram a ter posições divergentes. Em 1929, em meio ao falido intento de criar em Lima um partido de cunho marxista — o Partido Socialista do Peru —, Mariátegui lançou um programa mínimo de seis pontos reproduzido, com diversos matizes, em praticamente todos os países do continente:

1) Reforma agrária e expropriação forçada dos latifúndios.
2) Confisco das empresas estrangeiras e das mais importantes indústrias em poder da burguesia.
3) Esquecimento e denúncia da dívida externa.
4) Criação de milícias operário-camponesas que substituam os correspondentes exércitos a serviço da burguesia.
5) Jornada de trabalho de 8 horas.

6) Criação de *soviets* em municípios controlados por organizadores operário-camponeses.

Esse esforço marxista de Mariátegui, a despeito de seu radicalismo, não recebeu o apoio da URSS, fundamentalmente por razões de índole ideológica. O escritor peruano queria construir um partido interclassista, uma aliança operário-camponesa-intelectual semelhante à que, no século anterior, o velho patriarca anarquista, Manuel González Prada, havia proposto a seus compatriotas, enquanto Moscou só confiava no trabalho das vanguardas operárias, tal como Lênin as definia.

Embora o sistema capitalista impere no mundo, os povos da Indoamérica, como todos os economicamente atrasados, têm que receber capitais estrangeiros e lidar com eles. Já está bem claro, nestas páginas, que o APRA se situa no plano realista de nossa época e de nossa inserção na história e na geografia da humanidade. Nosso Tempo e nosso Espaço econômicos mostram-nos uma posição e um caminho: enquanto o capitalismo subsistir como sistema dominante nos países mais avançados, teremos que lidar com o capitalismo.

VÍTOR RAÚL HAYA DE LA TORRE,
O antiimperialismo e o APRA (1928)

Víctor Raúl Haya de la Torre (1895-1981), nascido no mesmo ano que Mariátegui, mas não em Lima, e sim em Trujillo, foi um líder nato, capaz de inspirar a adesão de praticamente todos os setores constituintes do círculo social do país. Branco e oriundo da aristocracia empobrecida, não assustava demasiadamente a oligarquia peruana, mas misteriosamente também conseguia relacionar-se com as classes baixas, com os pobres e os índios, de uma forma que talvez nenhum político antes dele conseguira fazer em seu país.

A ÁRVORE GENEALÓGICA

Existem duas biografias paralelas de Haya de la Torre, que se entrelaçam de maneira inseparável. De um lado, está a história de suas lutas políticas, seus longos exílios, os fracassos, as prisões, e, de outro, a notável história de sua formação intelectual. A influência do comunismo e da revolução russa de 1917 alcançou em cheio o jovem Haya de la Torre, mas ao mesmo tempo outras amizades e leituras de caráter filosófico e político fizeram-no afastar-se do comunismo e aproximaram-no de posições que hoje chamaríamos de social democratas, embora ele interpretasse essas idéias de maneira completamente diferente, na qual não se excluía um certo deslumbramento pela estética fascista: os desfiles com tochas, a presença em destaque de espadachins a cultuar o que os falangistas espanhóis chamavam "a dialética da força e das pistolas".

Haya viveu exilado durante as ditaduras de Leguía, de Sánchez Cerro, e mais tarde na época de Odría, mas não perdeu tempo em seus longuíssimos períodos de residência no Exterior ou de asilo na embaixada colombiana em Lima: seu impressionante círculo de amigos e conhecidos incluía personagens tão distintas e distantes como Romain Rolland, Anatolio Lunasharki, Salvador de Madariaga, Toynbee ou Einstein. Além do espanhol, que escrevia com elegância, dominou várias línguas — inglês, alemão, italiano, francês — considerando-se, talvez com certa razão, o pensador original a ter conseguido, desde o marxismo, superar a doutrina e delinear uma nova interpretação da realidade latino-americana.

Haya de la Torre chegou a essa conclusão com uma tese política a que chamou "Espaço-Tempo-História", mistura de Marx com Einstein, na qual não faltava a reflexão de Trotski sobre a Rússia. De fato, no começo do século, Trotski, ante a notável diversidade de graus de civilização passível de se encontrar na Rússia — desde a refinadíssima São Petersburgo até as aldeias asiáticas que apenas haviam ultrapassado o paleolítico —, concluiu que no mesmo espaço russo conviviam diferentes "tempos históricos".

Haya de la Torre chegou à mesma conclusão com relação aos incas nas montanhas, em contraste com a Lima costeira, branca ou mestiça, mas muito européia. No mesmo espaço nacional peruano conviviam dois tempos históricos, levando-o a deduzir que as teorias marxistas não podiam ser aplicadas igualmente a essas duas realidades tão diferentes.

A partir desse ponto, Haya de la Torre começou a alegar que havia superado Marx, e encontra na dialética hegeliana das negações um apoio para sua conclusão. Se Marx negou Hegel, e Hegel negou Kant, mediante a teoria do "Espaço-Tempo-História", à qual se acrescentava a relatividade de Einstein aplicada à política, o marxismo teria sido superado pelo aprismo, submetendo-o ao mesmo método de análise dialético preconizado pelo autor do *Manifesto comunista*.

Como Haya inseria Einstein nesse curioso *potpourri* filosófico? Simples: se o físico alemão havia dado um fim à noção do universo newtoniano, regido por leis imutáveis e previsíveis, acrescentando uma quarta dimensão à percepção da realidade, esse elemento de indeterminação e irregularidade introduzido na matéria também afetava a política. Como falar de leis que governam a História, a Política ou a Economia, quando nem sequer a física moderna podia absorver esse caráter rígido e mecanicista?

A partir de seu rompimento teórico com o marxismo, Haya de la Torre, desde os 20 anos, manteve um fortíssimo confronto com Moscou, circunstância que o converteria na besta parda favorita da esquerda marxista mais obediente ao Kremlin. Contudo, além de suas heresias teóricas, o pensador e político peruano propôs outras interpretações das relações internacionais e da economia a constituir a base do que logo se chamaria a esquerda democrática latino-americana.

A mais importante de suas proposições foi a seguinte: se na Europa o imperialismo era a última fase do capitalismo, na América Latina, como revelava a análise "Espaço-Tempo-História", era a primeira. Era preciso passar por uma fase de construção do capitalismo antes de se pensar em demoli-lo. Urgia desenvolver a América Latina com a cumplicidade do imperialismo e usando-se o mesmo procedimento com que os Estados Unidos se haviam desenvolvido.

Contudo, essa fase capitalista seria provisória e estaria caracterizada por impecáveis formas democráticas de governo, embora viesse a se orientar por cinco inexoráveis propostas radicais apresentadas pelo APRA (Aliança Popular Revolucionária Americana) em seu Manifesto de 1924:

1) Ação contra todos os impérios.
2) Unidade política da América Latina.
3) Nacionalização de terras e indústrias.
4) Solidariedade com todos os povos e classes oprimidas.
5) Interamericanização do Canal do Panamá.

A mania de interamericanizar o Canal do Panamá — que ocupou boa parte da ação exterior do APRA — caminhava junto com outras curiosas e um tanto atabalhoadas urgências políticas como, por exemplo, nacionalizar imediatamente o ouro e o vanádio. Em todo caso, Haya — que nunca chegou ao poder no Peru, e que cuja morte piedosamente o impediu de ver o desastre provocado por seu discípulo Alan García, o único presidente aprista que passou pela casa de Pizarro — foi o mais fecundo líder político da esquerda democrática latino-americana, e o

APRA — sua criação pessoal —, o único partido que chegou a ter repercussões e imitadores em todo o continente. Houve apristas da Argentina ao México, com igual profusão na América Central e no Caribe. E, por incrível que pareça, ainda existem alguns.

Paul Groussac ou Rodó podiam fazer floreios com o elogio do espiritualismo latino-americano, ou Haya podia sonhar com nacionalizações e pensar que o Estado tinha uma responsabilidade importante no desenvolvimento da economia, como muitas vezes afirmou, mas depois da derrocada prática e constante de todas essas especulações em meio mundo, só a idiotice contumaz poderia continuar repetindo o que a realidade se ocupou de desacreditar sem a menor misericórdia.

III

A BÍBLIA DO IDIOTA

> *Nos últimos anos li poucas coisas que me comoveram tanto.*
>
> HEINRICH BÖLL, discurso em Colônia, 1976

No último quarto de século, o idiota latino-americano contou com a enorme vantagem de ter à sua disposição uma espécie de texto sagrado, uma bíblia na qual se encontram todas as asneiras circulantes na atmosfera cultural do que os brasileiros chamam de "a esquerda festiva".

Estamos nos referindo, é claro, a *As veias abertas da América Latina*, livro escrito pelo uruguaio Eduardo Galeano no final dos anos 60, cuja primeira edição em castelhano foi publicada em 1971. Vinte e três anos mais tarde — outubro de 1994 — a editora Siglo Veinte y Uno da Espanha lançava a 67ª edição, sucesso que vem confirmar com fidelidade a impressionante densidade das tribos latino-americanas classificáveis como idiotas, assim como a extensão desse fenômeno para além das fronteiras dessa cultura.

Resumindo: dessas 67 edições, uma boa parte se constitui de traduções para outras línguas, e há muitas possibilidades de que a idéia de América Latina gravada nas cabecinhas de muitos jovens latino-americanos formados nos Estados Unidos, França ou Itália (não falemos de Cuba e da Rússia) tenha sido moldada pela leitura dessa obra pitoresca, carente de ordem, unidade e bom senso.

Por quê? O que há nesse livro a fazer com que milhares de pessoas o comprem, muitas leiam e uma boa parcela adote como diagnóstico e modelo de análise? Muito simples: Galeano — que pessoalmente nos merece todo o respeito do mundo — numa prosa rápida, por vezes lírica, quase sempre contundente, sintetiza, digere, reúne e mistura André Gunder Frank, Ernest Mandel, Paul Baran, Jorge Abelardo Ramos com Raúl Prebisch antes do arrependimento e do *mea culpa*, Guevara, Castro e algum outro insigne "pensador" de inteligência áspera e raciocínio delirante. Por essa razão sua obra converteu-se na bíblia da esquerda. Tudo nela está escrito com veemência, e se damos ao texto uma interpretação linear, fundamentalista, se acreditamos no que está dito e assinamos embaixo, então precisamos pegar o fuzil ou — para os mais pessimistas — uma corda para nos enforcarmos imediatamente.

Mas, afinal de contas, o que diz o senhor Galeano nesses papéis extraordinários que escreveu? Examinemos a Introdução, dramaticamente intitulada "cento e vinte milhões de crianças no centro da tormenta" e esclareçamos, logo de saída, que todas as citações que apresentaremos foram extraídas da mencionada 67ª edição, impressa na Espanha em 1994 pela Siglo Veinte y Uno, para uso e desfrute dos peninsulares.* Gente que, aliás, não tem boas referências no livro. Coisas do historimasoquismo, como gosta de dizer Jiménez Losantos.

---

* As citações usadas na presente edição foram extraídas da 36ª edição brasileira da obra, publicada em 1994 pela editora Paz e Terra. (N. T.)

É a América Latina, a região das veias abertas. Desde o descobrimento até nossos dias, tudo se transformou em capital europeu ou, mais tarde, norte-americano, e como tal se tem-se acumulado e se acumula até hoje nos distantes centros de poder. (p. 14)

Embora a Introdução não comece com essa frase, mas com outra que citaremos em seguida, vale a pena nos determos nesse parágrafo porquanto a metáfora hemofílica que intitula o livro apresenta uma pista sólida a nos levar exatamente ao local onde se origina a distorção analítica do sr. Galeano: trata-se de um caso de antropomorfismo histórico-econômico. O autor imagina a América Latina como um corpo inerte, desmaiado entre o Atlântico e o Pacífico, cujas vísceras e órgãos vitais são suas montanhas férteis e suas reservas minerais, enquanto a Europa (primeiramente) e os Estados Unidos (depois) são os vampiros que sugam seu sangue. Assim sendo, com base nessa assustadora premissa antropomórfica, não fica difícil deduzir o destino zoológico que nos aguarda ao longo do livro: aves de rapina americanas terrivelmente carnívoras, polvos de inúmeras nações que monopolizam nossas riquezas, ou ratazanas imperialistas cúmplices de qualquer trapaça.

Essa arcaica visão mitológica — a Europa, uma donzela raptada no lombo de um touro, os Titãs sustentando o mundo, Rômulo e Remo alimentados por uma loba maternal e pacífica — pertence realmente ao universo da poesia ou da fábula, mas nada tem a ver com o fenômeno do subdesenvolvimento, embora seja justo esclarecer que Galeano não foi o primeiro escritor contemporâneo a se permitir tais licenças poéticas. Um notável ensaísta norte-americano, que em meados do século se esforçou bastante para manter vivos e em coleiras os idiotas latino-americanos de então, escreveu certa vez que Cuba — a de Castro — era como um grande falo pronto para penetrar a vulva norte-americana. A vulva, é claro, era o Golfo do México, e não faltou quem opinasse que, por trás dessa linguagem mais freudiana do que obscena, jazia uma valente denúncia antiimperialista. Algo semelhante está em *As veias abertas da América Latina*. A incontida hemorragia do título começa afastando a sobriedade que requer o tema. Veremos como se coagula esse desafortunado espasmo literário.

Há dois lados na divisão internacional do trabalho: um em que alguns países especializam-se em ganhar, e outro em que se especializaram em perder. (p. 13)

Assim, com essa frase rotunda, começa o livro. Para seu autor, como para os corsários dos séculos XVI e XVII, a riqueza é um cofre a navegar sob uma bandeira estrangeira, e tudo que se precisa fazer é abordar a nau inimiga e abatê-la. Nunca lhe passou pela cabeça a idéia tão elementar e simples, tão evidente, de que a riqueza moderna só é criada com uma boa gestão das atividades empresariais.

Infelizmente, são muitos os idiotas latino-americanos que compartilham essa visão medíocre. O que alguns possuem — eles supõem — sempre foi tirado de outros. Não importa se a experiência demonstra que o que convém a todos não é ter um vizinho pobre e desesperançado, mas exatamente o contrário, porque será do volume das transações comerciais e da harmonia internacional que irão depender não só nossa própria saúde econômica como a do vizinho.

É curioso que Galeano não tenha observado o caso norte-americano com menos preconceito ideológico. Com que vizinhos as relações são melhores, com o Canadá rico e estável, ou com o México? Qual é a fronteira conflitiva para os Estados

Unidos, a que tem ao sul ou a que tem ao norte? E se o vil desígnio dos Estados Unidos é manter os demais países especializados em "perder", por que então se uniu ao Canadá e México no Tratado de Livre Comércio com o declarado propósito de que as três nações se beneficiem?

Qualquer observador que se situe em 1945, ano em que terminou a Segunda Guerra Mundial e os Estados Unidos se tornaram a nação mais poderosa da Terra, pode comprovar como, enquanto aumenta paulatinamente a riqueza global norte-americana, seu poderio econômico diminui, porque outros 30 países ascendem vertiginosamente na escala econômica. Ninguém se especializa em perder. Todos (aqueles que executam bem seu trabalho) se especializam em ganhar. Em 1945, de cada US$ 1 que se exportava no mundo, US$ 0,50 era norte-americano; em 1995, de cada US$ 1 que se exporta, apenas US$ 0,20 corresponde aos Estados Unidos. Mas isso não quer dizer que algum vampiro se instalou em alguma veia norte-americana desprotegida e está se aproveitando, pois os norte-americanos estão cada vez mais prósperos. O que houve foi uma expansão da produção e do comércio internacional que beneficiou a todos nós e reduziu (de forma saudável) a importância relativa dos Estados Unidos.

Mas a região (América Latina) *continua trabalhando como um serviçal. Continua existindo a serviço de necessidades alheias, como fonte e reserva de petróleo e ferro, cobre e carne, frutas e café, matérias-primas e alimentos, destinados aos países ricos que ganham, consumindo-os, muito mais do que a América Latina ganha produzindo-os.* (p. 13)

Este parágrafo delicioso possui dois disparates dentre os preferidos pelo paladar do idiota latino-americano, embora seja preciso reconhecer que o primeiro — "roubam nossas riquezas naturais" — é muito mais popular do que o segundo: os países ricos "ganham" mais consumindo do que a América Latina vendendo. Como a segunda parte da proposição logo se reitera e explica, voltemos agora à primeira.

Vejamos: vamos supor que os **evangelhos** do sr. Galeano se convertam na política oficial da América Latina e que cessem as exportações do petróleo mexicano ou venezuelano, os argentinos deixem de vender carnes e trigo para o Exterior, os chilenos guardem seu cobre, os bolivianos seu estanho, e os colombianos, brasileiros e costa-riquenhos se neguem a negociar seu café, enquanto Equador e Honduras fazem o mesmo com a banana. O que acontecerá? Para o resto do mundo, muito pouco, porque toda a América Latina realiza apenas oito por cento de todas as transações internacionais, mas para os países ao sul do Rio Grande, a situação se tornaria gravíssima. Milhões de pessoas ficariam sem emprego, desapareceria quase que totalmente a capacidade de importação dessas nações e, à margem da paralisação dos sistemas de saúde por falta de remédios, ocorreria uma fome avassaladora devido a escassez de alimentos para os animais, fertilizantes para a terra ou peças de reposição para as máquinas rurais.

Inclusive, se o sr. Galeano ou os idiotas que compartilham sua análise foram conseqüentes com o antropomorfismo que sustentam, bem poderiam chegar à conclusão inversa: com a América Latina importando mais do que exporta, o resto do planeta teria seu sistema circulatório à mercê do aguilhão sanguinolento dos latino-americanos. De modo que seria possível escrever um livro contravenoso no qual se acusaria apaixonadamente os latino-americanos de roubar os computadores e aviões dos norte-americanos, as televisões e automóveis dos japoneses, os produtos químicos e maquinarias dos alemães e *ad infinitum*.

Só que esse livro seria tão absolutamente néscio quanto o que contradiz.

São muito mais altos os impostos que cobram os compradores do que os preços que recebem os vendedores. (p. 13)

Mas se o raciocínio anterior de Galeano é digno de riso, este agora poderia figurar na mais exigente antologia dos grandes disparates econômicos.

Segundo Galeano e as hostes de idiotas latino-americanos que se embriagam com suas teorias, os países ricos "ganham consumindo-os (os produtos latino-americanos) muito mais do que a América Latina produzindo-os". Como eles realizam esse prodígio? Muito fácil: sobrecarregam seus consumidores com impostos que aparentemente enriquecem a nação.

Sem dúvida, estamos diante de duas ignorâncias que se superpõem — sejamos antropomórficos — e procriam uma terceira. Por um lado, Galeano não é capaz de entender que se os latino-americanos não exportam e obtêm divisas a duras penas, poderão importar. Por outro, não se dá conta de que os impostos pagos pelos consumidores desses produtos não constituem uma criação de riqueza, mas uma simples transferência de riqueza do bolso privado para a tesouraria geral do setor público, onde é mais provável que boa parte seja desperdiçada, como costuma ocorrer com os gastos do Estado.

Mas Galeano e seus seguidores demonstram uma total ignorância dos mais elementares mecanismos econômicos quando não só atribuem a esses impostos um papel "enriquecedor" para o Estado que os impõe, como nem sequer são capazes de descobrir que a função desses encargos não é outra senão a de dissuadir as importações. Ou seja, constituem um claro intento de diminuir o fluxo de sangue que sai das veias da América Latina, porque, embora o idiota latino-americano não seja capaz de perceber, nossa tragédia não é a hemofilia das nações desenvolvidas, mas a hemofobia. Não temos coisas suficientes para vender no Exterior. Não produzimos o que deveríamos nas quantidades que seria desejável.

Falar de preços justos, atualmente [Galeano, com o objetivo de criticar, cita Lovey T. Oliver, coordenador da Aliança para o Progresso, em 1968], *é um conceito medieval. Estamos em plena época da livre comercialização.* [E daí conclui Galeano que:] *quanto mais liberdade se outorga aos negócios, mais cárceres se torna necessário construir para aqueles que sofrem com os negócios.* (p. 13)

Aqui está — efetivamente — a teoria do preço justo e do horror ao mercado. Para Galeano, as transações econômicas não deveriam estar sujeitas ao livre jogo da oferta e da procura, mas à fixação de valores justos aos bens e serviços; isto é, os preços devem ser determinados por funcionários celestiais, exemplarmente dedicados a esses misteres. Imaginamos o modelo que Galeano tem em mente ser o da era soviética, quando o Comitê Estatal de Preços radicado em Moscou contava com uma bateria de aborrecidos burocratas, perfeitamente diplomados em altos centros universitários, que fixavam anualmente cerca de quinze milhões de preços, decidindo, com precisão absoluta, o valor de uma cebola em Vladivostok, da antena de um *sputnik* no espaço, ou da junta do cano de esgoto instalado na aldeia dos Urais, prática que explica a desordem na qual culminou aquele experimento, como bem vaticinara Ludwig von Mises no livro *Socialismo*, gloriosa e inutilmente publicado em 1926.

É uma lástima que ninguém tenha esclarecido ao senhor Galeano ou à multidão idiotizada que segue esses argumentos, que o mercado e seus preços regulados pela oferta e procura não constituem uma trapaça para esfolar ninguém, mas um parco sistema de sinais (o único existente), concebido para que os processos produtivos possam contar com uma lógica íntima capaz de guiar racionalmente aqueles que executam a difícil tarefa de estimar os custos, fixar os preços de venda, obter lucros, poupar, investir e perpetuar o ciclo produtivo de maneira cautelosa e penosamente ascendente.

Será que o idiota latino-americano não se dá conta de a Rússia e o Bloco do Leste terem começado a empobrecer à medida que chafurdavam no caos financeiro provocado pelas crescentes distorções de preços arbitrariamente estabelecidos por burocratas justos, que, a cada decisão, confundiam cada vez mais a máquina produtiva a ponto de o custo real dos produtos e serviços ter pouca ou nenhuma relação com os preços que se pagavam por eles?

Mas voltemos ao esquema de raciocínio primário de Galeano e aceitemos, para podermos entender, ser preciso pagar aos colombianos um preço justo por seu café, aos chilenos por seu cobre, aos venezuelanos por seu petróleo e aos uruguaios por sua lã. Os norte-americanos, então, não pediriam um preço justo por sua penicilina ou por seus aviões? Qual é o preço justo de uma perfuratriz capaz de extrair petróleo ou de alguns *chips* que custaram centenas de milhões de dólares em pesquisa e desenvolvimento? E se depois de se chegar a um acordo planetário para que todas as mercadorias tivessem seu preço justo, uma epidemia devastadora eliminasse todo o café do Planeta, com exceção do que é cultivado na Colômbia, e começasse uma disputa mundial para adquiri-lo. A Colômbia deveria manter o preço justo e dividir entre seus clientes a produção, sem beneficiar-se da conjuntura? O que fez Cuba, na década de 1970, quando realizava 80% de suas transações com o Bloco do Leste, a preços justos (ou seja, fixados pelo Comitê de Ajuda Mútua Econômica — CAME), e então viu como o açúcar passava de 10 a 65 centavos a libra? Manteve suas exportações a preços justos ou se beneficiou da escassez cobrando o que o mercado lhe permitia cobrar?

É tão infantil, ou tão idiota, pedir preços justos quanto queixar-se da liberdade econômica para produzir e consumir. O mercado, com seus ganhadores e perdedores — é importante que se entenda —, é a única justiça econômica possível. Tudo o mais, como dizem os argentinos, é balela. Pura conversa fiada da esquerda ignorante.

Nossos sistemas de inquisidores e carrascos não só funcionam para o mercado externo dominante; proporcionam também caudalosos mananciais de lucros que fluem dos empréstimos e dos investimentos estrangeiros nos mercados internos dominados. (p. 13)

É muito provável que o sr. Galeano nunca tenha parado para pensar qual é a origem dos empréstimos. Talvez não saiba que se trata de riqueza acumulada, obtida em outras latitudes pelo incessante trabalho de milhões de pessoas que produziram mais do que gastaram e, conseqüentemente, desejam que seu esforço seja compensado com lucros.

Para que um executivo da Fiat, um comerciante de Berna ou um operário qualificado da Mercedes-Benz vai comprar ações da General Motors ou depositar suas economias num banco internacional? Para aumentar a felicidade de uma pobre criança boliviana — capítulo que pertence ao respeitável âmbito da caridade, mas não ao dos investimentos — ou para obter uma renda para seu capital? De que manual paleocristão o idiota latino-americano tirou a conclusão de que obter lucro com o capital que se investe é alguma coisa eticamente condenável e economicamente nociva?

Uma atenção mais séria a esse assunto demonstra que 90% dos investimentos realizados no mundo são efetuados entre nações desenvolvidas, porque esse "manancial caudaloso" de lucros que aparentemente flui do país receptor do investimento para o país investidor é muito mais rentável, seguro e previsível entre nações prósperas, com sistemas jurídicos confiáveis, e nas quais as sociedades são hospitaleiras para com o dinheiro alheio. Será que o sr. Galeano e seus acólitos se deram conta de que as nações mais pobres da Terra são aquelas que apenas negociam com o resto do mundo e nas quais quase ninguém quer investir?

Nos Estados Unidos — por exemplo — os sindicatos (que não acreditam nas fraudes dos sistemas venosos abertos) pedem, imploram para que os japoneses construam ali, e não no arquipélago asiático, seus *Toyotas* e *Hondas*. A França e a Espanha — só para citar outro caso — disputaram ferozmente a criação de um parque de diversões que a Disney queria instalar na Europa, já que essa "vil penetração cultural" — como diria Ariel Dorfman, aquele delirante escritor que acusou o Pato Donald de ser um instrumento do imperialismo — provavelmente iria atrair uma boa quantidade de turistas. O parque — certamente — acabou nos arredores de Paris, não sem uma certa satisfação suicida por parte dos não menos idiotas espanhóis da atabalhoada esquerda peninsular.

O modo de produção e a estrutura de classes de cada lugar têm sido sucessivamente determinados, de fora, por sua incorporação à engrenagem universal do capitalismo. (p. 14) ... A cada um dá-se uma função, sempre em benefício do desenvolvimento da metrópole estrangeira do momento, e a cadeia das dependências sucessivas torna-se infinita, tendo

muito mais de dois elos, e por certo também incluindo, dentro da América Latina, a opressão dos países pequenos por seus vizinhos maiores e, dentro das fronteiras de cada país, a exploração que as grandes cidades e os portos exercem sobre suas fontes internas de víveres e mão-de-obra.
(p. 14)

O fim trágico. Para Galeano, de acordo com seu evangelho vivo, as relações econômicas dos seres humanos funcionam como uma espécie de *matriushka* dialética e implacável, essas bonecas russas que guardam dentro de si outra boneca menor, e outra, e outra, até acabar numa diminuta e indefesa figurinha de apenas alguns centímetros de tamanho.

Mas vale a pena nos determos no início da frase, porque ali está o pecado original do antropomorfismo. Galeano diz que o "modo de produção e a estrutura de classes de cada lugar têm sido *determinados* de fora". Nessa palavra — *determinados* — encontra-se toda uma teoria conspiradora da História. Não ocorre a Galeano que a integração da América Latina na economia mundial não foi determinada por ninguém, mas ocorreu, como aconteceu com os Estados Unidos e o Canadá, pela própria natureza das coisas e da História, sem que ninguém — pessoa, país ou grupo de nações — pensasse em planejá-las. Que nação ou pessoas atribuíram a Cingapura, a partir de 1959, o papel de entreposto econômico asiático especializado em alta tecnologia de bens e serviços? Ou — por outro lado — que velhaco grupo de nações levou a Nigéria e a Venezuela, dois países dotados de imensos recursos naturais, à desastrosa situação em que se encontram hoje? Contudo, que mão estrangeira e bondosa colocou os argentinos do primeiro quarto do século XX entre os mais prósperos cidadãos do Planeta? Mas como Galeano gosta de determinismos econômicos, voltemos aos Estados Unidos e perguntemos que poder tremendo deslocou o centro de gravitação econômico da costa atlântica para o Pacífico, e o desloca perceptivelmente para o sul. Existe uma mão invisível a mover os fios do próprio coração do imperialismo?

Pode-se dizer, seriamente, com base na experiência dos últimos séculos, que a exploração das colônias por vorazes metrópoles explica o subdesenvolvimento de umas às expensas de outras? Qual é o atual lugar da Espanha ou de Portugal, dois dos mais fortes poderes imperiais do mundo moderno? Ao despontar o século — a etapa colonial mais próxima de hoje — Buenos Aires e São Paulo não eram mais ricas que Madri e Lisboa? A Espanha e Portugal não estão melhores sem as colônias do que com elas? A Escandinávia sem colônias não ficou melhor do que a Rússia ou a Turquia com as suas? A riqueza da pequena Holanda é explicada pelas ilhas que dominava no Caribe ou na Ásia? Mais riqueza tem a pequena Suíça sem jamais ter conquistado um palmo de território alheio. E o caso da Inglaterra, rainha dos sete mares nos séculos XVIII e XIX ? Não foi ali — supõem os Galeanos deste mundo — sobre os ombros de *gurkas* e *coolies* que se fundou o poderio econômico britânico? Certamente que não. A Alemanha, que teve apenas duas colônias — que lhe custaram muito mais do que lhe deram — quando iniciava o século XX, precisamente no zênite da era vitoriana, tinha um poder econômico maior do que o inglês.

É verdade, contudo, que a América Latina — como corresponde a uma região de cultura essencialmente européia — faz parte de um intrincado mundo capitalista ao qual afetou a depressão norte-americana de 1929, a descoberta da penicilina ou o "efeito tequila" do descalabro mexicano, mas essa circunstância opera em todas as direções e só os boximanos do Amazonas ou do Congo não sofreram seus efeitos. O que Galeano pensa que aconteceu ao Primeiro Mundo quando, em 1973, os produtores de petróleo multiplicaram várias vezes o preço do óleo cru? Obviamente que nós, latino-americanos, fazemos parte (e infelizmente pouco) da engrenagem capitalista mundial. Mas, se ao invés de se queixar de algo tão inevitável quanto conveniente, o idiota-latino-americano se dedicasse a estudar como algumas nações antes paupérrimas conseguiram chegar à linha de frente, ele observaria que ninguém impediu o Japão, a Coréia do Sul ou Taiwan de se converterem em entrepostos econômicos. Inclusive, quando algum país latino-americano, como o Chile, deu um passo à frente, aproximando-se da denominação de "tigre", essa classificação, longe de fechar-lhe as portas do comércio, serviu para que o convidassem a fazer parte do Tratado de Livre Comércio (TLC) enquanto os investimentos fluíam incessantemente para o "país da geografia louca".

A chuva que irriga os centros do poder imperialista afoga os vastos subúrbios do sistema. Do mesmo modo, e simetricamente, o bem-estar de nossas classes dominantes — dominantes para dentro, dominadas para fora — é a maldição de nossas multidões condenadas a uma vida de bestas de carga. (p. 14)

Quem opina uma atrocidade dessa não é capaz de entender que o conceito classe não existe, e que uma sociedade se compõe de milhões de pessoas cujo acesso aos bens e serviços disponíveis não se escalona em compartimentos estanques, mas em gradações quase imperceptíveis e móveis que tornam impossível traçar a fronteira dessa suposta justiça ideal perseguida por nossos incansáveis idiotas.

Examinemos o Uruguai, país do sr. Galeano, uma das nações latino-americanas em que a riqueza está mal repartida. Mas no Uruguai, é claro, também há ricos e pobres. Pensemos, efetivamente, que o uruguaio rico, com mansão e iate em Punta del Este, tirou de seus concidadãos a riqueza que ostenta, por serem muito poucos os que podem exibir bens dessa natureza. Uma vez feito esse cálculo rancoroso, passemos a outro escalão e veremos que só uma porcentagem pequena de uruguaios possui casa própria ou — inclusive — automóvel, de onde podemos deduzir o seguinte: o bem-estar dos proprietários de casas ou o dos motorizados descansa no incômodo dos que carecem desses bens.

Mas até onde pode chegar essa cadeia de carrascos e vítimas? Até o infinito: há uruguaios com ar condicionado, lavadora e telefone. Terão eles roubado essas comodidades próprias dos grupos de classe média de outros uruguaios mais pobres? Da modernidade eles só possuem a luz elétrica, em contraste com algum vizinho que usa o querosene, caminho que nos leva a afirmar que o uruguaio que não possui sapatos foi vampirizado por um vizinho, quase tão pobre quanto ele, mas que conseguiu colocar uma sola entre a planta do pé e as pedras da rua.

Será que o sr. Galeano parou para pensar de quem ele rouba seu relativo conforto de intelectual bem situado, passageiro freqüente de transatlânticos? Porque se esse modo de vida tranqüilo e agradável é mais elevado que a média de seus compatriotas, sua própria lógica deveria levá-lo a pensar que está tirando de alguém o que desfruta e não lhe pertence, atitude imprópria de um revolucionário permanentemente insurgido contra os abusos desse crudelíssimo mundo nosso.

A força do conjunto do sistema imperialista descansa na necessária desigualdade das partes que o formam, e esta desigualdade assume magnitudes cada vez mais dramáticas. (p. 15)

Essas são as balelas difundidas pelo pomposo nome da Teoria da Dependência. Havia — nessas elucubrações — dois capitalismos. Um periférico, pobre e explorado, e outro central, rico e explorador. Um se alimentava do outro. Bobagem: é provável que o sr. Galeano confunda o que chama de "necessária desigualdade das partes" com o que qualquer observador mais bem inteirado qualificaria de "vantagens comparativas". Vantagens determinantes do que as nações podem ou não produzir com sucesso e competitivamente.

Na realidade — com exceção dos fatores domésticos do tipo cultural — ninguém nem nada impediu que o México e o Japão se convertessem em fabricantes de tele/radiorreceptores, alijando os norte-americanos do controle quase total que tinham desse segmento desde os anos 50. Atualmente, nem nada nem ninguém cria obstáculos aos cultos argentinos visando impedi-los de se dedicar à extraordinariamente produtiva criação de programas de software, indústria que os norte-americanos levam na palma da mão.

Não se trata — como acredita Galeano — do fato de as nações depredadoras se aproveitarem da fraqueza de suas vizinhas para saqueá-las, mas sim de explorarem ao máximo suas próprias vantagens comparativas para oferecer ao mercado os melhores bens e serviços ao menor preço possível. A Espanha — por exemplo — "vende" seu território ensolarado, suas praias, sua arquitetura mourisca, seu românico, seus maravilhosos povoados de pescadores ou as pinturas de seus museus. Por mil razões — quase todas de cunho cultural — os espanhóis não podem fabricar a preços competitivos maquinarias de precisão, como os suíços e alemães, mas a experiência, o acerto e o erro levaram-nos a tornar-se os melhores anfitriões da Europa: o que há de mal nisso?

Teoricamente, na prática quase toda comunidade vigente pode encontrar seu nicho de sobrevivência, pois, ao contrário, não existiria. Que país da América do Norte — descontando-se o Canadá e os Estados Unidos — tem o maior nível de vida e a maior receita do Novo Mundo? As Bahamas: algumas ilhotas de areia e palmeiras deixadas pela mão de Deus no Caribe, povoadas por 200 mil pessoas de pele negra que recebem anualmente vários milhões de visitantes. Do que vivia a diminuta Granada antes que os revolucionários quisessem imitar a vizinha Cuba? Do turismo, de uma faculdade de Medicina e da exportação de noz moscada.

Se há alguma coisa que demonstra a experiência prática do século XX é não existir uma única nação, por menor, frágil, distante e órfã de recursos naturais que seja, que não possa sobreviver e prosperar se souber usar com inteligência suas vantagens comparativas

Como os neozelandeses, situados nas antípodas do mundo, separados em duas ilhas, e com uma população de apenas três milhões de bucólicos sobreviventes, têm um nível de desenvolvimento econômico europeu? Porque, em vez de ficarem lendo Galeano, dedicam-se a criar e vender a lã de 60 milhões de ovelhas, exportam flores e frutas, e — de alguns anos para cá — brindam os estrangeiros com uma boa oferta de turismo ecológico.

Se o "imperialismo" explorasse as desigualdades ao invés de todos beneficiarem-se das mútuas vantagens comparativas, por que esses canalhas não impediram os produtores chilenos de descobrir uma brecha no consumo americano para o seu vinho, seus aspargos e outros vegetais e não fecharam os mercados com o intuito de massacrá-los?

Se o "mercado" internacional é coisa de gigantes que esmagam os fracos, por que Israel, Andorra, Mônaco, Liechtenstein,

Taiwan, Cingapura, Hong-Kong, Luxemburgo, Suíça, Curaçao, Grande Caimã ou Dinamarca estão entre as nações mais ricas (e menores) do mundo? E mais: na própria América Latina, por que o Uruguai é mais rico que o Paraguai? Porque os uruguaios impedem os paraguaios de se desenvolverem? Por que a Costa Rica é mais próspera que a Nicarágua e Honduras? Porque os costa-riquenhos exercem o maléfico imperialismo ou porque fazem certas coisas melhor do que seus vizinhos da América Central?

A renda média de um cidadão norte-americano é sete vezes maior que a de um latino-americano, e aumenta num ritmo dez vezes mais intenso. E as médias enganam (...), seis milhões de latinos-americanos açambarcam, segundo as Nações Unidas, a mesma renda que 140 milhões de pessoas situadas na base da pirâmide social. (p. 15)

O que Galeano não é capaz de entender — e consideremos corretas suas cifras — é esse norte-americano médio também criar sete vezes mais riqueza do que seu vizinho do sul, pois — do contrário — não poderia gastar o que não tem.

O consumo (querido idiota) é uma conseqüência da produção. A razão porque um pobre índio do altiplano andino consome 50 vezes menos do que um capataz de Detroit está relacionada com os produtos ou serviços que cada um deles cria em seus respectivos mundos. E usando a mesma regra, esses supostos seis milhões de latino-americanos — entre os quais certamente se inclui o próprio ensaísta uruguaio — que monopolizam o dinheiro de 140 milhões de conterrâneos, conseguiram seu dinheiro à custa de produzir tanto e tão bem como se produz em outras latitudes mais desenvolvidas.

Contudo, à margem dessa evidência óbvia, existem dois importantes detalhes que os idiotas latino-americanos costumam ignorar em suas análises. O primeiro é que, se as nações mais desenvolvidas não tivessem importado quantidades significativas de minerais, combustíveis ou alimentos, a situação no Terceiro Mundo seria muito mais grave, como puderam comprovar os pobres exportadores de açúcar ou banana quando a União Européia restringiu as importações. Do mesmo modo, se os latino-americanos querem continuar desfrutando de aparelhos de som, bons equipamentos de pesquisa médica ou do mais recente remédio contra as cardiopatias, é aconselhável que o Primeiro Mundo não entre em crise, já que uma boa parcela do nosso conforto vem dali.

Por último, seria conveniente o sr. Galeano e seus adeptos darem-se conta de que é totalmente absurdo comparar o nível de consumo entre nações sem o mesmo ritmo de aumento da produção e — muito menos — da produtividade. Se o camponês das montanhas hondurenhas vive atualmente sem energia elétrica ou sem água corrente, como viviam os habitantes da Califórnia em 1890, a "culpa" de hoje em dia os californianos viverem infinitamente melhor do que os camponeses hondurenhos de nossos dias não pode ser atribuída a ninguém, e muito menos deve ser deduzida das comparações estatísticas.

Se hoje Bolívia ou Peru estão atrasados em relação a Inglaterra ou França, mais atrasados relativamente do que no passado, é porque não souberam, puderam ou quiseram comportar-se social e profissionalmente como as nações que se voltaram para a modernidade e o progresso.

Como pode um agricultor equatoriano esperar a mesma remuneração por seu trabalho que um agricultor norte-americano, quando a produtividade norte-americana é 100 vezes maior do que a sua? Nos Estados Unidos, menos de 3% da população se dedicam à agricultura, alimentam 260 milhões de pessoas e produzem excedentes exportáveis. Por isso os agricultores norte-americanos ganham mais. Basicamente por isso.

Também não é válido o raciocínio de a pobreza latino-americana dever-se ao encarecimento dos equipamentos de produção, falácia que costuma ser ilustrada com o número de sacos de café ou pencas de bananas necessárias hoje para comprar um trator, em contraste com o que se necessitava há 20 anos. A verdade é que atualmente custa a um agricultor moderno — americano, francês ou holandês — muito menos horas de trabalho adquirir o trator porque sua produtividade aumentou extraordinariamente. Os custos hoje, medidos em horas de trabalho, são mais baratos do que antigamente. Essa é a chave.

Em 1868 — e o exemplo foi lembrado mil vezes — o Japão era um reino medieval, uma teocracia fechada e isolada, recém-visitada pelo Ocidente em 1853 por meio do comodoro Perry, um país que não havia conhecido nem a primeira nem a segunda revolução industrial. Em 1905, contudo, já era um poder econômico capaz de derrotar a Rússia numa guerra e de competir no mercado internacional com diversos produtos.

Um crasso erro de Galeano: a única forma válida para se admitir essas comparações entre níveis de consumo seria quando nações que tentavam seriamente dar um salto à frente entraram em guerra e alguém ou algo impediu, mas esse atropelo jamais foi visto no mundo contemporâneo. Nem quando a Turquia tentou, depois da Primeira Guerra Mundial, nem quando o Japão, Coréia do Sul, Taiwan, Cingapura ou Indonésia se propuseram o mesmo na segunda metade do século XX.

Resultado? Certamente o japonês médio, ou o cingapurense médio consomem infinitamente mais do que seu contemporâneo latino-americano, mas isso só quer dizer que consomem mais porque produzem mais. Fenômeno inexplicável porque não entra na cabeça do latino-americano. Será que sua cabeça já está bastante cheia das monstruosidades como a seguinte?

A população da América Latina cresce como nenhuma outra; em meio século triplicou com sobras. Em cada minuto morre uma criança de doença ou de fome, mas no ano 2000 haverá 650 milhões de latino-americanos. (p. 15)

Em prosseguimento a este parágrafo, totalmente errado na previsão demográfica (no ano 2000 a população latino-americana será 30% menor do que assegura Galeano), aparece uma descrição sombria, mas não muito equivocada, dos pavorosos níveis de pobreza da região, da miséria de suas favelas e dos inegáveis horrores do analfabetismo, desemprego e doenças.
Até aqui o quadro é verdadeiro. Não há muito a objetar. Quem pode duvidar da existência de multidões famintas na América Latina? O problema começa quando Galeano tenta descobrir as causas desta situação e escreve:

Até a industrialização dependente e tardia, que comodamente coexiste com o latifúndio e as estruturas da desigualdade, contribui para semear o desemprego ao invés de tentar resolvê-lo; (...) Novas fábricas se instalam nos pólos privilegiados de desenvolvimento — São Paulo, Buenos Aires, a cidade do México —, porém reduz-se cada vez mais o número da mão-de-obra exigido. (p. 16)

De modo que a solução para a América Latina não está em industrializar-se, pois Galeano — como aqueles sindicalistas primitivos do século XIX que pretendiam destruir os teares e máquinas elétricas sob a alegação de que perderiam o emprego com estes artefatos — considera isso prejudicial.

É interessante especular acerca do que poderia ter acontecido com a Coréia do Sul ou Taiwan se o sr. Galeano, com essas idéias na cabeça, tivesse sido nomeado ministro da Fazenda nestes países. Afinal, no começo da década de 1950, tanto Taiwan quanto a Coréia do Sul — que acabava de passar por uma guerra espantosa — eram duas nações paupérrimas, sem outra produção substancial que a agrícola — e mesmo assim bastante deficitária — sepultadas sob o peso da miséria, do analfabetismo e de condições de vida subumanas.

Mas onde o raciocínio de Galeano — e receio que dos idiotas latino-americanos aos quais, com certa melancolia, esse livro é dedicado — alcança o nível da paranóia e da irracionalidade mais absolutas é no tema do controle da natalidade. De acordo com *As veias abertas da América Latina*, a alta taxa de crescimento desta região do mundo não é alarmante porque:

Na maior parte dos países latino-americanos não sobra gente: ao contrário, falta. O Brasil tem 38 vezes menos habitantes por quilômetro quadrado do que a Bélgica; Paraguai, 49 vezes menos que a Inglaterra; Peru, 32 vezes menos que o Japão. (p. 18)

É como se Galeano e suas hostes não pudessem se dar conta de que a necessidade de se controlar os índices de natalidade não depende do território disponível, mas da quantidade de bens e serviços gerada pela comunidade que se analisa, assim como as possibilidades de sua população absorvê-los razoavelmente bem.

De que serve a uma pobre mulher habitante de uma favela do Rio de Janeiro ou de La Paz saber que seu sétimo filho que vai nascer — a quem dificilmente poderá dar de comer e muito menos educar — viverá (se viver) num país infinitamente menos povoado que a Holanda?

Se há um dano objetivo que se pode infligir aos pobres em qualquer parte do mundo é induzi-los a ter filhos irresponsavelmente, mas essa receita converte-se num desserviço monstruoso, quando se afirma que as intenções reais dos planos de controle da natalidade local ou internacionalmente financiados respondem a uma ofensiva universal que:

Propõe-se justificar a desigual distribuição de renda entre os países e entre as classes sociais, convencer aos pobres que a pobreza é o resultado dos filhos que não se evitam e pôr um dique ao avanço da fúria das massas em movimento e em rebelião. (p. 17-18)

Porque, e aqui vai uma das frases mais incrivelmente bobas de todo um livro que ganhou, muito justamente, seu caráter de bíblia do idiota latino-americano:

Na América Latina é mais higiênico e eficaz matar os guerrilheiros nos úteros do que nas serras e nas ruas. (p. 18)

De modo que os pérfidos poderes imperiais, com Wall Street e a CIA à frente, associados com a burguesia cúmplice e corrupta, distribuem preservativos para impedir o definitivo chicote revolucionário. Luta final que Galeano observa no ambiente e cujo paradigma e modelo Castro encarna, pois:

A águia de bronze do Maine, derrubada no dia da vitória da revolução cubana, jaz agora abandonada, com as asas quebradas sob o portal do bairro velho de La Habana. A partir de Cuba, outros países iniciaram, por vias distintas e com meios distintos, a experiência da mudança; a perpetuação da ordem atual das coisas é a perpetuação do crime. (p. 19)

Suponho que o leitor, após esse eloqüente parágrafo com o qual Galeano praticamente culmina o prólogo a seu livro e declara seu amor pela ditadura cubana, pode chegar a duas conclusões interessantes. A primeira, dentro de sua fundamental irracionalidade, é não faltar coerência ao discurso de Galeano. Se há alguns malvados poderes capitalistas empenhados em saquear os latino-americanos com a compra de nossos produtos ou com a concessão cruel de créditos e empréstimos avarentos, aos quais se acrescentam os nefastos investimentos exploradores e o genocídio herodiano de nossos revolucionários nonatos, o razoável é saltarmos em qualquer esquina desse mundo cruel e tomarmos o caminho oposto: a gloriosa senda cubana.

O problema — e aí está a segunda conclusão — é Cuba, após o desaparecimento do Bloco do Leste, dar mostras desesperadas de querer abrir as veias para que o capitalismo sugue seu sangue, enquanto enfrenta sua crise final com medidas de ajuste tiradas do receituário do FMI. A Ilha — efetivamente — está pedindo aos gritos empréstimos e investimentos exteriores para criar *joint-ventures* nas quais se tira dos trabalhadores 95% de seu salário, mediante o cínico expediente de cobrar ao sócio estrangeiro os salários em dólares, para pagar aos operários em pesos desvalorizados, que de nada servem, trocados no mercado negro a 40 por 1. Essa Cuba, que Galeano usa como exemplo, chora e pressiona de todas as tribunas os Estados Unidos para que retire sua proibição de negociar — o maldito embargo — e volte a explorar os pobres cubanos, como é sua cruel tradição. Enquanto faz isso, contradizendo o receituário de Galeano, a Ilha mantém, à base de abortos maciços, a taxa de natalidade mais baixa do Continente, e a mais alta de suicídios, 14 vezes maior do que a vizinha Porto Rico e proporcionalmente muito mais despovoada.

Por último, esse paraíso proposto por Galeano como modelo — do qual todos que podem escapam a bordo de qualquer coisa flutuante ou voadora — de um tempo para cá já não exibe como atração seu galhardo perfil de combatente heróico, mas as suadas e cansadas nádegas das pobres mulatas da Tropicana, e a promessa de que ali — na pobre ilha — pode-se comprar sexo de qualquer tipo com um punhado de dólares, às vezes até com um prato de comida. Por menos, muito menos do que custa o livro do sr. Galeano.

IV

SOMOS POBRES: A CULPA É DELES

O subdesenvolvimento dos países pobres é o produto histórico do enriquecimento de outros. Em última instância, nossa pobreza se deve à exploração de que somos vítimas por parte dos países ricos do planeta.

Como diz a frase, que poderia muito bem ser pronunciada por nosso idiota, nunca temos a culpa do que nos acontece. Sempre há alguém — uma empresa, um país, uma pessoa — responsável por nossa sorte. Agrada-nos ser ineptos com a consciência limpa. Temos prazer mórbido em nos sentirmos vítimas de alguma exploração. Praticamos um masoquismo imaginário, uma fantasia do sofrimento. Não porque a pobreza latino-americana seja irreal — ao contrário, é bastante real para as favelas de Lima e do Rio de Janeiro, ou os casebres de Oaxaca — mas porque gostamos de culpar algum malvado por nossas carências. O sr. Smith, executivo de uma fábrica de bombas em Wisconsin, é um canalha que nos mata de fome, um ladrão responsável por a renda per capita de Honduras ser de miseráveis US$ 1 mil anuais (isto é, nossas cifras macroeconômicas estão computadas em dólares: só faltava essa). A sra. Wayne, corretora de imóveis em Miami, é amante do alienado, capaz das piores iniquidades, como deixar 12 milhões de peruanos sem emprego formal. O sr. Butterfly, fabricante de microprocessadores em Nova York, vive atormentado pensando no Hades que o aguarda mais à frente, pois deve seu império de milhões de dólares aos Tratados de

Guadalupe-Hidalgo, os quais, em 1948, tiraram mais da metade do território do México para entregá-lo aos Estados Unidos.

    Se esse onanismo do sofrimento fosse autóctone, talvez se tornasse até simpático, um elemento entre tantos de nosso folclore político. Contudo, é importado da Europa, mais concretamente de uma corrente de pensamento que buscou justificar, no começo do século, o fracasso da previsão marxista revolucionária nos países ricos usando o argumento de que o capitalismo continuava vivo por obra do imperialismo. Essa reflexão deslumbrante ganhou ainda mais força com os "independentismos" do pós-guerra, quando todas as colônias libertadas de seus amos acharam necessário odiar a riqueza dos ricos para se sentirem mais independentes. Por outro lado, figuras respeitáveis como o *pandit* Nehru ou Nasser, e depois alguns ilustres gorilas que se apoderaram de governos africanos, expandiram *urbi et orbe* o culto contra os ricos. A América Latina, sempre tão original, tornou sua essa prédica e introduziu-a nos anais acadêmicos, da política, das comunicações e da economia. Demos também nossa contribuição às teorias esotéricas da dependência, e figuras como Raúl Prebish e Fernando Henrique Cardoso concederam-lhe respeitabilidade intelectual.

    Para começar, o pobre Marx deve ter se revirado no túmulo com essas teorias. Ele jamais sustentou tal tese. Ao contrário, elogiou o colonialismo como uma forma de acelerar, nos países subdesenvolvidos, o advento do capitalismo, que seria o primeiro passo indispensável do comunismo. Poucos homens cantaram com tanto ímpeto as glórias modernizadoras do capitalismo quanto Marx (e isso porque ele não chegou a ver Napoleão num CD-ROM ou enviar um fax a seu amigo Engels). Nunca ocorreu ao pai intelectual do culto contra os ricos achar a pobreza da

América Latina diretamente proporcional e causada pela riqueza norte-americana ou européia.

Ninguém batizou tão bem essa ideologia como o venezuelano Carlos Rangel: terceiro-mundismo. E ninguém definiu tão bem sua finalidade quanto o francês Jean-François Revel: "O objetivo do terceiro-mundismo é acusar e, se possível, destruir as sociedades desenvolvidas, não desenvolver as atrasadas."

A simples lógica já seria um critério suficiente para invalidar a afirmação de que nossa pobreza é a riqueza dos ricos, pois torna-se óbvio que sendo a riqueza uma criação e não alguma coisa já existente, a prosperidade de um país não é produto do roubo de uma riqueza instalada em outro lugar. Se os serviços, que constituem 3/4 da economia norte-americana atual, não usam matérias-primas latino-americanas nem de nenhuma outra parte, como eles poderiam ser o resultado de um saque de nossos recursos naturais? Se os US$ 6 trilhões anuais que a economia dos Estados Unidos produz correspondem a oito vezes o que as três maiores economias latino-americanas (os "gigantes" Brasil, México e Argentina) combinadas produzem, para a premissa ser verdadeira precisar-se-ia demonstrar que alguma vez essas três economias juntas, por exemplo, produziram oito vezes mais do que produzem hoje em dia, e que, somadas, alcançariam uma cifra parecida a US$ 6 trilhões. Se deixarmos um pouco de lado o passado, veremos que US$ 6 trilhões constituem uma noção tão estranha para nossas economias atuais ou passadas como o é a solidão para um chinês ou o inferno para um esquimó...

Poder-se-ia alegar, claro, não ser justo fazer essa comparação porque não se trata do fato de os Estados Unidos terem roubado exatamente tudo que produzem, mas sim que embolsaram os recursos essenciais e depois construíram sobre eles uma riqueza própria. Se for essa a alegação, automaticamente fica invalidada toda a premissa de que nossa pobreza se deve à exploração da qual somos vítimas, pois ela repousa inteiramente sobre a idéia de que a riqueza não se faz, mas se reparte, porque já existe. Se não existe, é criada, e se criada, a riqueza de nenhum país é essencialmente a pobreza de outro. Inclusive os piores colonizadores, desde o Renascimento até nossos dias, transferiram para o país-vítima instrumentos — conhecimentos, técnicas — que lhes permitiram algum desenvolvimento (pelo menos econômico, senão político e intelectual). O que seria hoje a economia latino-americana comparada à dos países prósperos, se não tivesse tido contato com a economia dos cara-pálidas? Dá trabalho acreditar que a produção combinada do México, Brasil e Argentina seria hoje apenas oito vezes menor do que a dos Estados Unidos. Os peruanos, por sua vez, continuaram esfregando as mãos diante das virtudes agrícolas dos camponeses serranos, inventores notáveis para a época pré-colombiana, mas não exatamente precursores, por exemplo, da máquina a vapor ou do motor de combustão (para falar de inventos capitalistas bastante antiquados).

Isso significa que não houve saques na era colonial nem injustiças imperialistas na republicana? Sim, houve, mas esses fatos têm tão pouca relação com a condição atual de países subdesenvolvidos como têm nossos intelectuais com o bom senso. Éramos, como região, muito mais prósperos do que os Estados Unidos quando nossos crioulos, enfrentando exércitos reais cheios de índios, cortaram as amarras com a metrópole, ou seja, depois de efetuados todos os saques da era colonial. Apesar de tudo isso, a Espanha desperdiçou o ouro que levou em inúteis guerras européias ao invés de usá-lo produtivamente, o que nos permite atribuir, se queremos evitar voltar ao *kindergarten*, sua relativa prosperidade atual a semelhante fator. Algum contador

SOMOS POBRES: A CULPA É DELES

peruano, com paciência patriótica, calculou o quanto em termos atuais somaria todo o saque aurífero colonial (a oportunidade dessa operação não pôde ser melhor: a Exposição de Sevilha, em 1992). A Espanha e Portugal, poderes coloniais por excelência, estão entre os países menos ricos da União Européia, enquanto que a Alemanha, o grande motor desse continente, não foi uma potência colonial (mesmo porque começou seu desenvolvimento no começo deste século, e desde então até o presente aventuras colonialistas como a de Hitler trouxeram-lhe, no campo econômico, muito mais prejuízos do que lucros). O colonialismo praticado pela URSS não conseguiu desenvolver nenhum país e por isso a economia cubana, já privada da teta soviética — um subsídio de mais de US$ 5 bilhões ao ano — pede de joelhos que venham divisas de fora, iniciando um culto místico de dimensões arrepiantes ao Deus-dólar encabeçado pelo próprio comandante Castro.

Quando se fala da responsabilidade do colonialismo e da exploração de países fracos por países fortes, costuma-se falar de séculos mais ou menos recentes. Trata-se de uma empulhação conveniente. Contar apenas a partir da era moderna no momento de se procurar estabelecer relações de causa e efeito entre a riqueza dos colonizadores e a pobreza dos colonizados é desconhecer que o colonialismo é uma prática tão antiga quanto a humanidade. Ao que se saiba, na Antiguidade ou na Idade Média nenhuma região do mundo cujo povo conquistou outro alcançou desenvolvimento comparável ao capitalismo.

Entre os países mais surpreendentes por seu desenvolvimento nos últimos tempos encontram-se alguns que não possuíam recursos naturais importantes quando alçaram vôo, nem conquistaram ninguém. A Coréia do Sul, no fim da guerra coreana, ficou sem nenhuma indústria, que se concentrava ao norte. Cingapura não tinha recursos naturais e carecia de terra cultivável. Ambas — está ficando aborrecido citar dragões a todo instante, mas que remédio — conquistaram, em poucas décadas, uma independência econômica que outros países latino-americanos muito mais ricos em matérias-primas não lograram. Os países da Comunidade de Estados Independentes (antiga União Soviética) têm, ao contrário, todos os recursos naturais do mundo e ainda continuam mergulhados no subdesenvolvimento.

Durante os primeiros 30 anos deste século, a Argentina era uma potência mundial em matéria econômica, muito mais avançada do que boa parte dos países europeus que hoje a superam, e nos 60 anos que separam o ontem do hoje, não se pode afirmar sem rubor ter sido a Argentina vítima de colonialismos e explorações significativas. A história recente da América Latina está cheia de revoluções justiceiras, como a mexicana, a do Movimento Nacional Revolucionário na Bolívia, a de Juan Velasco no Peru, a de Fidel Castro em Cuba, todas insurgidas contra o entreguismo e o imperialismo econômico. No final do processo, nenhum dos quatro países estava melhor do que quando começou (no caso do México pode-se dizer que só melhorou relativamente quando a Revolução, maleável como massa de modelar, mudou convenientemente seus princípios e tornou-se entreguista...).

Como a riqueza não é um recurso ou uma renda eterna, de nada serviria que repartíssemos a prosperidade dos Estados Unidos entre todos os latino-americanos. Ela se evaporaria imediatamente, pois sua simples transferência não teria resolvido o problema essencial: como criá-la durante o tempo todo. Se os habitantes da América Latina ficassem com a renda per capita dos Estados Unidos, a cada um deles corresponderia, por termos pouco menos do que o dobro de habitantes, algo em torno de US$ 10 mil anuais.

SOMOS POBRES: A CULPA É DELES

Se nos apropriássemos dessa renda anualmente, em cinco anos estaríamos numa situação não muito melhor do que a atual, pois tais recursos não teriam criado empresas nem trabalho necessários (descartando a hipótese de se ter investido, pois isso desmentiria o axioma de que a riqueza não se cria, mas se rouba). Não teríamos deixado para trás o subdesenvolvimento. A nossos vizinhos do norte, quando muito, restariam duas opções ao longo desses cinco anos: ponderar as virtudes da autofagia ou — perspectiva menos indigesta — trabalhar para duplicar a renda, de tal modo que, despojados da renda de US$ 21mil anuais, voltassem a desfrutar de uma renda similar à atual.

As empresas transnacionais saqueiam nossas riquezas e criam uma nova forma de colonialismo.

Perguntamo-nos por que, para saquear nossas riquezas, potências como os Estados Unidos, Europa e Japão utilizam um mecanismo tão estranho como o das transnacionais ao invés de uma fórmula mais contundente, como um exército. É um mistério a razão por que esses ladrões de riqueza alheia gastam dinheiro com projetos, plantas, maquinaria, tecnologia e gerenciamento, promoção de produtos, distribuição de mercadorias e emprego a trabalhadores, para não falarmos das propinas, elemento indispensável aos custos operacionais. É ainda mais estranho o fato de, em tantos casos como esses, os bons lucros às vezes servirem para fazer com que esses inimigos de nossa prosperidade gastem mais dinheiro em ampliar sua produção. Por que não evitar toda essa pantomima e enviar de vez a soldadesca para se apropriar de nossa cornucópia?

Por uma simples razão: porque uma corporação transnacional não é um Estado, mas uma empresa, totalmente incapaz de usar a força física contra qualquer país. Embora no passado meter-se com uma empresa transnacional norte-americana na América Latina pudesse causar represálias militares, já não é mais assim há várias décadas. As empresas vêm quando lhes é permitido vir, se vão quando são obrigadas a partir. O raro é continuarem vindo para nossos países apesar de, num passado recente, terem sido obrigadas por nossos governos a levantar âncoras. Com curiosa teimosia, o capital estrangeiro volta para onde recebeu as maiores rasteiras. Gostam de ser açoitadas. São mais masoquistas do que os heróis do Marquês de Sade.

Obviamente, uma empresa transnacional não é um fundo de caridade. Não dá dinheiro ao país no qual investe — exatamente porque é isso o que faz: investir, atividade impossível de se desligar de seu objetivo, perfeitamente respeitável, de obter lucros. Se a General Motors ou a Coca-Cola se dedicassem a montar toda a dispendiosa cadeia de produção anteriormente citada e não quisessem um centavo de lucro por isso, teríamos *ipso facto* de perder o respeito por elas. Se elas se dedicassem à filantropia, desapareceriam em muito pouco tempo.

O que fazem melhor é gerar lucro. O mundo se move em função da expectativa de obter lucro. Toda engrenagem moderna repousa sobre essa base. Até mesmo a engenharia genética e a biotecnologia, em última instância nada menos que experimentos manipuladores dos genes humanos e animais, só podem obter os resultados médicos desejados se as companhias que investem fortunas em pesquisa científica acreditarem que irão obter lucro (por isso existe hoje algo tão controvertido como as patentes de genes humanos). Pelo menos algum dia a engenharia genética produzirá um intelectual latino-americano capaz de entender que a busca de lucro é saudável e moral.

SOMOS POBRES: A CULPA É DELES

Convém a nós — e isso está ao alcance do mais oligofrênico patriota — que essas empresas instaladas em nossos países obtenham lucros. Mais ainda: convém que ganhem bilhões, e, se possível, trilhões de dólares. Elas trazem dinheiro, tecnologia e trabalho, e todo lucro que venham a obter será originário do fato de ter feito escoar aos bens e serviços que produzam. Se os bens forem vendidos internamente, o mercado terá crescido. Se exportados, o país terá conseguido uma saída para os produtos locais que, de outra forma, não teria sido possível, beneficiando-se com a possível decisão da empresa em manter e inclusive expandir seus investimentos no país onde instalou seus negócios. Para qualquer bípede com uso da razão, tudo isso deveria ser mais fácil de digerir do que uma alface.

Os grandes fabricantes de automóveis, por exemplo, anunciaram desejarem que o Brasil seja algo como a segunda capital de sua indústria no hemisfério ocidental no fim deste século. O que isso significa? Significa, exatamente, que querem duplicar a produção de automóveis, o que irá requerer, da parte desses monstros multinacionais, um investimento total de US$ 12 bilhões. A Volkswagen, o Satã do volante, a devoradora de nossos povos, piranha de nosso ouro, colocará naquele infortunado país — horror dos horrores — US$ 2,5 bilhões antes do fim do milênio para aumentar para um milhão o número de veículos produzidos. A Ford, Moloc em cujo altar sacrificamos nossos filhos, anunciou, por sua vez, outros US$ 2,5 bilhões de investimento. E assim sucessivamente. A General Motors, empresa que indubitavelmente nasceu para dragar nossa dignidade, odeia-nos tanto que emprega 100 mil pessoas no México, Colômbia, Chile, Venezuela e Brasil. A francesa Carrefour, verdadeiro Napoleão do capital estrangeiro, inflige-nos 21 mil empregos na Argentina e no Brasil, o que corresponde a menos da metade do que nos impõe, desapiedadamente, a Volkswagen na Argentina, Brasil e México.

Até 1989, ocorria o que chamávamos "fuga de capitais" na América Latina. Feitas as contas, o dinheiro sacado por nossos capitalistas era maior do que os dólares que vinham de fora para serem investidos na América Latina. Exatamente nesse ano, a "fuga" — que mania de ficar usando expressões extraídas do vocabulário policial para falar de economia — alcançou aproximadamente US$ 28 bilhões. A situação atualmente é oposta. Em 1994, cerca de US$ 50 bilhões vieram para a América Latina embrulhados com um laço de fita no qual havia uma etiqueta com o nome "capital estrangeiro". E isso porque em 1994 ocorreu uma queda em torno de 30% em matéria de investimento estrangeiro com relação ao ano anterior, devido às veleidades políticas mexicanas, efeito que reduziu ainda mais a cifra em 1995. Esses altos e baixos nos investimentos mostram, acima de tudo, que nada garante o interesse do dinheiro dos forasteiros por nossos mercados. O dinheiro, como as jovens coquetes, se faz de rogado.

Passando uma rápida vista d'olhos nas maiores 500 empresas da América Latina, constata-se — oh! oh! — que muito menos da metade é estrangeira. Em 1993, apenas 151 eram estrangeiras, significando que 349 das maiores empresas da América Latina eram — são — o que nossos compatriotas chamam de "nacionais". Nessa era de abertura de capital estrangeiro, de entreguismo e imperialismo generalizado, nem a metade das empresas que mais dinheiro movimentam é proveniente do dinheiro estrangeiro, mas do nosso. O que quer dizer isso? Primeiro, se alguém saqueia nossas riquezas, os principais saqueadores não são as multinacionais estrangeiras. Segundo, ao se abrir uma economia ao capital estrangeiro, o investimento local também se beneficia, sempre e quando houver condições minimamente atraentes, num jogo de polés que vai tirando do fundo do poço o conjunto do país. Não interessa se a empresa é nacional ou estrangeira: o movimento geral da economia empurra para a frente o país no qual o conjunto dessas companhias, nacionais e estrangeiras, opera. Terceiro, nosso problema ainda é — apesar de tudo — como conseguir que mais capital estrangeiro venha para cá ao invés de ir, como continua indo, para outras partes (Ásia, por exemplo). Se pudermos acusar alguém de imperialismo econômico, seriam as próprias empresas latino-americanas que estão inundando países da mesmíssima América Latina. Uma verdadeira avalanche de investimentos de capitais latino-americanos está percorrendo os diversos países entre o Rio Grande e Magalhães. Isso é que permite aos chilenos manipular fundos de pensão privados no Peru, por exemplo. Ou que a Engarrafadora Andina tenha comprado a engarrafadora da Coca-Cola no Rio de Janeiro. Ou que a Televisa tenha adquirido uma estação de TV em Santiago. Já não podemos acusar os países desenvolvidos de monopolizar o investimento estrangeiro: nós mesmos nos tornamos compulsivos investidores estrangeiros na América Latina.

Há cinco anos, nosso problema não era o capital estrangeiro, mas a falta de capital estrangeiro. Hoje temos de lamentar que não haja US$ 100 bilhões ou US$ 200 bilhões de investimento estrangeiro. Nosso problema não está no fato de que 15% do total de investimentos japoneses no Exterior venham para a América Latina, mas que apenas 15%, e não 40 ou 50%, tenham esse destino. No começo da década de 1990, 15% dos investimentos estrangeiros de capitais espanhóis faziam as Américas. O que deveria nos aborrecer com a mãe-pátria é os investimentos não terem sido maiores.

Muito do capital estrangeiro vai para as bolsas de valores e sai disparado quando vislumbra uma crise (como a desvalorização do peso mexicano no começo de 1995, com seu conseqüente "efeito tequila" nos países como a Argentina, ou, nesse mesmo ano, a guerrinha entre o Peru e o Equador). Isso significa esses dólares ainda não terem confiança suficiente em nós, que só estão colocando a pontinha dos pés em nossas águas. Sendo assim, como denunciar um espólio? Na realidade, o problema é que esses investimentos não permanecem. Muitos dólares são especulativos? Sim, mas são dólares. Fazem a nossa economia respirar e fornecem fundos para nossas empresas. Primeiramente, seus efeitos macroeconômicos não são pequenos: em muitos casos compensam nossas deficitárias balanças comerciais, ajudando a evitar desvalorizações maciças que poderiam fazer disparar a inflação. E, por fim, com sua confiança contagiam outros forasteiros com os bolsos cheios.

O investimento estrangeiro, por si só, nunca tirou nenhum país da miséria. Jamais isso será possível, se não houver o desenvolvimento de um mercado nacional forte, com poupança e investimento doméstico, sob uma cultura de liberdade. Mas esse investimento estrangeiro, neste mundo de competição frenética e de geografias universais, é uma das formas de acelerar a modernidade. Os progressistas deste mundo quiseram empurrar-nos para as comunidades autárquicas do Medievo. O progressismo é ficção científica tornada política: turismo de volta ao passado.

Nossa pobreza está estreitamente relacionada com a progressiva deterioração dos termos de intercâmbio. É profundamente injusto que tenhamos que vender com preço baixo nossas matérias-primas e comprar a preço alto os produtos industriais e os equipamentos fabricados pelos países ricos. É necessário criar uma nova ordem econômica mais eqüitativa.

Também é injusto o céu ser azul e os iguanas bichos feios. A diferença é que injustiças naturais como essas não têm remédio. Mas as humanas têm, basta não ficar de braços cruzados a cada atitude torpe cometida por nossos dirigentes. Ocorre que o comércio na América Latina é uma expressão da vassalagem a que, quase dois séculos após a independência, estamos submetidos em relação às grandes potências. Esquecemos que até o fim do século passado — 1880, por exemplo — muitas décadas depois da Doutrina Monroe, a América Latina tinha uma participação no comércio mundial parecida com a dos Estados Unidos. Até 1929, muitos anos depois de algumas pilhagens militares norte-americanas em nossas terras e criada a Emenda Platt — limitação à soberania cubana imposta pelo Congresso norte-americano em 1901 — a cota de exportação de nossos países correspondia a 10% do total mundial, cifra nada desprezível para nações escravizadas pela potência emergente do Norte e, antes, pelas tradicionais de além-mar. Nessa época em que nossa vulnerabilidade militar e política era bastante maior face as grandes potências, nossa capacidade de exportar era comparativamente maior do que a atual. O mundo necessitava de nossos bens e, no tráfico comercial do Planeta, ostentávamos destacada posição. Os benefícios econômicos que obtínhamos dessas vendas eram consideráveis porque, pelo fato de os produtos estarem altamente valorizados aos olhos daqueles que os compravam, a demanda — e por fim o preços — eram significativos. Qual a culpa dos países ricos se, a partir de então, os produtos da América Latina deixaram de ser tão apreciados como o eram na metade deste século? Que culpa tem o imperialismo econômico de, no mercado planetário, os produtos que oferecemos despertarem agora menos interesse do que antigamente, na medida da alteração das necessidades dos compradores? Ou a dignidade da América Latina passa a condicionar, desde o Velho Mundo, o paladar do resto da humanidade?

Imediatamente após a guerra, quando nasceu esse organismo com nome felino amplamente citado — que se chamava GATT, hoje com outro nome — o grosso do comércio mundial eram as matérias-primas, que possuíamos bastante, e as manufaturas, que por alguma razão não tínhamos interesse em produzir. Hoje, isso mudou drasticamente à medida que os serviços entraram de modo avassalador em nossas vidas. Eles já constituem 1/4 do comércio de todo o mundo e logo se tornarão 1/3. Em países como os Estados Unidos, por exemplo, os serviços já absorvem três quartos da economia, o que torna ridícula qualquer afirmação de a prosperidade norte-americana ter relação com os termos de intercâmbio com a América Latina. No mundo onde os serviços governam, nossos produtos deixam de ser atraentes a cada segundo que passa. Não devemos lamentar comprarem de nós barato e nos venderem caro, mas sim que se continuarmos com a mentalidade de exportarmos somente o que a Natureza generosamente coloca em nossas mãos, poderemos vir a nos tornar totalmente prescindíveis como fornecedores de bens no mercado internacional. A ameaça, estimados idiotas, não é a vassalagem, mas a insignificância.

Devemos agradecer aos céus o fato dessa mudança na economia industrial ter sido relativamente recente. Isso fez com que durante várias décadas nossos produtos tradicionais ainda pudessem excitar alguns paladares ricos, permitindo-nos incluir nosso pequeno rol no crescimento mundial do comércio pósguerra (o comércio cresceu 10 vezes em todo o mundo desde a criação do GATT). O intercâmbio foi um dos fatores responsáveis, entre 1960 e 1982, pelo aumento de 162% da renda per capita dos latino-americanos. Se a economia dos serviços tivesse consumado sua entrada fantasmagórica algumas décadas antes, provavelmente essas cifras, que sem dúvida não geraram nossa pobreza, seriam muito inferiores no tocante a essa região do hemisfério ocidental. Surpreende que regiões, onde as matérias-primas e os produtos perenes ainda dominam as exportações, como na América Central, gerem o equivalente a US$ 7 bilhões anuais. Anãs em comparação às exportações dos pequenos gigantes asiáticos com superfícies geográficas menores e menos recursos vomitados pela terra, essas cifras são altas se levarmos em conta o pouco realmente contabilizado na economia de nosso tempo por aqueles produtos que as tornam possíveis. O que não é sério é pretender, às portas do século XXI, ser alguém no mundo com uma banana na mão e um grão de café na outra.

Salvo casos muito excepcionais em que um dos interlocutores comerciais aponta o cano de revólver para a cabeça do outro, as misérias ou fortunas de nossos países em matéria de exportação dependeram essencialmente de nossa capacidade para produzir aquilo que outros queriam comprar. E tem mais: em muitos casos, fomos nós que exercemos a "coação" contra os países ricos, cercando nossas economias em verdadeiras cidadelas alfandegárias. Enquanto seus mercados estavam semi-abertos, fechávamos os nossos. Isso permitiu, por exemplo, que em 1990 tivéssemos um superávit comercial de US$ 26 bilhões em toda a região, ou seja, uma vantagem monumental das exportações sobre as importações. Ninguém disparou canhões para derrubar nossos muros de cimento tarifário e, evidentemente, também não houve represálias como as de hoje, por exemplo, quando Washington ataca o Japão vingando-se de seu déficit comercial. Nem as economias poderosas estavam suficientemente abertas antes nem o estão agora, mas no intercâmbio comercial não ocorreu o uso da força colonialista, pois a América Latina pôde impedir a entrada de muitas exportações dos ricos e fazer com que suas próprias exportações, inclusive numa economia internacional menos dependente das matérias-primas, lhe trouxessem alguns bilhões de dólares.

Vejamos por um momento o intercâmbio comercial entre nós e o odiado Estados Unidos. Em 1991, quando começou a abertura das economias dos países latino-americanos às importações — isso que o idiota chama de "desarmamento alfandegário" — nossas vidas se encheram de bens de consumo desses poderosos que tanto sono nos tiram. Em conseqüência, os Estados Unidos também receberam muitos produtos nossos. Resultado: nesse ano, a América Latina exportou para os Estados Unidos um montante total de US$ 73 bilhões, enquanto importou um total de US$ 70 bilhões. Onde está o imperialismo comercial? Onde estão os "injustos termos de intercâmbio"? Comercialmente falando, de 1991 até hoje, a América Latina tirou proveito comercial do mercado norte-americano, da mesma forma que os Estados Unidos tiraram do mercado latino-americano. Metade das exportações latino-americanas vai para os Estados Unidos. Se esse país quisesse prescindir de nossas exportações poderia fazê-lo sem demasiados traumas. Contudo, para nós seria devastador, pois não desenvolvemos mercados nacionais capazes de conter o crescimento dos produtos que hoje escoam pelo cano das exportações (por mais insuficientes que sejam em comparação com o ideal ou com outras regiões do mundo). Cada vez que uma regra norte-americana dá uma rasteira na importação de um país latino-americano — as flores colombianas, por exemplo — damos gritos de desespero. Denunciamos os termos de intercâmbio, mas quando esse intercâmbio se vê ameaçado entramos em crise histérica. Como ficamos? Queremos que comprem nossos produtos ou não? É verdade que, desde 1991, os Estados Unidos

SOMOS POBRES: A CULPA É DELES

exportam mais para a América Latina do que o Japão. Isso porque assim queremos, não porque nos tenham apontado uma pistola na cabeça. Finalmente, os beneficiados dessas importações somos nós, que adquirimos bens de consumo a preços mais baixos e em muitos casos de qualidade melhor. Os Estados Unidos não são, obviamente, o único país poderoso a comprar nossos produtos e, por intermédio desse comércio, deslizar dólares para nossa economia. Em 1991, nossas exportações para a Espanha, país importante da União Européia, aumentaram 20%, enquanto que nossos mercados só recebem 4% do total das exportações espanholas. Quem "explora" quem? Se não exportássemos para os Estados Unidos e a Espanha as quantidades que acabamos de mencionar, seríamos muito mais pobres do que somos.

Uma curiosa tara de nossos politólogos e economistas impediu-os de ver que a resposta à diminuição da importância das matérias-primas é diversificar a economia, produzir coisas mais afins com uma realidade que tornou nossos produtos tradicionais tão obsoletos quanto o raciocínio daqueles que acreditam seus preços baixos deverem-se a uma conspiração planetária. Que isso é possível, países como o México o demonstram. Em 1994, 58% das exportações mexicanas foram produtos metálicos, maquinarias, peças de reposição industriais e automobilísticas, e equipamentos eletrônicos. A empresa petrolífera estatal, Pemex, só aporta hoje 12% do total das exportações mexicanas, quando há apenas 10 anos o petróleo constituía 80% das exportações desse país. Em contexto semelhante, quem se atreve a pronunciar, sem morder a língua, ser o problema do México a venda de matérias-primas mais baratas e a compra de manufaturas caras?

Das 10 empresas latino-americanas com maiores vendas em 1993, apenas quatro, ou seja, menos da metade, vendem matérias-primas. O restante negocia com a indústria automotriz, o comércio, as telecomunicações e a eletricidade. Em 1994, a primeira empresa latino-americana em vendas não foi uma empresa dedicada às matérias-primas, mas sim às telecomunicações. A economia latino-americana, apesar de ainda muito dependente das matérias-primas, está se diversificando. Na medida em que o faz, supera o problema, derivado não de um complô mas de uma realidade mundial mutante: a deterioração da matéria-prima como elemento sedutor de mercados.

Isso significa que devemos lançar ao mar as matérias-primas? Não, significa não devermos depender delas. Tiremos delas, enquanto as possuímos, todo proveito possível. Em muitos de nossos países, a incompetência impediu-nos de fazer uso suficientemente proveitoso dessas matérias-primas. Quanto petróleo e quanto ouro ainda estão por ser descobertos? Provavelmente, muito. Se tivéssemos esperado menos tempo para trazer investidores dispostos a correr o risco da exploração, teríamos mais petróleo para vender. A essa altura, chegamos à conclusão de que o intercâmbio de matérias-primas por manufaturas é tão injusto que necessitamos de investidores imperialistas para tirar nossas matérias-primas de onde a Natureza as enterrou... O Panamá está explorando com afinco seu subsolo em busca de ouro e cobre. Atualmente a mineração constitui 5% de sua economia, e suas autoridades acreditam que têm capacidade de fazer essa cifra chegar a 15% no ano 2005. Quem é responsável pela mineração significar hoje 5 e não 15% da economia panamenha? Nossos ilustrados intelectuais e políticos, sem dúvida, dirão: as transnacionais, que não ofereceram a tempo seus préstimos para vir encontrar ouro e cobre...

Há matérias-primas latino-americanas que, mais do que exploradas, são exploradoras dos ricos. O petróleo, por exemplo, foi ao longo de muitas décadas um bem precioso que alguns países da América Latina dispunham em grandes volumes. Juntamente com outros, esses países fazem parte do cartel internacional chamado OPEP (Organização de Países Exportadores de Petróleo) que, num certo dia de 1973, decidiu subir seus preços astronomicamnente e deixar de joelhos os poderosos cujas indústrias necessitavam dessa fonte de energia. Um país como a Venezuela foi tão explorado nos preços de sua matéria-prima petrolífera que, entre os anos 70 e 90, recebeu a "insignificante" cifra de US$ 250 bilhões! O que fez com esse dinheiro? O que deixou de fazer é muito mais responsável pela pobreza venezuelana do que os preços que o mundo pagou pelo petróleo da Venezuela saudita durante esses 20 anos.

Outra maneira de escapar das garras da civilização imperialista é os países latino-americanos negociarem entre si. Em 1994, por exemplo, quase que 1/3 das exportações argentinas foi parar no Brasil, seu sócio desse mercado comum com ar de palavrão: Mercosul. A terça parte dos produtos farmacêuticos comprados no Brasil, por um montante de US$ 5 bilhões (já se sabe que no Brasil a farmácia é quase tão popular quanto a igreja), é fabricada por indústrias da América Latina. Vários países da região iniciaram um projeto de interconexão com vistas ao intercâmbio de gás natural, rede que proporcionará muitos bilhões de dólares quando se tornar realidade. Alguém está ameaçando invadir territórios ao sul do Rio Grande por esse motivo? Alguém em Tóquio, Berlim ou Washington está decretando *manu militari* os preços desses intercâmbios?

A América Latina é tão livre para impedir a entrada de produtos provenientes das costas infames da prosperidade que já está, uma vez mais, começando a fazê-lo. O processo, lento porém ameaçador, vem ditado pela idéia falaz de que boa parte de nossa incapacidade para criar rapidamente economias locais prósperas é a entrada muito volumosa de importações, a gerarem desequilíbrios comerciais. O México, após a crise financeira de janeiro de 1995, subiu de imediato as tarifas. A Argentina, afetada pelo "tequila", fez o mesmo e seu governo propôs que os países do Mercosul aumentassem as alíquotas dos produtos que vêm de fora do perímetro dessa associação de países. A América Latina ainda põe muitos entraves — sem que ninguém a impeça — no comércio exterior, inclusive nos lugares onde as tarifas baixaram, mas muitas regulamentações abertas ou disfarçadas encarecem os preços dos produtos que entram (para não falarmos das próprias tarifas, as quais, apesar de mais baixas que antes, continuam sendo um castigo para o consumidor). A psicose criada pela desvalorização traumática do peso mexicano colocou os déficits comerciais de muitos países latino-americanos no topo da lista de inimigos. Só que ocorre um ligeiro problema: a crise mexicana não foi criada por esse déficit. E sim pela combinação da desconfiança política, fruto do sistema ali imperante, e da caprichosa fixação do peso mexicano a níveis que já não se justificavam pela realidade do mercado. Os déficits comerciais não são, por si só, um desastre. Significam que se importa mais do que se exporta, e as importações beneficiam os consumidores. Os déficits podem pressionar as moedas se não há outras fontes de entrada de dólares a compensarem os efeitos dos desequilíbrios comerciais sobre os balanços de pagamentos. Nesse caso, se queremos evitar males maiores, o melhor é deixar a moeda refletir o preço real. Para equilibrar a balança comercial, a solução não é castigar os consumidores, mas exportar mais.

Se alguma reprovação pode ser feita aos países ricos não é a de que eles nos impõem injustos termos de intercâmbio. E, mais, que não abrem suas economias o bastante, e ainda criem empe-

SOMOS POBRES: A CULPA É DELES

cilhos à entrada de nossos produtos. Custa, aos 24 países mais ricos do mundo, US$ 50 bilhões anuais proteger seus agricultores da concorrência. Esse tipo de burrice é que deveria ser denunciado incessantemente por nossos charlatães políticos. O dano que os ricos causam aos pobres, no panorama da economia mundial, é não se atreverem a deixar-nos competir dentro de seus mercados em igualdade de condições. O restante — termos de intercâmbio como preços de matérias-primas e manufaturas — pertence à genialidade de nossos idiotas e ao paleolítico ideológico em que ainda vivem.

Nossa pobreza terminará quando acabarmos com as diferenças econômicas que caracterizam nossas sociedades.

A única coisa com algum sentido nesse axioma é em nossos países haver pobreza e diferenças econômicas. Não existe uma única sociedade sem diferenças econômicas, e muito menos nos países que tornaram suas as políticas de igualdade preconizadas pelos marxistas. Temos sociedades muito pobres. Não são as mais pobres do mundo, diga-se logo. Nossa cifra por habitante é cinco vezes maior do que a dos povoados da Ásia Meridional e seis vezes maior do que a dos bípedes da África Negra. Mesmo assim, metade de nossos habitantes está abaixo do que o jargão econômico, apelando para a geometria para referir-se aos assuntos de estômago, chama de "linha da pobreza". Também não é falsa a afirmativa de haver desigualdades econômicas. Não é difícil cruzar, nas ruas de Lima ou do Rio de Janeiro, caminhando-se apenas alguns metros, com a opulência e a indigência. Há cidades latino-americanas que são verdadeiros monumentos ao contraste econômico.

Aqui cessam os neurônios daquele que pronunciou a frase memorável a encabeçar estas linhas. Quanto ao resto, a lógica é esmagadora: não haverá pobreza quando não houver diferenças... Isso significa que quando todos forem pobres não haverá pobreza? Porque todos os governos que se propuseram a eliminar a pobreza através do método de efetivamente eliminar as diferenças conseguiram reduzir muito as diferenças — não porque todos tenham se tornado ricos, mas porque quase todos se tornaram pobres. Não se tornaram todos pobres, evidentemente, porque a casta de poder que dirige essas políticas socialistas sempre se torna rica. Na América Latina podemos ditar regras a esse respeito. Em nossa memória recente está, por exemplo, a experiência sandinista da Nicarágua. Os rapazes de verde-oliva se propuseram a obliterar a pobreza acabando, para obter semelhante propósito, com as diferenças. O que conseguiram? Uma queda geral do salário em 90%. Os autores dessa pobreza, como não podia deixar de ser, livraram-se da sociedade sem classes: todos meteram as mãos em opulentas propriedades e abraçaram invejosos patrimônios. A genialidade popular batizou o saque com o seguinte nome irônico: "a panela". No Peru, Alan García propôs-se a fazer algo parecido. Resultado: enquanto os patrimônios dos governantes aumentaram nas contas dos paraísos fiscais do mundo inteiro, o dinheiro dos peruanos virou pó. Assim, quem possuía no banco 100 *intis*, quando do começo do governo de Alan García, tinha apenas 2 *intis* ao terminar seu mandato. A Bolívia de Siles Suazo, menos rapina do que a sandinista ou a de Alan García no Peru, converteu a atividade bancária num circo: para sacar do banco algum montante em dinheiro era preciso apresentar-se às agências com sacos de batatas, pois era impossível levar na mão e nos bolsos todas as notas necessárias para gastos de pouca monta. A lista é ainda maior, mas basta essa para demonstrar que a história recente da América Latina comprovou com detalhes o que pode conseguir um governo ao se propor quebrar a espinha dorsal dos ricos para dar aos pobres.

Para começar, em nossos países o rico é o governo ou, mais exatamente, o Estado. Quanto mais ricos os nossos governos, maior a incapacidade para criar sociedades onde a riqueza se estenda a muitos cidadãos. Registram-se casos fabulosos como o da riqueza conseguida pelo petróleo venezuelano: US$ 250 bilhões em 20 anos. Isto sim é riqueza. Nenhuma empresa privada latino-americana gerou semelhante fortuna na história republicana. O que aconteceu com esse jorro de prosperidade controlado por um governo que se dizia atuar em benefício dos pobres? Há mais casos: a Cuba da justiça social, cujo governo se propôs a desterrar a miséria de uma vez por todas da ilha caribenha, expropriando dos ricos para vingar os pobres, recebeu um subsídio soviético, governo após governo ao longo de três décadas, no total de US$ 100 bilhões. Em Cuba, portanto, o rico foi o governo. Os cubanos viram sua condição de vida melhorar graças a esse dinheiro recebido por seu governo em nome deles? A inépcia revolucionária fez inclusive a riqueza dos ricos governantes se reduzir tanto que só a camarinha mais íntima do poder pôde ostentar fortuna monetária. No Brasil, a maior empresa não é privada, mas pública, como não poderia ser de outra maneira na terra onde Getúlio Vargas infundiu a idéia de ser o governo o motor da riqueza. Os sertanejos e os esfomeados das favelas do Rio de Janeiro estão a par do dinheiro que a Petrobrás gera para eles? Quanto do volume que representam as 147 empresas públicas brasileiras lhes é destinado? No México da revolução que acabou com o entreguismo de Porfirio Díaz, a empresa petrolífera, a principal do país, possui um patrimônio líquido de US$ 35 bilhões e lucros anuais de quase US$ 1 bilhão. Os mexicanos de Chiapas viram algum vintém desse dinheiro?

O mais rico de todos, o governo, destina seu dinheiro a tudo, menos aos pobres (exceto em épocas eleitoreiras). Dedica-o a pagar clientelas políticas, a inflar as contas da corrupção, a financiar inflação e a gastos estúpidos com o armamento. O Terceiro Mundo — conceito mais apropriado a Steven Spielberg do que à realidade política e econômica mundial — gasta em armamento quatro vezes todo o investimento estrangeiro na América Latina. Desse dispêndio, uma importante porcentagem sai dos bolsos públicos de nossa região. Os governos que se dizem defensores dos pobres tornam-se ricos e gastam aquilo que não roubam em coisas que jamais redundam em benefício dos pobres. Uma parcela pequena desse dinheiro vai para eles, às vezes, em forma de assistência e subsídio. A inflação resultante do gasto público sempre neutraliza os benefícios, porque os fundos não são de origem divina ou mágica.

Os exemplos de políticas defensoras dos pobres na América Latina não são ainda suficientes para impedir que a travessura socialista se estenda pelo continente. Um país cuja democracia é um exemplo para as Américas — a Costa Rica — está vendo, em meados da década de 1990, como seu governo social-democrata aumentou o gasto público em 18%. O resultado: inflação e estagnação econômica. Uma política carregada de boas intenções — ajudar os desamparados — obtêm exatamente o contrário: fazendo com que os pobres fiquem mais pobres. Como sempre acontece num clima como esse, o melhor defensor contra a crise econômica iniciada por um governo amigo, que se diz sócio dos pobres, é o rico.

A experiência ensina que para ajudar os pobres é necessário não defendê-los. Nenhum defeito genético impede nossos pobres deixarem de ser pobres. E mais: quando os latino-americanos tiveram oportunidade de criar riqueza dentro de algumas sociedades onde isso estava permitido, eles o fizeram. Em vários países — México, República Dominicana, Peru, El Salvador, para citar apenas alguns — uma fonte essencial de divisas são as remessas dos parentes dos pobres que vivem no estrangeiro. A maioria desses parentes não saiu em busca de trabalho levando talões de cheques em seus bolsos. Em pouco tempo conseguiram abrir caminho no estrangeiro, alguns com bastante êxito, outros com menos, mas com fortuna suficiente para dar mão àqueles que ficaram para trás. O exemplo latino-americano mais notável de exílio bem-sucedido é o dos cubanos. Depois de alguns anos de desterro, os cubanos dos Estados Unidos — aproximadamente 2 milhões, contando a segunda geração — produzem US$ 30 bilhões em bens e serviços, enquanto os 10 milhões de cubanos que estão na Ilha produzem anualmente apenas a terça parte desse montante. Existem defeitos biológicos nos cubanos da Ilha que os impedem de gerar tanta riqueza como os que estão fora? Algum defeito craniano? A menos que algum frenólogo prove o contrário, não há qualquer diferença entre o crânio dos que estão dentro e o crânio dos que estão fora da Ilha. Há, simplesmente, um clima institucional diferente.

Começa a espalhar-se um certo entusiasmo pela excitação de nossas bolsas de valores e a melhoria de nossas cifras macroeconômicas. A América Latina, contudo, está longe de tirar a camisa-de-força da pobreza, entre outras razões porque ainda não investe nem poupa o suficiente. Em 1993, o investimento em terras improdutivas somou 18% do PIB. Nos países asiáticos "em vias de desenvolvimento" — outra pérola do idioma arcano que os burocratas da economia internacional usam — o índice é 30%. Não é a primeira vez na história deste século que nossas economias crescem. Já o fizeram antes, e nem por isso a pobreza diminuiu significativamente. Entre 1935 e 1953, por exemplo, crescemos ao respeitável índice de 4,5%, e entre 1945 e 1955, 5%. Nada disso significou o acesso dos pobres à aventura da criação de riqueza nem a implantação de instituições livres, protetoras dos direitos de propriedade e santidade dos contratos, ou redutoras dos custos de se abrir uma empresa, que facilitassem a concorrência e a eliminação de privilégios monopolizadores, fatores indispensáveis numa economia de mercado.

Quando houver em nossos países um clima institucional propício para a empresa, sedutor de investimentos, estimulante para a poupança, onde o êxito não será daqueles que voam como moscas em volta do governo para obter monopólios (a maioria das privatizações latino-americanas são concessões monopolizadoras com pagamento antecipado de propinas), os pobres começarão a deixar de ser pobres. Isso não significa que os ricos deixarão de ser ricos. Numa sociedade livre a riqueza não se mede em termos relativos, mas sim absolutos, e não coletivos, mas individuais. De nada serviria distribuir entre os pobres, em cada um de nossos países, o patrimônio dos ricos. As somas que caberiam a cada um seriam pequenas e, portanto, não garantiriam uma subsistência futura, pois a divisão por si só teria dado cabo do patrimônio existente. Se, no México, dividíssemos os US$ 12 bilhões que calculamos ser o patrimônio da Telmex, a empresa de telecomunicações, entre os 90 milhões de mexicanos, corresponderia a cada um a monumental cifra de... US$ 133! Convém mais aos mexicanos que a citada empresa continue empregando 63 mil pessoas e gerando vantajosos lucros de US$ 3 bilhões ao ano, mantendo-se em constante atividade e expansão.

A cultura da inveja acredita que tirando os iates dos senhores Azcárraga (México) e Cisneros (Venezuela), os *jets* dos grupos Bunge e Born (Argentina), Bradesco (Brasil) e Luksic (Chile), a América Latina seria um mundo mais justo. O melhor dos

SOMOS POBRES: A CULPA É DELES

peixes das águas em que navegam Azcárraga e Cisneros, ou as nuvens que os aviões de Lázaro de Mello Brandão ou de Octavio Caraballo atravessam apreciariam um pouco menos a intromissão desses forasteiros. Nossos idiotas dormiriam mais tranqüilos e esfregariam as mãos, e uma sensação exultante de liberdade despertaria sua adrenalina, mas disso não pode ficar uma dúvida: a pobreza da América Latina não se veria nem um pouco aliviada. A filosofia do revanchismo econômico — que Von Mises chamou de "complexo de Fourier" — deve mais ao ressentimento com a própria condição do que à idéia de ser a justiça uma lei natural de consolação implacavelmente dirigida contra os ricos em benefício daqueles que não o são. Não há dúvida de que nossos ricos, com poucas exceções, são bem mais incultos e ostentadores, vulgares e prepotentes. E que mais? A justiça social não é um código de conduta, um internato britânico onde matronas usam a palmatória nas mãos daqueles que se comportam mal. Ela é um sistema, uma soma de instituições oriundas da cultura da liberdade. Enquanto não existir essa cultura entre nós, será um clube de sócios exclusivos. Mas para abrir as portas desse clube não é preciso fechar o clube, mas mudar as regras do jogo.

 O estranho do capitalismo é que nas desigualdades encontra-se a chave de seu êxito, aquilo que de longe o torna o melhor sistema econômico. Melhor ainda: mais justo, mais equitativo. Que incentivo pode ter um cubano para produzir mais se sabe que nunca poderá ter direito à propriedade privada dos meios de produção nem ao usufruto de seu esforço, que será eternamente ovelha de um rebanho indiferenciável conduzido por um pastor despótico? Se desaparece o incentivo da desigualdade, desaparece também o produto total, a riqueza em seu conjunto, e o que fica para distribuir é, portanto, mais exíguo.

A chave do capitalismo está em fazer crescer o capital acima do crescimento da população. Com o tempo, o que pareceria um luxo de poucos se tornaria de uso comum. Quantos dominicanos que se consideram pobres têm um rádio e até mesmo uma televisão? Para um pobre da Idade Média, esse rádio e essa televisão seriam um luxo inconcebível, mesmo porque nem sequer a humanidade os havia inventado. O capitalismo massifica, cedo ou tarde, os objetos que, no começo, só os ricos ostentam. Isso não é consolo para abrandar os terríveis efeitos da pobreza: simplesmente é uma demonstração de que o capitalismo mais restrito, ao enriquecer alguns, enriquece também, embora bem pouco, os demais. O capitalismo mais livre, aquele produzido sob o império de uma lei igual para todos, faz o mesmo multiplicado por cem.

O capitalismo livre é o que não aceita a existência de oligarquias cobiçadas pelo poder. Embora a palavra "oligarquia" tenha lugar privilegiado no dicionário do perfeito idiota latino-americano, não é sua invenção, mas um termo que vem da Antiguidade, pois os filósofos gregos já a usavam. Sim, há oligarquias na América Latina. Já não são as oligarquias dos coronéis e latifundiários de antigamente. São oligarquias de grupos que progrediram, na indústria e no comércio, amparados pela proteção do poder. Para acabar com essas oligarquias não é preciso extinguir suas manifestações exteriores — realizadas com seu dinheiro — mas com o sistema que as tornou possíveis. Se, maiores de idade e emancipados da tutela estatal, esses grupos continuam engordando os próprios bolsos... que vivam os ricos!

SOMOS POBRES: A CULPA É DELES

Nossa pobreza também tem outra explicação: a dívida externa que estrangula as economias dos países latino-americanos em benefício dos interesses usurários do grande banco internacional.

A dívida externa pouco importa. A melhor demonstração de a dívida externa não ter a menor importância é que atualmente qualquer um com um pouco de perspicácia ao falar de economia pouco cita a dívida externa, apesar de o montante regional dessa dívida ser maior que há alguns anos, quando a cantilena da política internacional não tinha outro tema: US$ 550 bilhões. Até há bem pouco tempo, nada excitava mais nossos políticos e provocava mais salivas pavlovianas na boca de nossos intelectuais do que a dívida externa.

A dívida não é outra coisa senão o resultado da mendicância latino-americana ante bancos e governos estrangeiros a partir dos anos 60 e, com uma intensidade pouco coerente com nosso tradicional culto à "dignidade", ao longo dos anos 70. A dívida total da América Latina passou de US$ 29 bilhões em 1969 para US$ 450 bilhões em 1991, à medida que, do México à Patagônia, o hemisfério se tornava um zoológico de elefantes brancos que não geravam qualquer benefício aos cidadãos em cujo nome eram empreendidas as faraônicas obras públicas. Os bancos, cuja existência se justificava através dos lucros obtidos junto àqueles a quem emprestam dinheiro, transbordantes de dólares que queriam depositar onde pudessem, aceitaram com regozijo nossa maquinaria pública. Pode-se culpar os bancos por ter-nos dado os recursos que nossas mãos suplicaram? Imaginemos a comunidade internacional não nos ter outorgado os empréstimos. O que seria dito então? Ao invés de "banco usurário" se teria falado de "banco racista", ou "banco sovina", ou "banco esfomeado". O banco só deu o que lhe pediram, não o que canhoneiras imperialistas obrigaram nossos governos a aceitar. Examinado à distância, contudo, não há dúvida de que a América Latina teria se poupado muito estatismo se o mundo tivesse sido menos aquiescente com nossa voracidade por empréstimos. O grande devedor latino-americano não é o empresário, mas o governo. Não há, na América Latina, nenhum caso em que menos da metade da dívida externa seja do Estado.

Os juros são altos? O juros são como a maré ou os elevadores: às vezes sobem, em outras descem. Se são contraídas dívidas com juros não pré-fixados, ninguém pode fuzilar o banqueiro que aumenta os juros num certo dia porque o mercado assim determina e que, por conseguinte, cobra dos devedores um valor mais alto do que o originalmente tratado. Quando, no começo dos anos 80, os Estados Unidos, que haviam decidido combater a inflação, subiram suas taxas de juros, isso afetou a América Latina. A decisão tomada pela administração Reagan de combater a inflação foi uma conspiração maquiavélica para que, de carona, a dívida dos países latino-americanos se visse mais aumentada? O realismo mágico da América Latina se resume no fato de haver uma legião de seres capazes de acreditar nisso.

Se assim foi, o imperialismo recebeu o que merece. Em 1982, um memorando saía do México rumo a Washington com uma mensagem singela: "Não podemos continuar pagando a dívida." O que veio em seguida já se sabe: um cataclismo financeiro. No conciso parágrafo de um pedaço de papel oficial ficou vingada para sempre a sofrida história da América Latina. A conseqüência não foi um castigo medieval para o mutuário que se declarou incapacitado de continuar pagando, mas a crise geral do sistema financeiro mundial. Essa é outra das características do cansativo tema da dívida externa latino-americana: os países não podem deixar de pagar quando lhes dá na telha sem que

SOMOS POBRES: A CULPA É DELES

nenhuma represália importante recaia sobre eles, exceto dificuldades para novos empréstimos (só faltava essa!). Dos 10 maiores bancos norte-americanos, nove estiveram à beira da falência graças ao descaso mexicano e ninguém criou represálias contra o catalisador da crise. A dívida revelou-se, portanto, uma faca de dois gumes: de um lado, ameaça à economia latino-americana, obrigando-a a destinar recursos aos emprestadores; de outro, ter nas mãos os credores, parte de cuja solvência depende da história de algum dia a dívida ser paga integralmente. Em matéria de dívida, a regra de ouro é nunca declarar que não se pagará, mesmo que se deixe de fazê-lo. O mundo das finanças internacionais parece insensato: o banco mundial é um clube de bobos que empresta a alguém para que esse alguém lhe pague dívidas pendentes e no futuro volte a emprestar a alguém para que esse alguém pague a dívida que contraiu para pagar a anterior.

A dívida da América Latina vem acompanhada de um seguro de impunidade contra os países da região. Cada vez que se acumulam atrasos, especialmente agora que ocorre um crescimento econômico, os bancos demonstram tolerância. Entre 1991 e 1992, foram acumulados US$ 25 bilhões de atrasos. Alguém se lembra de algum banco ou governo que tenha criado problemas por isso? Muito pelo contrário, enquanto isso acontecia, os Estados Unidos perdoavam mais de 90% da dívida bilateral da Guiana, Honduras e Nicarágua, 70% da haitiana e da boliviana, 25% da dívida jamaicana, e 4% da chilena.

No tocante à dívida comercial, com um pouquinho de imaginação — a premissa é otimista — e uma pitada de espírito lúdico, pode-se modelar a estrutura da referida dívida como a argila. O primeiro país a pôr os miolos para funcionar foi a Bolívia que, em 1987, tendo reduzido a inflação, pediu dinheiro para comprar toda sua dívida comercial a 11% do valor. Assim, sem queixas nem discursos guturais, como num passe de mágica, reduziu o montante de sua dívida de US$ 1,5 bilhão para US$ 259 milhões. Em seguida veio o México, já sob a influência magnética do plano Brady. Em fevereiro de 1990, sem muita firmeza persuasiva, convenceu os banqueiros comerciais de converter a dívida em bônus vendáveis e com garantia. Onde estava o truque? Muito fácil: esses bônus valiam 65% do valor dos papéis da dívida. Outro grupo de banqueiros foi convencido a trocar a dívida por bônus garantidos com um rendimento de 6,5%. Com números em vez de insultos, o México deu um tiro certeiro no que devia. Desde então, boa parte dos países latino-americanos "reestruturou" suas dívidas — palavrinha que simplesmente significa que os tiranos do banco mundial perdoam uma parcela gigantesca de seus créditos com estes países em troca de que o débito restante continue sendo pago a prazos mutuamente estipulados, o que, num contexto de políticas econômicas minimamente sensatas, não é complicado. Em 1994, por exemplo, o Brasil refez seu cronograma e sua estrutura de pagamentos por US$ 52 bilhões, conseguindo que US$ 4 bilhões de capital e US$ 4 bilhões fossem esquecidos no fundo do baú. Recentemente, o Equador, pobre vítima da usura universal, conseguiu, mediante o expediente de reconversão da dívida e da simples troca de sorrisos, uma redução de 45% do capital da dívida. No primeiro quadrimestre de 1995, o Panamá estava a ponto de conseguir um acordo semelhante. Reduzir a dívida com os bancos comerciais é mais fácil do que enganar o turista desprevenido que põe os pés no aeroporto Jorge Chávez.

A dívida é tão pouco importante como tema de discussão entre a comunidade internacional e a América Latina que os papéis dessa dívida estão de revalorizando no mercado secundário. Isso significa simplesmente o mundo crer que o bom desempenho macroeconômico dos países latino-americanos permite acreditar que os pagamentos parciais continuarão sendo feitos no futuro, pois os países terão solvência para isso. Além do mais, a novidade atual é que muito da dívida nova vem de empresas privadas que oferecem ações ou bônus nas bolsas internacionais. O mundo volta a aceitar a história de que em algum tempo a dívida será paga. E já se sabe: como o mundo financeiro é um universo de expectativas muito mais do que de realidades, a solução não está em pagar, mas acreditar-se que se vai pagar, na simples ilusão de ser isso possível. Só fica faltando, no caso da dívida comercial, sentar para meter o dedo na boca do credor do passado e, no caso da dívida de governo a governo, apertar a mão de uma série de burocratas reunidos sob o nome aristocrático de Clube de Paris, algo que vários países já fizeram.

Se a dívida externa da América Latina estrangulasse as economias do continente, não seria possível para muitos desses países ter reservas de bilhões de dólares, como hoje possuem, nem, obviamente, atrair esses capitais com nome de ave — os "capitais-andorinhas" — que vêm para as bolsas latino-americanas a fim de ganhar estupendos e velozes lucros em ações de empresas nacionais cujo rendimento vomita tais lucros.

Não há dúvida de que o pagamento da dívida externa é um fardo. Para a Bolívia significa destinar um pouco mais de 20% dos dólares que obtém com suas exportações. Para o Brasil, são 26%. Nada disso é maravilhoso. Porém, trata-se da inevitável conseqüência da irresponsabilidade de nossos governos, pois esses pagamentos podem ser escalonados de acordo com as possiblidades de cada país. Além disso, uma relação normal com a comunidade financeira permitiu a um país como o México conseguir, no início de 1995, uma ajuda internacional astronômica para resgatá-lo de sua própria inépcia, e que a Argentina, prevendo o "efeito tequila", se protegesse com créditos oriundos do imperialismo.

Durante alguns anos a dívida externa foi a grande desculpa, o desencargo de consciência perfeito para a culpa latino-americana. O expediente era tão atraente que nossos políticos — Fidel Castro, Alan García — juravam em público que não pagariam, mas continuavam pagando. Alan García, príncipe da demagogia, tornou famoso o estribilho do "dez por cento" (referindo-se ao fato de que não pagaria mais de 10% do montante total da receita das exportações) e acabou pagando mais que seu predecessor Belaunde Terry, que nunca contestou em público suas obrigações com o banco e, mesmo assim, reduziu substancialmente os pagamentos. Fidel Castro, por sua vez, veterano caudilho das causas antiocidentais, tentou criar o clube de devedores, uma espécie de sindicato de insolventes, para enfrentar os poderosos e negar-se a pagar. Pouco depois soube-se que era um dos mais pontuais pagadores de sua dívida com o banco capitalista, pelo menos até 1986, quando se declarou na bancarrota e deixou de cumprir seus compromissos. Seria o caso de se sugerir aos banqueiros que procurem identificar, na fauna política do continente, os espécimes que mais bradam contra o banco usurário e contra a dívida externa, pois esses serão, sem sombra de dúvida, seus clientes mais exemplares.

As exigências do Fundo Monetário Internacional estão mergulhando nossos povos na pobreza.

A *fundite* é, como o Ébola, um vírus que provoca hemorragia e diarréia. A hemorragia e a diarréia causadas pela *fundite*, menos dignas que as causadas pelo outro vírus, são verbais. Esse vírus em particular ataca o cérebro. Suas vítimas, que são milhares em terras da América Latina, produzem um manancial de palavras dia e noite, vociferando contra o inimigo comum das nações latino-americanas e do subdesenvolvimento em geral — que identificam como Fundo Monetário Internacional. Perdem muitas horas de sono, soltam espuma pela boca e fumaça pelas orelhas, obcecados com essa criatura que só vive para tirar dos lábios das crianças dos bairros marginalizados o último pedaço de pão. Passeatas, manifestos, discursos, golpes de Estado, contragolpes... quantas lamúrias políticas prestaram homenagem de ódio ao Fundo Monetário Internacional! Para os "progressistas", essa instituição tornou-se, nos anos 80, o que foi a United Fruit duas décadas antes: a bandeira do imperialismo. Não apenas a pobreza, mas também os terremotos, inundações, ciclones são filhos da premeditação fundomonetarista, uma conspiração fria e perfeita do diretor geral da referida instituição. O FMI está alheio a alguma desgraça? Talvez a alguma derrota sul-americana num final de Copa do Mundo. Mesmo assim não poria as mãos no fogo.

 O que é exatamente esse monstro devorador de países pobres? Um exército? Um extraterrestre? Um íncubo? De onde sai sua capacidade de infligir a fome, a doença e o desamparo aos miseráveis das Américas? De fato é bastante triste comprovar o que realmente é o Fundo Monetário. Longe da magnífica mitologia tecida a seu redor, trata-se simplesmente de uma instituição financeira criada na incerteza da Segunda Guerra Mundial, durante os acordos de Bretton Woods, quando o mundo arrancava os cabelos tentando resolver o problema de ajudar a si próprio a sair do poço econômico onde tanta desgraça bélica o havia mergulhado. A interpretação era esse organismo funcionar como um canal dos fundos recebidos para um determinado destino segundo as necessidades monetárias. Com o tempo, o FMI foi dedicando o grosso de seu dinheiro a países hoje conhecidos como subdesenvolvidos — fundos que não saíam da imaginação de algum voluntário filantrópico, mas dos gigantes econômicos. A América Latina converteu-se numa das zonas que o FMI tentaria aliviar dos problemas de financiamento enfrentados por alguns governos.

Certos governos buscaram o Fundo Monetário. Ao fazê-lo, o FMI estabelece algumas condições — a bem da verdade negociadas com o país solicitante — de política macroeconômica. Essa dinâmica — "dou a você, mas gostaria que adotasse determinadas medidas para que essa ajuda faça sentido" — é o resultado de uma decisão tomada pelos países doadores: que o FMI exija um pouco de rigor na administração da renda pública. Ninguém está com um revólver apontado para a cabeça obrigando a aceitar tais condições. Mas também não se tem direito de se apropriar de fundos alheios, e disso costumam esquecer nossos patriotas que bradam contra o frio — e bastante carente de *sex-appeal* — sr. Camdessus, diretor-geral do FMI. Nossas calúnias contra o Fundo resumem-se simplesmente ao fato de essa instituição nos dar dólares (que nem sequer são dela).

O fato de não aceitar o Fundo Monetário como interlocutor, em muitos casos inimizou o país desafiante com o restante das instituições financeiras e com alguns dos principais governos doadores da ajuda estrangeira. Isso tem algo de anormal? Os governos e os bancos, que não são forçados por nenhuma lei natural ou humana a exercer o assistencialismo e muito menos a caridade, preferem algum tipo de garantia, sobretudo depois dos efeitos cataclísmicos da crise da dívida no começo dos anos 80. Portanto, embora sempre esteja nas mãos do país decidir se quer ou não contar com o empurrãozinho fundomonetarista para sair do marasmo, pode sofrer conseqüências por não cumprir acordos com o Fundo ao encontrar ouvidos surdos em outros organismos financeiros. Alan García, no Peru, pôde comprovar isso (e não foi o único).

O Fundo Monetário Internacional é a solução da América Latina? Quem pensa assim merece um lugar de destaque no escalão dos idiotas. Um simples mecanismo para desafogar as contas do Estado, em troca do qual se pede um pouco de restrição aos gastos fiscais para conter a inflação, não vai criar sociedades pujantes onde a riqueza floresça como a primavera. Mais que isso: adotar certas medidas de disciplina fiscal sem abrir e desregular economias mal resolvidas é o que tem contribuído tanto para associar o liberalismo com o Fundo Monetário Internacional nesses últimos anos e, de saída, estabelecer a equação segundo a qual onde há mais FMI há mais pobreza. Graças a tudo isso a história do Fundo Monetário Internacional é a história de como o homem mais discreto — seu diretor-geral — converteu-se também no mais odiado.

O Fundo Monetário Internacional não é a receita da prosperidade nem o passaporte para o sucesso. Atribuir-lhe essas falsas características é uma maneira de aprofundar o ódio contra o organismo, pois jamais uma política macroeconômica ligada à matemática fiscal do FMI será suficiente para resolver o tema pobreza. Essas soluções não estão nas pastas dos engomados e engravatados funcionários do FMI, os quais ainda não haviam nascido quando já existiam as razões de nosso fracasso republicano. Milagre só podem fazer as instituições do país em questão.

Nossos países nunca serão livres enquanto os Estados Unidos tiverem participação em nossas economias.

Os peruanos chamam de "amor serrano" essa relação conflituosa entre marido e mulher, na qual, quanto mais pancadas, mais o casal se ama. A maior prova de amor é uma bofetada, uma chave de pescoço ou uma cabeçada. Nada é mais excitante, sentimental ou carnalmente, do que uma surra. Entre os latino-americanos e os Estados Unidos existe esse tipo de amor. Como vimos anteriormente, ninguém definiu melhor do que o uruguaio José Enrique Rodó a relação entre a América Latina e os Estados Unidos, do ponto de vista da primeira: nordomania. Ele se referia ao fascínio doentio por tudo que é norte-americano. Fascínio ao mesmo tempo saudável e invejoso, no fundo tão beato quanto irritante é sua forma. Todos temos um gringo dentro de nós e todos nós queremos ver um gringo amarrado numa coleira. Ao longo deste século, nós, latino-americanos, colocamo-nos de peito aberto para os Estados Unidos. Não são gargalhadas, mas sim admiração o que Fidel Castro provoca quando, sem tremer a barba, denuncia bombardeios de micróbios provenientes de laboratórios norte-americanos destinados contra seu país — o último foi aquele que, segundo o comandante, provocou a epidemia de neurite óptica na ilha. Todos nós temos um ianque à espreita embaixo da cama. Deitados no divã, o que aflora do subconsciente, antes mesmo das íntimas vergonhas do passado, é uma estrelada bandeirinha vermelha, branca e azul.

As piores maldades ianques foram, sem sombra de dúvida, militares. A única coisa que nossos compatriotas esquecem de acrescentar é que as maldades e derrotas do intervencionismo norte-americano foram provavelmente mais significativas do que suas vitórias. Nunca puderam derrubar Fidel Castro ou o sandinismo, tiveram de aturar Perón e três anos de crimes de Cedras, François e Constant, para que finalmente as tropas desembarcassem no Haiti, verdadeira potência nuclear do hemis-

SOMOS POBRES: A CULPA É DELES

fério, e lá enfrentassem os perigos de uma resistência forte e altamente sofisticada para sentar o presidente Aristide na cadeira do poder. Também se atribuem aos Estados Unidos perversões econômicas. Somos uma colônia econômica dos Estados Unidos, pontificam — das cátedras das universidades americanas, ou de centros de estudos financiados por fundações norte-americanas — nossos redentores da pátria. A vassalagem infligida pelos norte-americanos sobre os latinos do hemisfério, afirma-se, é a causa profunda de nossa incapacidade para ingressarmos na civilização. Acreditamos ser os escravos e as putas do império.

Uma rápida vista d'olhos na verdade conjura — lamentavelmente — essa estupenda fantasia. Para começar, meio século de antiianquismo foi muito rentável para nós. Odiar os Estados Unidos é o melhor negócio do mundo. Os lucros: a assistência econômica e militar dos Estados Unidos aos países latino-americanos — filha natural do "amor serrano" — soma, entre 1946 e 1990, US$ 32,6 bilhões. El Salvador, Honduras, Jamaica, Colômbia, Peru e Panamá receberam cada um alguns bilhões de dólares a título de empréstimo? Não: de presente. A cada míssil retórico saído de nossos arsenais intelectuais correspondeu um míssil lançado da margem oposta. Nenhum país na história premiou tanto os políticos, intelectuais e os países que o odiaram quanto os Estados Unidos. O antiimperialismo é a maneira mais rentável, em política, de fazer amor.

Quanto esse país mete o nariz em nossas economias? Responder "muito" é o que os gringos chamam de *wishful thinking*. A verdade é termos muito menos ingerência em Washington do que pensamos. A única importância foi geopolítica, nos dois momentos da história republicana da América Latina em que nossas terras se encontravam no meio de fogo cruzado por serem aquilo que chamam de "zonas de influência". A primeira vez foi no século passado, por volta da época da independência, quando os Estados Unidos disputaram com as potências européias sua ingerência política nessas costas. Não disputaram sequer a econômica, já que não estavam em condições de fazê-lo: até a Primeira Guerra Mundial, ou seja, um século depois da Doutrina Monroe, a Inglaterra investiu mais do que os Estados Unidos na América Latina. A segunda vez, obviamente, foi no tempo da Guerra Fria, quando o comunismo encontrou apoio no continente. Mas tampouco nesse momento os Estados Unidos tiveram interesse econômico esmagador ao sul de suas fronteiras. Sua prioridade era geopolítica, e não econômica. As cifras falam mais alto do que as cordas vocais do antiianquismo crioulo: nos anos 50, o investimento norte-americano somava apenas US$ 4 bilhões; nos anos 60, foram US$ 11 bilhões. Cifras microscópicas para o mundo moderno. Em tempos mais recentes, a única certeza é a de que os Estados Unidos se desinteressaram bastante pela América Latina (e por todo o mundo subdesenvolvido). Em todos esses anos, apenas 5% de seus investimentos foram efetuados no Exterior e só 7% de seus produtos foram exportados. Sessenta por cento dos investimentos norte-americanos dirigiram-se para países desenvolvidos. A escravização aristotélica a que nos teriam submetido as transnacionais norte-americanas não se enquadra muito com o simples fato de, até ontem, as vendas e os investimentos dos Estados Unidos terem sido 10 vezes maiores em seu próprio território do que em todo o Terceiro Mundo reunido.

Essas cifras começarão a variar lentamente na medida em que a abertura econômica que ocorre nas zonas tradicionalmente bárbaras do Planeta se tornar atraente, em vista dos baixos custos e do crescimento do mercado desses países, de um maior

SOMOS POBRES: A CULPA É DELES

deslocamento dos gigantes corporativos para outras terras. A América Latina já é, pouco a pouco, um desses polos de atração. Mas o fenômeno é tão recente — e ainda tão pouco determinante no rendimento do conjunto de nossas economias — que falar da ausência de liberdade em nossas terras em função do colonialismo econômico norte-americano é, em termos políticos, uma das formas mais dolorosas de amor não correspondido.

Que importância podem ter nossos países para esses monstros imperialistas se a General Motors, a Ford, Esso, Wal-Mart, ATT, Mobil e IBM têm, cada uma, mais vendas anuais do que todos os países latino-americanos, com exceção do Brasil, México e Argentina? Que necessidade é essa de nos acharmos imprescindíveis nos planos estratégicos do imperialismo econômico, quando as vendas da General Motors são três vezes tudo que o Peru produz? Exatamente porque a General Motors está obcecadamente orientada para o mercado norte-americano, suas vendas caíram sensivelmente em 1994. Se essa empresa tivesse seu raio de vendas orientado para os benefícios do imperialismo seria menos vulnerável ao encolhimento de suas vendas dentro do próprio Estados Unidos quando elas ocorrem.

Em meados da década de 1990, a presença norte-americana em nossa economia começou a crescer, como cresceu a de outros países exportadores de capitais. Isso é uma grande coisa. Primeiro, porque os capitais e a tecnologia dos fortes estão ajudando a dar dinamismo a nossos adormecidos mercados. Segundo, porque ao ocorrer concorrência entre os poderosos por nossos mercados, os beneficiados são nossos consumidores. Terceiro, porque finalmente nossos queixosos antiimperialistas começarão a ter alguma razão. Embora certa vez o imperialismo econômico — a United Fruit e seu respaldo militar na Guatemala em 1954, por exemplo — estivesse em condições de funcionar como miniestado dentro de território centro-americano, há mais exemplos de governos que expropriaram os imperialistas ou tiraram de seus países intrusos vindos ingenuamente investir neles do que de ações militares norte-americanas dirigidas para dar respaldo à posição dominante de alguma transnacional da América Latina. É preciso acrescentar também que nunca uma expropriação ou uma proibição dirigida contra um investidor norte-americano foram por si só motivo para fazer agir os *marines*. Que maior prova disso senão a revolução cubana, que expropriou dezenas de cidadãos e empresas norte-americanos? E o ulular perene de Fidel Castro em favor do levantamento do embargo norte-americano não é o melhor exemplo de que o imperialismo econômico é uma fantasia? Como se concilia a denúncia contra o imperialismo econômico com a eterna súplica de a economia dos Estados Unidos deixar de ignorar — isso é o que realmente significa embargo — esse país caribenho?

V

O REMÉDIO QUE MATA

O Estado representa o bem comum, ao contrário dos interesses privados que só buscam seu próprio enriquecimento.

Como soa bem essa afirmação! O perfeito idiota latino-americano propaga-a em seminários e comícios, suscitando aplausos imediatos. Realmente, à primeira vista, o conceito parece plausível. Permite, também, ao idiota latino-americano apresentar-se como um homem progressista, fazendo sua uma idéia cara ao populismo deste continente: se a pobreza é o resultado de um injusto saque perpetrado pelos ricos; se os pobres estão cada vez mais pobres porque os ricos estão cada vez mais ricos; se a prosperidade destes tem como preço o infortúnio daqueles, nada mais natural que o Estado cumpra o papel justiceiro de defender os interesses da imensa maioria dos despossuídos face a incrível voracidade de alguns capitalistas. De tanto repetir essa afirmativa, que vibra como uma luminosa verdade no ar febril das praças públicas, o perfeito idiota acaba por acreditar nela. Se a afirmasse sem considerá-la verdadeira, seria um cínico ou oportunista, e não simplesmente um idiota refutado contundentemente pela experiência concreta.

Toda a história deste século, com efeito, confirma duas verdades a esse respeito. Ao invés de corrigir desigualdades, o Estado as intensifica cegamente. Quanto mais espaço confisca da sociedade civil, mais crescem a desigualdade, a corrupção, o desgoverno, o clientelismo político, as prebendas de alguns poucos às custas dos governados, a extorsão ao cidadão na base de altos impostos, tarifas caras, péssimos serviços e, como conseqüência, a desconfiança desse mesmo cidadão para com as instituições que teoricamente o representam. Esta é uma realidade palpável na maior parte de nossos países.

Se o idiota repete um postulado desmentido pelos fatos, é apenas porque está enfeitiçado por uma superstição ideológica. Para ele, os males do Estado são apenas conjunturais: serão remediados colocando-se aqui e acolá funcionários honestos e eficientes. Não se trata de um problema estrutural. O Estado deve fazer isto ou aquilo, repete a cada passo, utilizando generosamente este verbo — o verbo dever — com o qual expressa apenas um postulado, uma quimera, talvez uma alegre utopia. O perfeito idiota acaba de medir toda a distância que existe entre o verbo dever e o verbo ser, a mesma que separa o verbo ser do parecer. Ele pinta o Estado como um Robin Hood — só que não é. O que o Estado tira dos ricos guarda para si e o que tira dos pobres, também.

Seus beneficiários são poucos: uma oligarquia de empresários superprotegidos de qualquer concorrência, que deve sua fortuna a mercados cativos, a barreiras alfandegárias, a licenças outorgadas pelo burocrata, a leis que o favorecem; uma oligarquia de políticos clientelistas para quem o Estado cumpre o mesmo papel que a teta da vaca para o bezerro; uma oligarquia sindical ligada às empresas estatais, geralmente monopolizadoras, que lhe concedem ruinosos e leoninos acordos coletivos; e, obviamente, burocratas parasitas crescidos à sombra desse corrupto Estado benfeitor.

Só mesmo uma elaboração puramente ideológica permite ao perfeito idiota apresentar como Robin Hood o ogro filantrópico de Octavio Paz. Consegue isso erguendo construções teóricas sem submetê-las a teste. O idiota é um utópico integral. Não o desalentam as refutações infligidas pela realidade, pois a utopia é uma bactéria resistente. Um exemplo: o socialismo. Durante um século, ou mais, em virtude de puras elucubrações ideológicas, o socialismo tornou-se dono do futuro. Devia ter a seu favor os ventos da História. O capitalismo, ao contrário, parecia condenado a uma morte iminente. Pois bem, a realidade era outra: as economias capitalistas muitas vezes mostraram sua capacidade de recuperação; as economias socialistas, sua flagrante tendência à paralisia e à recessão. Contudo, nos ombros desta evidência, o socialismo continuou conquistando vitórias culturais e ideológicas, e o capitalismo, vitupérios. Quantos intelectuais, para não serem julgados como reacionários e ignorantes do processo histórico, aderiram a essa corrente! Eles só admitiram o fracasso do comunismo quando o viram reduzido a escombros na antiga União Soviética e em seus satélites. A explicação desse estranho fenômeno também é dada por Jean François Revel. Reside na "capacidade de projetar sobre a realidade construções mentais que podem resistir muito tempo à evidência, permanecer cegas diante das catástrofes que elas mesmas provocam e que só se dissipam sob a convergência da falência objetiva com a usura subjetiva". Esta última, representada no dogma teórico, costuma sobreviver mais tempo do que a primeira.

Hoje, o próprio idiota latino-americano sabe que não há país próspero sem desenvolvimento de seus mercados. Hoje, não só os países capitalistas fomentam os investimentos e a empresa privada; os países do Leste Europeu e os países ainda considerados comunistas, como a China ou Cuba, torcem o pescoço do velho dogma marxista que identificava a empresa privada com a exploração do homem pelo homem.

Dos desmentidos evidenciados pela realidade às especulações ideológicas e retóricas de nosso perfeito idiota, nós, latino-americanos, temos um exemplo ainda mais próximo: o esgotamento e fracasso do modelo cepalino baseado na teoria da dependência. Segundo tal teoria, típica expressão das concepções terceiro-mundistas, os países ricos teriam se apropriado dessa teoria para deixar-nos no subdesenvolvimento, acentuando o caráter dependente de nossas economias e submetendo-nos a injustos "termos de troca". Desta fábula, surgiu uma política econômica chamada desenvolvimento para dentro, ou de substituição de importações, que exigia um Estado altamente manipulador e regulador para alegria de nosso idiota.

Barreiras alfandegárias, licenças prévias de importação e exportação, controle de preços e de câmbios, subsídios, todo tipo de trâmites, papeladas e regulamentações contribuíram, na América Latina, para o crescimento do Estado, ampliando de maneira tentacular, asfixiante, suas funções e atribuições. Qual o resultado? Abriu para nós efetivamente o caminho para o desenvolvimento e a modernidade? Muito pelo contrário. A "tramitologia", ao invés de estimular a produção e favorecer a criação de riqueza, teve efeito inverso. Ao dar ao funcionário público um poder ilimitado sobre o empresário, gerou um delituoso tráfico de influências e, no final do caminho, para obter vantagens — as típicas vantagens do mercantilismo, origem da riqueza mal constituída — ou para ressaltar o labirinto de entraves, floresceu a corrupção. O protagonista deste modelo não é o mercado, assim como sua lei não é a concorrência limpa, mas o Estado, pois tudo converge para os centros nevrálgicos onde o burocrata, e não o empresário, toma as decisões.

O Estado interventor e regulador, supostamente eliminador de desigualdades econômicas e sociais, também é o pai de uma burocracia frondosa e parasitária por culpa da qual as empresas do Estado são entidades caras, paquidérmicas, profundamente ineficientes. Elas estão corroídas pelo clientelismo político. Estão infestadas de corrupção. Através de preços, tarifas e impostos elevados, prestando sempre péssimos serviços, extorquem a sociedade civil, fomentam o déficit fiscal e, por essa via, a inflação e o empobrecimento. Essa é a realidade que o perfeito idiota não quer ver. Por isso apresenta como solução — mais Estado, mais regulamentações, mais controles, mais dirigismo — o que, na realidade, é a causa fundamental de nossos problemas. Isso equivale ao médico insensato ao receitar ao hipertenso um remédio que lhe aumenta a pressão arterial.

Não há dúvida de que o próprio idiota compreendeu um pouco tarde que o modelo cepalino não tem vigência nesses tempos caracterizados pelos processos de integração econômica regional e pela internacionalização da economia. É uma lei dos tempos; lei que dá ao mercado o papel que a Comissão Econômica para a América Latina (CEPAL) conferia ao Estado. Atropelado por essa realidade, o idiota latino-americano afirma aceitá-la às vezes, embora a contragosto, com reservas e restrições (fala de abertura gradual, de economia social de mercado para apaziguar suas escorregadelas ideológicas). Mas nega-se a acabar com sua velha superstição de Estado justiceiro e benfeitor, e ainda ergue o punho em comícios e tribunas clamando contra o neoliberalismo, associado por ele ao capitalismo selvagem (será o seu, tão deplorável, modelo de capitalismo civilizado?), e opondo-lhe o dogma do Estado como fator de eqüidade social.

Incrível, mas é assim mesmo. Se não existe outro remédio senão chamá-lo de idiota, perfeito idiota, é porque ainda continua se considerando um homem de vanguarda, distribuindo adjetivos infames (direitista, reacionário) para aqueles que se atrevem a julgar seu dinossauro — o Estado benfeitor.

Ouçamos outra de suas afirmativas:

A política neoliberal, chamada de livre empresa ou de livre mercado, é profundamente reacionária. Mantida pela direita, isso equivale a deixar a raposa livre no galinheiro. A esquerda afirma que só o Estado, intervindo rigorosamente na economia, pode conseguir que o desenvolvimento gere um benefício social em favor das classes populares.

Esquerda, direita: nossos idiotas continentais especulam sempre com essas palavras. Quando o remédio que nos vendem (Estado soberano, dirigente, regulador) se revela ineficaz, resta-lhes, como última saída, colocar um rótulo atraente no frasco. De fato a palavra esquerda gera belas ressonâncias em alguns setores de nossa sociedade, especialmente no mundo universitário e intelectual. Explica-se. Há 40 ou 50 anos, a esquerda era a expressão de correntes reformistas. Grosso modo, via-se a esquerda tomando partido dos pobres contra uma direita interessada em preservar uma velha ordem anacrônica apoiada pelos ricos, latifundiários, militares e setores obscurantistas do clero. Desde então o rótulo de direita tem uma conotação negativa entre nós. Na imaginação popular, é a indumentária ideológica de um reacionário que toma uísque num clube, sentado sobre seus bons sobrenomes. A esquerda, ao contrário, sugere uma idéia de rebeldia, de bandeiras vermelhas desfraldadas ao vento, de povo ancestralmente oprimido rebelando-se contra injustos privilégios.

Trata-se simplesmente de um fenômeno subliminar, um jogo barato de imagens, porque nada disso é válido. A esquerda, o populismo, o nacionalismo exacerbado e inclusive a versão tropical da social-democracia, para não falar da opção revolucionária, fizeram uma passagem catastrófica pelo continente latino-americano. Deixaram muitos países na ruína: a Argentina de Perón, o Chile de Allende, o Peru de Alan García, a Cuba de Castro. Por outro lado, o que é batizado pejorativa e intencionalmente como direita, ou nova direita, ou seja, a corrente de pensamento liberal, não tem absolutamente nada a ver com o conservadorismo recalcitrante dos velhos tempos.

Muito pelo contrário. Representa uma alternativa de mudança, talvez a única que tire a América do fracasso do estatismo, do nacionalismo, do populismo e das aventuras revolucionárias pela via armada. Trata-se de uma alternativa livre de prejuízos ideológicos que não parte somente de pressupostos teóricos, mas da simples leitura da realidade. Limitamo-nos a comprovar como e porque deixaram de ser pobres países que há 30 anos estavam no subdesenvolvimento e eram mais pobres do que nós. Por exemplo, os tigres asiáticos. Essa via, a única que promoveu a prosperidade dos países desenvolvidos, combina uma cultura ou comportamento social baseado no esforço sustentado, na economia de apropriação de tecnologias avançadas com uma política competitiva de livre empresa, de eliminação de monopólios públicos e privados, de abertura para os mercados internacionais, de atração de investimento estrangeiro e sobretudo de respeito à lei e à liberdade. Nossa idéia central é exatamente essa, a idéia de ser a liberdade a base da prosperidade e de que o Estado deve ceder à sociedade civil os espaços que arbitrariamente dela confiscou como produtora de bens e gestora de serviços.

Ao terminar este século XX, as noções de esquerda e direita, nascidas na Revolução Francesa, perderam seu perfil inicial. São, provavelmente, um anacronismo no mundo que já não põe em julgamento a democracia e a economia de mercado. Daí porque um Fukuyama fale do fim da História. No âmbito dos países desenvolvidos, a diferença entre esquerda e direita pode subsistir, mas dentro do liberalismo. A separação se estabeleceria na melhor maneira de combinar solidariedade e eficácia, e não na escolha de sistemas econômicos, pois terminou o confronto entre socialismo e capitalismo com o virtual desaparecimento e quebra do primeiro. Atualmente só existe uma opção de sociedade viável: o capitalismo democrático.

Nosso perfeito idiota não quer admitir tal evidência. Em *désespoir de cause*, recorre à velha dicotomia da esquerda contra a direita confiando que um fator puramente semântico ou emocional possa inclinar a balança para seu lado. É dele o velho estratagema escolástico de satanizar os que julgam seu dogma. Neoliberal é uma anátema que tenta penetrar a consciência pública com a fúria da reiteração, como ocorria na Idade Média com as heresias.

O idiota latino-americano ainda não se deu conta de que seu pensamento político, por ele batizado de vanguarda, está hoje na retaguarda dos tempos. Talvez sempre estivesse. O modelo que nos propõe é, no fim das contas, o mesmo modelo mercantilista ou patrimonialista, segundo expressão de Octavio Paz, que a Coroa espanhola legou e que chegou à América com as caravelas de Colombo. "O monopólio, os privilégios, as restrições à livre atividade dos particulares no domínio econômico e em outros, são tradições profundamente arraigadas nas sociedades de origem espanhola", escreve Carlos Rangel em *Do bom selvagem ao bom revolucionário*. Rangel nos lembra que, segundo esse espírito mercantilista espanhol, para o qual a Idade Média era o modelo absoluto, a atividade econômica dos particulares constituía quase um pecado. A Espanha teocrática e autoritária que nos colonizou, comprometida com a Contra-Reforma, sempre quebrou a iniciativa individual com toda sorte de regulamentações. A riqueza entre nós não provinha, como no caso dos primitivos colonos da Nova Inglaterra, do esforço, do trabalho, da poupança e de uma ética rigorosa, mas da pilhagem santificada pelo reconhecimento ou pela prebenda oficial. Desde então, entre nós, o Estado tutelar era o gerador de privilégios.

Tal Estado, que tanto agrada a nosso perfeito perfeito idiota, é, portanto, um filho do passado, um herdeiro de hábitos e métodos que sempre estimularam a intriga, o tráfego de influências, a corrupção e a fraude. "Diante dessa situação" — escrevia Rangel — "a reação espontânea de um chefe de governo, herdeiro da tradição mercantilista espanhola, será sempre a de intensificar controles, multiplicar restrições e aumentar impostos."

Filho da escolástica ou na neoescolástica, no âmago do perfeito idiota palpita a idéia religiosa ou medieval que censura a riqueza ao vê-la como apropriação indébita e expressão vituperável de cobiça. Sua reprovação ao mundo empresarial não é muito diferente daquela que São Bernardo fazia aos comerciantes prósperos no século XIV, ou mais tarde o próprio Santo Inácio de Loiola. "No ataque contra o desenvolvimento acelerado, pontuado de capitalismo selvagem" — escreve o economista colombiano Hermán Echavarría Olózaga a propósito de nossos social-democratas — "percebe-se a influência das prédicas dos escolásticos da Idade Média contra a avareza e a competitividade. Ambos possuem a mesma cepa, os mesmos ranços, que percebemos no espírito anti-revolucionário industrial e contra o modernismo."

Herdeiro inconsciente da escolástica, nosso perfeito idiota também o é do marxismo, que, entre nós, segundo Octavio Paz, tem muito mais de crença, de crença religiosa, do que de método de análise supostamente científico do processo histórico. A afirmação de Proudhon de que "a propriedade é um roubo" e a tese de Marx sobre a exploração do homem pelo homem encontram eco fácil em nosso idiota latino-americano. No subsolo de sua frágil formação política, mescla de vulgata marxista e de populismo, ficou a idéia de que o empresário é um explorador: enriquece com o trabalho dos outros.

Logo outras referências mais recentes concorrem para engrossar as teses econômicas que o perfeito idiota torna suas. Keynes, por exemplo. A ele deve suas idéias de economia mista, de planejamento e dirigismo estatal, das emissões monetárias como meio de reativar a demanda e de suprir a carência de recursos. Nosso perfeito idiota acredita ser esta também uma maneira não só de financiar o desenvolvimento mas também de torná-lo, com luxo retórico, o investimento social. É um amigo da máquina de fazer moedas. Considera reacionárias, neoliberais e contrárias aos interesses populares, as políticas voltadas a assegurar uma moeda estável.

Com todas essas teorias, somadas às de Sir William Beveridge sobre o Estado Benfeitor (também mal interpretadas, sem dúvida), nosso perfeito idiota gerou políticas catastróficas em muitos países do continente. A desordem monetária, produzida pelas intrépidas teses keynesianas, teve como conseqüências a inflação, a desorganização institucional, a diminuição real do lucro e, por conseguinte, o empobrecimento dos assalariados. O investimento social, concebido como uma partilha autoritária da riqueza no nível microeconômico ou como programa estatal financiado com emissões monetárias, só provoca a depressão social. Neste caso, a raposa no galinheiro não é o empresário, mas o Estado, que depena as galinhas sem misericórdia.

Mais uma vez a realidade, e apenas ela, inflige um rotundo, embora às vezes tardio, desmentido à utopia ideológica. No âmbito continental, Cuba e Chile ilustram duas concepções diametralmente opostas; uma, estatista, centralista, achatadora; e a outra, liberal. A primeira leva à pobreza generalizada, e a segunda, à superação do peso do subdesenvolvimento e da própria pobreza. É preciso reconhecer que Castro foi mais conseqüente com o diagnóstico de nossos males, difundido pelo perfeito idiota latino-americano. Se a pobreza, como ele sustenta, é o produto de um saque; se a famosa mais-valia não é senão a exploração do trabalho por parte do capital, tudo isso se corrige, socializando-se os meios de produção e eliminando-se a propriedade privada. Se as multinacionais exploram os países pobres tirando-lhes suas riquezas, torna-se necessário então expropriá-las. Se o camponês é vítima de uma infame exploração por parte dos latifundiários e empresários agrícolas, é preciso coletivizar as terras. Vemos, assim, onde foi parar Cuba com essas medidas que agora o próprio Castro tenta corrigir tardia e pateticamente.

O Chile seguiu a via oposta. Aplicando o modelo liberal de abertura dos mercados e entidades, antes monopólio do Estado, eliminando subvenções, trâmites e regulamentações, dando passe livre ao investimento estrangeiro, este país registrou, nos últimos anos, um crescimento ininterrupto do PIB de 6% em média (10% só em 1992) com conseqüências econômicas e sociais inocultáveis: o desemprego situa-se, atualmente, abaixo de 4,7%, a mão-de-obra cresceu, a ponto de alcançar, em 1994, a cifra de 4.860.000 pessoas. Em quatro anos, as receitas aumentaram, em termos reais, em 17%, sem que para isso tenham diminuído os lucros das empresas. Os investimentos estrangeiros batem os recordes continentais, representando 1/4 do volume global de investimentos, os quais — também outro recorde — representaram, em 1993, 27% do PIB. A poupança chilena, por sua vez, chega a constituir 21,5% do Produto Interno Bruto. Conseqüência, segundo o jornal *Le Monde*: o Chile é praticamente o único país da América Latina onde a pobreza diminuiu, ao invés de aumentar, desde o começo dos anos 80.

Tais são os fatos, apoiados em cifras. Naturalmente tornam-se convincentes para aqueles que examinam com objetividade, e não para o perfeito idiota que, aferrado a suas superstições ideológicas, apresenta todo tipo de críticas. No Chile, ele nos dirá, ainda subsistem desigualdades, há ricos muito ricos e pobres muito pobres, e a pobreza ainda afeta 32,7% da população. É verdade. Só que a própria dinâmica da economia liberal conseguiu reduzir, em apenas cinco anos, a porcentagem de pobres de 44% para 32,7%, e tudo indica que continuará reduzindo-a. De qualquer forma, a pobreza chilena não é atribuída ao modelo liberal. Ela é uma herança de outro, o estatista e regulamentador, de que tanto gosta o perfeito idiota.

A penúria de Cuba é atribuída por ele ao chamado bloqueio imposto pelos Estados Unidos. Em outra parte deste livro, explicamos como tal bloqueio não é senão a proibição às empresas norte-americanas de negociar com Cuba e de que maneira semelhante argumento é apenas um álibi, pois a situação catastrófica da ilha é conseqüência direta de ter aplicado ali o mesmo sistema que fracassou na URSS e nos países do Leste.

De qualquer forma, o perfeito idiota latino-americano toma distância desse modelo, proclamando-se nacionalista ou social-democrata, e falando de uma economia social de mercado em oposição à proposta liberal, batizada por ele de capitalismo selvagem. Se o deixamos expor amplamente sua tese, ele nos falará de economia mista, da necessidade de controle de câmbios e importações, de restabelecer subsídios, de permitir aos governos um manejo monetário mais livre para financiar projetos de investimento social, e todo o conjunto restante de medidas que fazem parte da sua quinquilharia ideológica. Dessa maneira seu modelo mais próximo foi o que Alan García representou no Peru. Deus nos livre disso!

Estranho defensor dos pobres, que fala copiosamente em nome deles, que faz gargarejos com a palavra "social", mas que, quando tem em suas mãos os instrumentos do poder, aumenta ainda mais a pobreza como o senhor García o fez com suas políticas nefastas. Quando tudo que prega cai por terra, restam ao perfeito idiota as emoções exaltadas, associadas aos termos esquerda e direita. Ele é o progressista, o popular, o renovador e, por que não, já que a palavra é linda, o revolucionário. E nós, os condenáveis amigos dos ricos. Ele sobrevive e se agita ainda com essa retórica primária, embora o trem dos novos tempos o tenha deixado para trás. Ainda se acha um homem de vanguarda, repetindo teses que há 50 anos levaram o continente a um beco sem saída. Mas que importância tem isso, se nosso idiota continua considerando-se o dono da palavra? Não há nada a fazer, ele é incurável. Ao contrário, ouçamo-lo novamente:

A seguridade social, os serviços públicos, as empresas que tenham para o país um valor estratégico devem ser monopólio do Estado e não podem ficar nas mãos de capitalistas privados.

Outro dogma, também refutado pela experiência concreta. O idiota útil — vocês já devem ter notado — sempre tenta situar este debate num terreno puramente teórico, apoiando-se em sua visão ideal do Estado e em sua visão satanizada do empresário privado. Uma vez mais, a ideologia concede-lhe uma dispensa intelectual e outra prática para não ver a realidade, geralmente catastrófica, das empresas e serviços administrados pelo Estado na América Latina.

Como exemplo, valeria a pena perguntar a um colombiano o que aconteceu com a empresa estatal ferroviária: porque o próprio Estado levou-a ao desastre, como ocorreu com os portos da Colômbia, com o Instituto de Crédito Territorial, encarregado dos programas de habitação, ou com a empresa estatal de eletricidade, que em 1992 deixou o país às escuras durante vários meses, com um racionamento selvagem produzido pela incompetência, desgoverno, clientelismo e escandalosa corrupção. Teríamos de perguntar a esse colombiano, sujeito a longuíssimas filas, a toda sorte de burocracia e a péssimos serviços médicos, o que pensa do Instituto de Seguridade Social e como se explica que com uma receita de bilhões de dólares e um exército de 33 mil burocratas, só cubra 23% da população.

Coisas parecidas com o que ele pensa de todas essas entidades estatais de serviço público poderiam ser ditas, por sua vez, pelos peruanos, argentinos, mexicanos, brasileiros, venezuelanos, dominicanos e centro-americanos, para não falarmos dos mais infortunados de todos, os cubanos, que sofrem com uma colossal ineficiência do Estado em sua ilha de infortúnios. O que levou o presidente Menem a privatizar a companhia estatal de telefonia? Qualquer habitante de Buenos Aires poderia responder. Certamente não foi uma mania privatizadora, mas uma necessidade inadiável, a que induziu o presidente Salinas de Gortari, em que pese ser herdeiro da tradição estatista do PRI, a privatizar o banco, a Telmex (telefonia do México), a Banca, a Companhia Mexicana de Aviação, as Sociedades Nacionais de Crédito, 16 usinas de açúcar e outras cento e tantas empresas. Os institutos autônomos criados na Venezuela têm muito a ver com o crescimento aparatoso da burocracia e o fantástico aumento do gasto público, que levou aquele país a uma das mais agudas crises da sua história. Jamais tanta riqueza foi esbanjada com tamanha irresponsabilidade em nome do Estado providencial, em detrimento do nível de vida das classes médias e populares.

A realidade também nos mostra a outra face da moeda. A imensa maioria dos chilenos considera que foi um grande benefício para empregados e trabalhadores a criação de um sistema privado de pensões e de saúde. Doze anos depois de dada a partida para essa reforma liberal, os fundos de investimento, propriedade dos trabalhadores, a serviço da economia privada e não do Estado, alcançam a cifra de US$ 25 bilhões. Cada trabalhador chileno possui sua caderneta pessoal, na qual se registra o dinheiro acumulado a seu favor. Só um perfeito idiota, em nome de seus desvarios ideológicos, pode pensar em voltar atrás, para o sistema estatal de pensões que consome esse dinheiro em burocracia (com a rapidez com que se queima um jornal, diz Echavarría Olózaga) e que cria todo um emaranhado de burocracias e intermediários para tornar efetivo o pagamento das pensões sem contar com o perigo de um dia, por sua própria ineficiência, o Estado não poder pagá-las.

Em que pese a própria evidência desses fatos, a estupidez de nosso perfeito idiota não tem limites. Em vários países latino-americanos, onde foi apresentado um projeto de lei similar ao do Chile, o idiota, com as veias do pescoço saltadas de tanto furor, levantou-se das bancadas parlamentares para gritar que o dinheiro dos trabalhadores não podia ir para o bolso dos capitalistas. Nunca foi tão absurdo seu desconhecimento da macroeconomia, nem mais vulgar sua demagogia, pois, na realidade, não eram os trabalhadores que ele defendia, mas os sindicatos do sistema estatal de seguridade social. Uma vez mais, os políticos clientelistas, os burocratas e os sindicatos de empresas oficiais se unem em causa comum contra os verdadeiros interesses dos assalariados de um país.

Como explicar a todo esse enxame de perfeitos idiotas que

sem acúmulo de capital não há desenvolvimento e que sem desenvolvimento o desemprego e a pobreza continuarão reinando sobre nós? Como pretendem que países como Brasil, Colômbia, Panamá, México ou Peru, onde mais de 30% dos habitantes vivem abaixo da faixa de pobreza absoluta, possam ter equipamentos, bens e serviços, e, conseqüentemente, emprego, com um Estado irresponsável e inconseqüente? Como não compreender que o verdadeiro capital de um país, o capital produtivo representado em maquinaria, equipamentos, fábricas, meios de transporte só é criado pelo empresário privado, e não pelo burocrata? Como explicar ao político populista, ao cepalino inveterado, ao catedrático ou ao estudante impregnado até a medula de vulgata marxista, ao padreco da teologia da libertação, hipnotizado pela idéia medieval de que o rico é o inimigo dos pobres, ou ao delirante guerrilheiro empenhado em libertar-nos não sabemos de quem à força de terrorismo e violência, que sua ideologia já não oferece nada, mas nada de novo, a nossos pobres países?

Quem vai tirar as teias de aranha da cabeça de nosso perfeito idiota quando ele ainda sustenta que foi sua fórmula estatista, e não o modelo liberal, que produziu o milagre econômico do Japão, da Coréia, Taiwan ou Cingapura?

As economias dos países asiáticos chegaram a altos níveis de prosperidade graças à intervenção do Estado e ao planejamento, tão impugnados pelos neoliberais.

Esta afirmação demonstra má-fé ou uma ignorância obtusa. "Querido amigo" — alguém gostaria de dizer carinhosamente ao perfeito idiota — "existe uma diferença fundamental entre o Estado que intervém para destruir o mercado, impedindo que funcionem as leis da livre concorrência, ou substituindo-o por meio de monopólios impostos autoritariamente, e o Estado que se coloca a serviço da produtividade e do mercado, como ocorreu no Chile, em Hong Kong, no Japão, na Coréia, Taiwan ou Cingapura. Se entra na cancha — para falar em termos futebolísticos — não é para jogar nela, para fazer gols ou defendê-los, mas para respeitar as condições básicas da concorrência, como faz o árbitro com o seu apito."

Não há ali um dirigismo estatal propriamente dito nem formas de planejamento. O célebre ministério japonês da economia, o MITI, apóia-se no investimento privado, no desenvolvimento tecnológico e num mercado altamente competitivo.

Naturalmente o marco jurídico e as garantias de ordem e segurança que a atividade produtiva exige são da incumbência do Estado. Nós, liberais, nunca julgamos suas funções essenciais como a administração da justiça, a ordem legal e a proteção do cidadão. Nós, latino-americanos, temos certeza de o Estado cumprir tais funções de maneira deficiente por estar metido em tarefas que o setor privado desempenha melhor.

No fundo deste debate existe, de um lado, uma correta concepção do papel do Estado, e outra equivocada, interferida por postulados ideológicos obsoletos, que tende a confiscar arbitrariamente a liberdade econômica. Pode haver uma economia onde o Estado exerça um papel importante como na Coréia, Taiwan ou Cingapura, colocando-se a serviço daquela e respeitando suas leis, e uma "economia de Estado", que, ao contrário, pretende ditar e impor as suas leis com resultados sempre deploráveis.

O Estado não pode ficar alheio aos problemas sociais.

É óbvio que não. Pelo menos, neste mínimo postulado, não estamos em desacordo, e expressar esse conceito não tem nada de idiota. Nós, liberais, consideramos que o Estado deve dar apoio ao carente, ao marginalizado, ao que, por qualquer razão, não está em condições de sobreviver sozinho, e seria aniquilado se deixado à mercê das estritas leis do mercado. Nossa discrepância com o perfeito idiota latino-americano está na maneira de cumprir esse propósito comum.

O liberal chileno José Piñera Echenique afirmou que nosso continente não é pobre, mas sim empobrecido. A culpa de tal situação deve-se ao capitalismo mercantilista ou patrimonial que germinou em nossos países. Já vimos como esse sistema, repleto de privilégios, de monopólios e prebendas, tornou-se uma inesgotável fonte de ineficiência e corrupção em nossas economias, uma causa flagrante de subdesenvolvimento, de discriminação e de injustiça, cujas principais vítimas foram os mais pobres da nossa sociedade. Esse sistema, diz Jean François Revel, caracteriza-se "por uma negação do mercado e de toda liberdade de câmbios e de preços; por uma prática monetária irreal, desligada do contexto internacional; por investimentos colossais dilapidados com complexos industriais megalômanos ou improdutivos; por gastos militares estratosféricos; por bancos esterilizados pelas nacionalizações que impedem o crédito de funcionar segundo critérios econômicos; por um protecionismo alfandegário que suprime a concorrência com o exterior e implica numa degradação da qualidade dos produtos locais; por uma economia de rendas, uma pletora de empregados parasitas que torna impossível uma volta ao mercado sem provocar desemprego endêmico; por um empobrecimento da população, acompanhado de enriquecimento da classe política e burocrática por meio da corrupção".

O Peru de Alan García e a Nicarágua sandinista — para não falar de Cuba — ilustram muito bem as catástrofes que tal sistema provoca. Falando sempre em nome dos pobres, os sandinistas, em 10 anos, conseguiram baixar em 70% o consumo de artigos básicos e em 92% o poder de compra dos trabalhadores. As cifras, sempre as cifras, a melhor expressão de uma realidade, são demolidoras para tal filosofia política.

Nós, liberais, consideramos fundamental o acesso da população aos serviços públicos essenciais: educação, saúde, água potável, nutrição e seguridade social. Contudo — e aí está nossa diferença substancial — não admitimos o dogma de que o Estado deve ser o executor de tais programas. O Estado deve aproveitar o concurso do setor privado para a prestação direta de serviços elementares. A privatização não é, neste caso, um fim, mas uma ferramenta para ampliar a cobertura, a qualidade e a eficiência de uma política social. Trata-se, em outras palavras, de substituir os monopólios públicos por esquemas de concorrência entre as entidades prestatárias, dando ao usuário toda a liberdade de escolha.

Resumindo — e tomara que isto sirva para minorar os prejuízos do perfeito idiota face o modelo liberal — cremos que o papel do Estado, diametralmente oposto ao que ele defende, deve se concentrar nas tarefas essenciais: a defesa da soberania nacional, a preservação da ordem pública, a administração da justiça e (como não) a defesa dos setores mais pobres da população. Tal concepção implica naturalmente o afastamento do Estado de atividades que costuma desempenhar mal, e deixe de ser, finalmente, o Estado banqueiro, o Estado industrial e o Estado comerciante, que só causaram danos à estrutura produtiva de nossos países.

VI

"CRIAR DOIS, TRÊS, CEM VIETNÃS"

Só uma revolução pode mudar a sociedade e tirar-nos da pobreza.

Bastaria lembrar ao idiota latino-americano, com sua mania dirigista, que existem coisas como terremotos, cataclismos, maremotos, infartes, aneurismas, acidentes aéreos e muitas outras formas alheias ao controle humano capazes de produzir mudanças numa sociedade. Os fenômenos cósmicos, as convulsões naturais, as tragédias pessoais e os mil disfarces dos quais a casualidade tem feito uso provocaram, ao longo de milênios e de séculos, mais mudanças que todas as revoluções juntas, desde quando os partidários de Cromwell cortaram o occipúcio de Carlos I até quando o ayatolá Komeini desbancou o xá do Irã. Mas não sejamos tão exigentes com o idiota. Suponhamos que, ao pronunciar esse prodígio de frase, tenha intencionado deixar de lado qualquer forma de mudança que não a estritamente dirigida pelo homem. Pois bem: impossível negar que uma revolução pode mudar uma sociedade. Mas a lógica segundo a qual só uma revolução pode mudar uma sociedade é digna de hospital psiquiátrico. Há sociedades regidas por regimes de força, os quais não se pode tirar do poder sem o uso da violência. Há outras nas quais é necessário arrancar os dentes do adversário. Contudo, o defensor da violência não apela para a lógica, mas sim para a arbitrariedade. Quer, deseja apaixonadamente, que haja violência. Mas continuemos sendo indulgentes. Digamos que a revolução não seja apenas uma forma de conquistar o poder, mas também de exercê-lo. Seu exercício requer o uso da força revolucionária, tanto a fim de preservar o poder face aos inimigos reais e potenciais como perpetrar os saques econômicos necessários para acabar com a velha ordem. Digamos que a velha ordem é caduca e injusta, desprezível e malvada. É preciso mudá-la e, como resiste, urge usar a força. Deduz-se com isso que só no caso de o resultado dessa transformação vir a ser uma grande mudança para o bem, o idiota estará justificado em sua categórica afirmação de que a revolução é o único instrumento válido para a mudança.

Existe nisso um ligeiro inconveniente: não há um só caso de revolução, exceção feita à inglesa em 1688 e à americana, no fim do século XVIII, que tenha trazido o bem. E mais: nenhuma revolução, fora a inglesa e a americana, que caminharam em sentido contrário à bússola do idiota, e por acaso a francesa, que promoveu alguns princípios saudáveis em meio a inúmeras barbaridades, trouxe mais benefícios do que prejuízos. Como a revolução que desenha uma roda em marcha ou um disco em movimento, o exercício revolucionário, apesar de sua velocidade, é uma permanente volta ao passado, um retrocesso perene em direção à injustiça da partida. As revoluções latino-americanas, em todos os casos, produziram ditaduras, da mexicana à nicaragüense. (Os governos do MNR na Bolívia ou de Allende no Chile, apesar de se terem dito revolucionários, não foram propriamente revolucionários, porque uma revolução implica numa tomada violenta do poder e na abolição do sistema operante. Em ambos os casos, com todas as arbitrariedades e saques cometidos, e com todas as calamidades econômicas que produziram, não se pode falar estritamente de revolução.) Em outras latitudes, a experiência foi similar à latino-americana. Todas as revoluções africanas e asiáticas engendraram monstros. As façanhas de Pol Pot e de Mao na Ásia, ou de Mengistu e do Movimento Popular para a Libertação de Angola na África, apenas para dar quatro exemplos, mataram de ódio, medo e fome os supostos beneficiários de tais revoluções. Mao, o Grande Timoneiro, conduziu 60 milhões de chineses para a morte com sua coletivização da terra. Para eles, "o grande salto para a frente" foi um salto para o túmulo, não propriamente ornado com flores. Hailé Mariam Mengistu superou essa proeza ao arrasar 1,2 milhão de etíopes, ocultando e acelerando uma tragédia que poderia ter sido evitada a tempo, condenando seus compatriotas à fome para ferir a consciência do Ocidente e pedir ajuda econômica. Os revolucionários angolanos requereram a ajuda de 50 mil soldados cubanos e 5 mil assessores soviéticos para manter no poder a sangue e fogo, uma vez eliminada qualquer possibilidade de eleições livres, o Movimento para a Libertação de Angola.

Na América Latina, a mochila do revolucionário, que se acreditava carregada de bondade, esteve invariavelmente cheia de cinzas. As cinzas da destruição. Tenham ou não conquistado o poder (por exemplo, Castro e os Ortega, no primeiro caso; o Sendero Luminoso e as Formas Armadas Revolucionárias da Colômbia, no segundo), os revolucionários mostraram-se incapazes de aprender a lição de nosso século de totalitarismos. Perseverantes no erro, idólatras contumazes do fracasso, fecharam os olhos às lições da URSS e de metade da Europa e de todos os "movimentos de libertação" (expressão formidável) surgidos no mundo desenvolvido depois da Segunda Guerra Mundial, e se empenharam em nos fazer crer que é possível uma forma diferente, original, "autóctone", de socialismo revolucionário. Para isso contaram com o aplauso do mundo. O idiota tem mentores europeus e norte-americanos aos borbotões, turistas de revoluções alheias, escribas de convulsões remotas, herdeiros empobrecidos da velha utopia renascentista amarrada às caravelas de Colombo, que estimulam sem cessar as proezas de nossos revolucionários e, como na obra-prima de Régis Debray, verdadeiro apogeu do gênero, demonstram-nos serem essas revoluções tão novas que até transformaram a própria natureza da revolução. (Revolução dentro da revolução?)

Com que pobreza a revolução acabou? Será que com a mexicana? Certamente com a de Oaxaca, Chiapas e Guerrero... A metade dos mexicanos vive na miséria e boa parte dos que não vivem deve sua situação a todas aquelas traições pró-imperialistas, pró-capitalistas e pró-burguesas que os últimos governos infligiram ao ideário (a palavra é fabulosamente generosa) da "Revolução Mexicana". Esta foi tão bem-sucedida, e esteve tão dedicada a oferecer seu aval às que ocorriam ao sul de suas fronteiras (começando pela mais próxima, a da União Nacional Guatemalteca na Guatemala), que estourou uma em sua própria cara, liderada pelo perfeito revolucionário latino-americano: um intelectual da classe média, o subcomandante Marcos, adorador do fax. As ironias de tudo isso são cruéis. Os zapatistas usam o nome do herói da Revolução Mexicana de 1910, Emiliano Zapata, precursor em muitos sentidos do próprio PRI, pois dessa revolução nasceu o sistema político que em 1929 se transformou no Partido Nacional Revolucionário e que pouco depois mudaria de nome para chamar-se PRI. Não menos cruel é a constatação de que o governo do presidente Salinas destinou muito subsídio à pobreza. Encarregou o suposto caridoso Luis Donaldo Colosio e entregou-lhe US$ 3 bilhões para administrar a má consciência oficial. O sistema é tão bom e eficiente que não só boa parte desse dinheiro ficou pelo caminho, como também, além de tudo, os camponeses que se beneficiaram da ajuda encontraram nele razões para perdoar a podridão política do PRI e do exercício de caciquismo provinciano, rebelando-se contra o governo por trás do mascarado. O fato de Chiapas ter recebido US$ 200 milhões em 1993 não impediu os zapatistas de terem fama em Chiapas em 1994.

A revolução foi tão bem-sucedida no campo, que brotou nele uma guerrilha apesar de, nos últimos 20 anos, o Banco Nacional de Crédito Rural ter outorgado ao campesinato US$ 24 bilhões (na verdade, entregou 20% desse valor, pois o restante foi para irrigar, não as terras, mas os bolsos dos burocratas). A revolução de Chiapas surgiu para enfrentar um regime cuja Constituição era, desde 1917, apesar das várias emendas, essencialmente socialista e corporativista.

Será que a fome foi eliminada na Nicarágua? Se assim foi, os estômagos de 2/3 da população, que constituíam os desempregados e subempregados quando os sandinistas perderam as eleições em 1990, roncavam de felicidade. Onde foram parar os US$ 3 bilhões anuais que o soberano regime sandinista recebeu da URSS? A perícia contábil desses revolucionários para administrar esse ouro foi tal que, no final do governo dos Ortega, os nicaragüenses tinham uma renda per capita de US$ 380, dez vezes menos que... a França, a Alemanha e a Inglaterra? Não: Trinidad-Tobago. Essa é uma cifra que só se pode considerar como indício, pois a inflação de 33.000% não permite uma contabilidade muito ortodoxa. O que aconteceu com o dinheiro que, em 1988, Ortega foi pedir na Suécia, com uma história de que seu país, tropical e úmido, vivia uma "seca" feroz?

Por acaso, o general Juan Velasco conseguiu dizimar a pobreza e a fome no Peru? O melhor disso é que 60% dos camponeses, em cujo nome o governo revolucionário expropriou as terras e aplicou a reforma agrária, dedicaram-se, ao longo da década de 1980, a dividir essa mesma terra em parcelas privadas.

O impulso revolucionário que o regime militar provocou no Peru o fez saltar do 8º lugar que ocupava na América Latina no começo dos anos 70 para... 14º nos anos 80. A revolução militar e, mais tarde, a pseudo-revolução de Alan García levaram a produção agropecuária, que nos anos 60 era a segunda do continente, para o muito antiimperialista penúltimo lugar. Não resta dúvida de que o semi-revolucionário Paz Estenssoro, a cabeça do *MNR*, conseguiu muitas coisas nos anos 50. É provavelmente por isso que, décadas depois, quando o homem que havia nacionalizado o estanho voltou ao governo, dedicou-se a iniciar a contra-revolução capitalista em seu país, seguido depois por Paz Zamora e, atualmente, por Sánchez de Losada. É preciso dizer que em alguma coisa Paz Estensoro foi revolucionário: tornou-se o pioneiro, na América Latina (com exceção do Chile), de medidas pré-capitalistas, em plena década de 1980, quando isso parecia impossível.

Será que em Cuba se conseguiu acabar com a fome? É provável que seja essa a razão por que o país da monocultura começou, há muito tempo, a importar... açúcar! O resultado é que Cuba nada em abundância, com uma renda per capita quatro vezes menor que a da liliputiana Trinidad-Tobago (note-se aqui uma superioridade cubana em relação ao caso nicaragüense, o que não é difícil de entender, pois, antes de 1959, Cuba situava-se em primeiro lugar da fila no continente). É preciso acrescentar que a superfície de Trinidad-Tobago é 40 vezes menor do que a cubana.

Se a fome fosse abolida por decreto, a revolução latino-americana, mentora maníaca do decreto, devota do regulamentarismo e das papeladas, tê-lo-ia conseguido. Acontece que a fome não pode ser abolida por decreto. É preciso aboli-la com prosperidade, e nenhuma revolução conseguiu trazer prosperidade para a América Latina. Só trouxe corrupção (a revolução tornou-se robolução), ditadura e privilégios para a casta governante às expensas da maioria da população, mergulhada na pobreza. Nossas revoluções não produziram outra coisa senão miséria moral, política, econômica e cultural. Toda imaginação oriunda dos focos guerrilheiros, toda a coragem originada nas montanhas, transformaram-se em conformismo, complacência, ao mesmo tempo que em covardia, uma vez no poder. Os revolucionários latino-americanos só conseguiram demonstrar estar aptos a capturar e preservar o poder (para a obtenção desse fim, são capazes das maiores acrobacias ideológicas, das traições mais doces a seu próprio credo e ao oportunismo mais florentino). Inimiga da sociedade de classes, a casta revolucionária é uma oligarquia. Inimiga do autoritarismo militar, a casta revolucionária depende do uso da força para continuar no poder. Adversária do imperialismo, sua existência não teria sido possível sem o subsídio estrangeiro, e ela não se mostrou nem um pouco complexada na hora de receber não só a ajuda de seus sócios ideológicos, mas também, graças a uma mescla de súplicas e chantagens, dólares dos ricos (ninguém é mais bem tratado do que o turista ou o capitalista estrangeiro em Cuba). Se o caminho do paraíso passa pela revolução, é preciso dizer que esse caminho é interminável.

Os países dependentes da América Latina devem lutar internamente contra as oligarquias e o capitalismo, e externamente contra o imperialismo, por meio de movimentos armados de libertação nacional.

Ciente de sua remota possibilidade de ganhar eleições, o revolucionário busca conquistar seu objetivo exclusivamente através da luta armada. Embora anuncie seu propósito como um assalto à cidade, vindo do campo, na verdade faz um desvio, escolhendo o caminho mais longo: sai da cidade para a montanha, para depois voltar para a cidade. Porque, invariavelmente, o revolucionário vem de um ambiente de classe média urbana. Não é filho do pântano nem da mata, mas do cimento e do concreto. Esse bicho curioso tem tanto tempo disponível, tantas horas a perder, que pode se dar ao luxo de fazer um passeio turístico na montanha, às vezes com duração de muitos anos, para acabar — se alcança seu propósito — vivendo na cidade — seja no interior, seja na capital — onde se concentra, na realidade, a totalidade de seu objetivo: o poder. Além de praticante do ócio, o revolucionário freqüentemente é violento, inclusive quando não precisa ser. A luta armada é a condição *sine qua non* para se graduar revolucionário. A violência como parteira da História. É preciso matar e enfrentar o risco de ser morto para ser aprovado com louvor no curso. A cerimônia do sangue e a orgia do homicídio são as forças motrizes da ação revolucionária, fazendo do método homicida um objetivo em si mesmo, do instrumento revolucionário o elemento de sustentação de seu credo ideológico. Além disso, o revolucionário tem de sofrer um pouco. Se antes de subir ao poder passou algum tempo na cadeia, como Fidel Castro, e declarou que a História o absolveria, ganha muitos pontos (não importa o tempo curto de prisão, apenas 19 meses, no caso de Fidel, durante o qual Martha Frayde e Naty Revuelta lhe levavam chocolatinhos suíços e marmeladinha inglesa, sem falar do leite de rosas). Ganhariam muito mais se, ao invés de uma passagem breve pelo calabouço, essa estadia tivesse sido mais longa, como a de Tomás Borge, o nicaragüense, durante o regime de Somoza, e, para completar, tivesse sido torturado. Se, como Che Guevara, ou os guerrilheiros peruanos do MIR nos anos 60 (De la Puente e Lobatón) ou se, como o poeta peruano Javier Heraud e seu ELN, além de sofrimento, o revolucionário encontrasse a morte pelo caminho, em plena atividade revolucionária, iria então diretamente para a canonização, sem passar pelo trâmite de acumular mais méritos seculares em prol da glória eterna. É preciso acrescentar, claro, que também se alcança a canonização se, ao invés de cair por culpa das balas fascistas, sucumbe-se por culpa das balas sectárias, como Roque Dalton, o salvadorenho morto por seus próprios companheiros revolucionários.

Freqüentemente, o objeto dessa violência não é a oligarquia nem o imperialismo, mas o pobre. Quantos grandes industriais, comerciantes, banqueiros ou seguradores, dentre os milhares que lamberam os pés de Alberto Fujimori no Peru, após seu golpe de Estado em abril de 1992, o Sendero Luminoso matou desde então? Nenhum. As vítimas privilegiadas do fuzil revolucionário no Peru são os camponeses nas montanhas e na selva, os imigrantes provincianos na cidade e, muito esporadicamente, a decaída classe média dos bairros de Lima. E mais: a pontaria do revolucionário desvia-se, seu pulso sofre um tremor curioso, quando o branco contra o qual dispara é o imperialismo: os atentados contra embaixadas, por exemplo, costumam provocar apenas danos materiais, e o mais provável: se alguém morre na explosão, é o segurança autônomo ou algum infortunado vizinho da área, completamente alheio aos desígnios imperialistas de uma embaixada que provavelmente lhe negou o visto em mais de uma ocasião. As Forças Armadas Revolucionárias da Colômbia e em especial o Exército de Libertação Nacional, na Colômbia, possuem uma estranha obsessão por oleodutos como o de Caño-Limón-Coveñas. Será que isso se casa com a estratégia antiimperialista da guerrilha colombiana? Acontece que a guerrilha colombiana aliou-se umbilicalmente ao narcotráfico, negócio imperialista por excelência, cujos pulmões encontram oxigênio através do amparo econômico. Nos anos 80, por exemplo, nas selvas de Caquetá controladas pela guerrilha, conviviam as plantações de juta e banana com as de coca. No Baixo Caguán, os revolucionários estabeleceram um sistema através do qual os camponeses instalavam suas mesas nas portas dos hotéis e vendiam seu produto a compradores narcotraficantes, pelo qual pagavam um imposto à revolução. Os guerrilheiros permitem em seu feudo a entrada de cal, cimento, amônia, gasolina para a produção de coca. A zona do Vichada, por exemplo, com 199 quilômetros quadrados de selva, está abarrotada de coca graças ao regime estabelecido pela guerrilha, que converteu o lugar num banco para revolucionários. Esta é apenas uma das 10 zonas utilizadas para semelhante propósito pelos guerrilheiros. E o narcotráfico, que é um produto de exportação para países ricos cuja demanda controla nossa produção, e muitos de cujos dólares costumam, na maioria das vezes, ser lavados fora dos países dos narcotraficantes colombianos, não é ele uma forma bastante mais esperta de imperialismo do que a exportação de petróleo, produto cuja exploração beneficia muito o país em questão porque simplesmente tem necessidade de energia? Não importa, o idiota latino-americano não vê qualquer contradição nisso: a narcotização da causa revolucionária é boa se enche os bolsos dos revolucionários. Os US$ 60 milhões anuais que a guerrilha peruana obteve durante muitos anos das mãos do narcotráfico são dólares revolucionários. As cartucheiras revolucionárias da América Latina estão cheias de coca. A revolução trocou o vermelho pelo branco. Viva a revolução branca!

O sono do idiota também não é perturbado pelo fato das revoluções gerarem as mais rançosas oligarquias e os mais cruéis imperialismos. Os pobres sandinistas, vítimas do imperialismo que em 1990 tirou-os do poder por meio de eleições, foram-se para suas casas com milhões de dólares em propriedades das quais se apoderaram. Os comandantes, menos confiantes do que há algumas décadas em seu futuro, asseguraram sua velhice com esplêndidas mansões expropriadas de seus donos, os infames capitalistas. Daniel Ortega, por exemplo, que deixou para trás uma dívida nacional de US$ 11 bilhões, continua entrincheirado num palacete de mais de US$ 1 milhão, o que na Nicarágua equivale a uma mansão européia de vários milhões. Não importa: o revolucionário também necessita assegurar o futuro porque, do contrário, o que será da revolução? O revolucionário precisa de espaço para pensar e repousar, porque se o coração revolucionário não está alegre, o que será da revolução? Pois bem, Daniel Ortega não pode ser reprovado pelo fato de, em sua visita a Nova York, ter protegido seus olhos revolucionários do inclemente sol com estupendos óculos *Ray-ban*: sem a visão de lince de Daniel Ortega, o que teria sido da revolução nicaragüense?

O imperialismo é ruim se exercido pelos outros. Se é o revolucionário que o exerce, então não é imperialismo: é *liberacionismo*, como o magnificamente praticado pelos soldados cubanos enviados para lutar na África com o objetivo de levar um pouco de justiça aos avimbunduns e congos, aos oromos e amharas. Que em seu regresso a Cuba o general Uchoa, herói das guerras africanas, fosse fuzilado, isso não seria uma contradição: seria a expressão máxima da gratidão revolucionária, o prêmio por excelência que um funcionário da revolução pode receber das mãos de seu Estado. Que os nicaragüenses apoiaram com armas e dinheiro seus amigos salvadorenhos da Frente Farabundo Martí de Libertação Nacional não significa terem praticado imperialismo centro-americano: fizeram solidariedade, fraternidade continental. Que guerrilheiros da URNG da Guatemala apóiem o subcomandante Marcos em Chiapas, ou que a revolução mexicana tenha convertido o sul do México num santuário para os guerrilheiros da própria URNG guatemalteca não é imperialismo contra o vizinho: é revolução pós-moderna, revolução sem fronteiras.

Companheiros, é preciso acabar com o capitalismo. Para isso é necessário aprender a usar suas ferramentas. E que melhor aprendizagem do que a empreendida pelo comandante Joaquín Villalobos, estrela da revolução salvadorenha, convertido em próspero empresário em San Salvador? Quem se atreverá a negar-lhe autoridade moral para conduzir a futura revolução da América, revolucionário conhecedor melhor do que ninguém, da próxima vez que sacar sua pistola contra o capitalismo, do que é a mais-valia, pois terá tirado partido dela nas costas de seus empregados? Poderá alguém negar a Fidel Castro a glória em seu patamar revolucionário depois de ter conhecido por dentro o monstro capitalista, graças a muitas décadas de *apartheid* econômico, razão pela qual as comodidades na La Habana estiveram reservadas para os turistas com dólares e para ele mesmo? Terá alguém mais documentos do que ele para, de lança em riste, atacar o dólar, já que conhece a textura, os matizes e as dimensões da nota verde com uma ciência que deixaria morto de inveja o próprio Allen Greenspan, chefe da Reserva Federal dos Estados Unidos? Para acabar com os ricos é preciso viver como os ricos; do contrário, não se sabe o que se está combatendo. O gozo dos palacetes, iates, praias particulares, cotos para caça, aviões e amantes é elemento indispensável do sacrifício revolucionário, prova dura de que o inimigo joga no caminho do revolucionário para tentar aburguesá-lo, e este deve padecer os rigores de tais dificuldades o maior tempo possível, porque a glória revolucionária é proporcional ao tempo que se consegue resistir à dor da sensualidade burguesa.

Nos países dependentes, não é preciso esperar amadurecer as condições objetivas para uma tomada de consciência das massas; pode-se apressar este processo por intermédio de vanguardas revolucionárias.

O idiota é — provavelmente sem sabê-lo — um devoto do modelo platônico de governo: o poder para a aristocracia da sabedoria. O povo não faz a revolução que preconiza sem seus advogados ideológicos, a "vanguarda revolucionária". Ela representa a introdução da magia tribal na ciência marxista, uma ligeira acomodação de princípios e guias ideológicos para fornecer às massas terceiromundistas, desorientadas e atrasadas, um acesso às prerrogativas dos modernos. Ao invés de esperar a consciência das massas, trâmite complicado em países com níveis educacionais bem mais baixos, o líder da tribo pode interpretar por elas as leis da História, decretar em seu nome a chegada do momento oportuno e, num passe de mágica, empreender a marcha para a sociedade, a fim de não chegar muito tarde ao encontro com a História, à qual os países modernos, mais distantes da revolução, ao que parece, chegarão um pouco atrasados.

A arrogância intelectual transforma-se, uma vez no poder, em arrogância de poder, ou seja, autoritarismo. Na atitude segundo a qual o revolucionário atua em nome dos demais, porque sua condição de "vanguarda" o coloca a nível mais sofisticado de compreensão da realidade, está concentrada toda a verdade da revolução: tudo no revolucionário é expropriação da soberania individual e traslado dessa soberania para a hierarquia superior da vanguarda.

Não importa a tese central do marxismo ser que o socialismo constitui-se numa conseqüência natural do processo capitalista após o desaparecimento do feudalismo: é necessário saltar alguns séculos para chegar mais rápido. Além do mais, nossos países não são mais urbanos do que rurais graças ao desenvolvimento incessante da economia informal que brotou das migrações do campo para a cidade e ao surgimento de gigantescos bairros marginais, cinturões de pobreza na cintura da urbe? Não é tudo isso uma demonstração de já estarmos deixando para trás o feudalismo e subindo no trem da modernidade?

As condições revolucionárias são tão objetivas na América Latina que todas as revoluções experimentaram o afastamento das massas com relação à vanguarda. Em Cuba nem se fala: dois milhões de exilados cubanos é o saldo de três décadas e meia de uma revolução que proíbe a saída de seus habitantes. O que ocorreria se essa saída fosse permitida? Tivemos um vislumbre disso em agosto de 1994, quando o governo, num desafio à política de braços abertos dos Estados Unidos com relação aos "balseiros" cubanos, começou a relaxar essa proibição: dezenas de milhares de pessoas se lançaram na água em qualquer coisa que flutuasse, mais dispostos a enfrentar os seláceos do mar do Caribe do que a seguir os preceitos da vanguarda em La Habana.

A força de vanguarda sandinista foi mais bem-sucedida em seu propósito de conscientizar as massas no que tocante às bondades objetivas da revolução? Não muito, a julgar pela derrota eleitoral dessa vanguarda em fevereiro de 1990 para uma senhora mais velha que andava com a ajuda de uma bengala e tinha uma perna engessada, sem falar da total falta de acesso aos meios de comunicação. Por acaso a Frente Farabundo Martí de Libertação Nacional em El Salvador obteve mais êxito em seu trabalho de abrir os olhos do povo? Não parece, a julgar pelo esquivo apoio popular com relação a esse partido durante as últimas eleições, nas quais o FMLN até mudou de nome para ajudar a própria sorte. O que não o permitiu impedir que ARENA, o partido que combateu tantos anos e cujas antigas vinculações

"CRIAR DOIS, TRÊS, CEM VIETNÃS"

com os esquadrões da morte faziam dele o inimigo perfeito, triunfasse, e Armando Calderón Sol substituísse seu correligionário Alfredo Cristiani na cabeça do Estado salvadorenho. Mostraram-se as vanguardas do *Sendero Luminoso* e do Movimento Revolucionário Tupac Amaru no Peru mais capazes de atingir seus objetivos? Foram tão capazes que a ditadura instalada no Peru em 1992, com relativa facilidade graças ao descrédito das instituições provocado por tantos anos de conflito, acabou sendo — pelo menos durante um tempo — respaldada majoritariamente pela população. Mas talvez seja muito injusto falarmos só do *Sendero Luminoso*. Por que não falarmos da vanguarda legal do Partido Comunista Peruano, que participa desde 1979 do processo democrático peruano? Este partido soube conscientizar tão bem as massas que foi incapaz de superar a barreira dos 5 por cento para continuar existindo como partido... No Chile, a vanguarda da Frente Patriótica Manuel Rodríguez foi tão bem-sucedida em convencer as massas de que a hora havia chegado, que o ditador Augusto Pinochet abarcou mais de 40 por cento dos votos após 16 anos de governo, e seu principal opositor, a Democracia Cristã, partido anti-revolucionário, obteve ainda mais votos. O Partido Socialista chileno, cético em relação às suas próprias possibilidades de avançar o curso da História, contentou-se em ficar no estágio capitalista de desenvolvimento e deixar o futuro socialista para outras gerações, pois se dedica a co-governar com a Democracia Cristã há vários anos.

Esses dados servirão de alguma coisa para conscientizar o idiota? Não muito. As massas estão alienadas pelo capitalismo. Não sabem o que fazer. A vanguarda deve seguir seu caminho. Outra característica é, portanto, sua recusa em ler a realidade, sua perseverança na análise mágica — que ele chama de científica — do que ocorre à sua volta, para tentar enfiar o largo mundo na estreita cavidade de leis que nem sequer respeita, pois para trazê-las para a América Latina foi preciso torcer bastante seu pescoço. O idiota crê — ou pensa crer — que, diferentemente das frutas, as condições objetivas não precisam amadurecer. Tem razão: é preciso fazer as revoluções antes que as condições amadureçam porque elas não amadurecerão nunca: já são um fruto podre.

É preciso fazer da Cordilheira dos Andes a Sierra Maestra da América Latina.

A idiotice não está em sustentar que é preciso cubanizar a política latino-americana: idiotice seria pensar que essa retórica dos anos 60 morreu ao sul do Rio Grande. Ainda há movimentos guerrilheiros em funcionamento em vários países andinos, tomando de assalto e sangue as sociedades que escolhem, e em quase todos, incluindo aqueles que carecem, como a Venezuela e a Bolívia, de grupos terroristas marxistas, ainda há uma profunda cultura da violência política e uma acirrada nostalgia castrista que gostaria de ver torrentes de revolução deslizar pela majestosa paisagem andina, desde as Antilhas até a Antártida. Inclusive aqueles que renunciaram à violência continuam aferrados à idéia revolucionária, porque não a concebem como instrumento, mas como todo um projeto de sociedade ou, mais exatamente, de poder. O coraçãozinho revolucionário não deixou de bater em nenhum dirigente de esquerda e isso se mostra óbvio cada vez que algum assunto da atualidade obriga a classe política dos diferentes países a pronunciar-se.

O idiota andino busca inspiração nas Antilhas, apesar de, se fazemos pouco caso de estereótipos, nada estar mais afastado da festividade tropical do que a melancolia andina. Mas isso não importa: tropicalismo e retraimento serrano podem se misturar porque importa sobretudo exportar a revolução. Por que ir a Cuba buscar inspiração revolucionária, quando o mundo dos Andes, mais antigo, com um passado pré-hispânico mais denso e uma história republicana quase um século mais longa, possui pergaminhos de sobra para fornecer sua própria contribuição à causa da revolução? Por uma simples razão: porque a revolução cubana triunfou e continua de pé. Não importa que esteja ferida e agonizante, que seu tecido seja um labirinto de franjas desfiadas, porque, afinal de contas, na etiqueta que leva no pescoço continua escrito "revolução cubana", exatamente como há 37 anos. Para os peruanos, colombianos ou venezuelanos que foram e continuam sendo incapazes de tombar o Estado burguês, é normal que Sierra Maestra continue sendo a referência. Trata-se de um recurso de sobrevivência emocional e política, o único troféu, por mais maculado que esteja, a poder ser exibido depois de décadas de tentativa de ser mais do que um punhado de foragidos dispersados pela geografia nacional sem muita sorte (no caso venezuelano, estão desaparecidos desde os tempos de Rómulo Betancourt e seu ministro do Interior, Carlos Andrés Pérez, nos anos 60). Mas há um pequeno inconveniente: Sierra Maestra não tem o menor interesse em emigrar para os Andes. Fidel Castro só tem obsessão em dar o braço a presidentes democráticos da América Latina, por exemplo nas Cúpulas Iberoamericanas ou nas posses; e quando não é convidado para uma reunião, como ocorreu na Cúpula das Américas em Miami em 1994, tem um ataque. Seus ministros percorrem a América Latina, não para dar um alento aos revolucionários da montanha ou mudar o mundo, mas para mendigar acordos de intercâmbio comercial com países latino-americanos cujas misérias os dirigentes cubanos são os primeiros a expor, usando uma típica estratégia de exculpação comparativa, cada vez que procuram dissimular suas próprias verrugas. A Sierra Maestra está tão esquecida que Fidel Castro chegou — horror dos horrores — a trocar o verde oliva pela *guayabera*. Pode haver alguma mensagem mais clara com relação ao desprezo de Castro pelos Andes do que o uso da *guayabera* nas reuniões de cúpula dos chefes de Estado? Pode haver bofetada mais sonora nas bochechas de nossos revolucionários nas gélidas alturas da cordilheira do que essa demonstração de calor tropical? A conclusão, após a evidente traição de Castro aos princípios internacionalistas e às tímidas posturas acerca de que cada povo escolhe sua via, é simples: o amor à revolução cubana é um amor não correspondido.

Sierra Maestra, a sudeste de Cuba, é um simples acidente geográfico, muito distante daquele cenário mitológico onde os barbudos assediaram o regime de Fulgencio Batista até ele sair correndo do país. Suas dimensões históricas, comprovado o fracasso cubano, e também as mitológicas, vão se reduzindo na medida das geográficas: só na fantasia passadista de nossos atuais revolucionários ela ocupa algum lugar de importância na sensibilidade de nosso tempo. Não é justo culpar apenas nossos revolucionários por essa mitologia continuar impregnando grupelhos de idiotas latino-americanos. Não há dúvida de que os esforços de Che Guevara para criar "dois, três, cem Vietnãs" contribuíram poderosamente para isso, apesar do fracasso que resultou sua incursão na paisagem áspera da Bolívia, onde descobriu ter pouco em comum com os camponeses indígenas, cujas prioridades e costumes estavam muito distantes do objetivo violento. O discurso de La Habana em favor de uma revolução internacional e latino-americana foi se desgastando à medida que La Habana traía uns e outros em função das prioridades táticas do momento, incluindo entre os traídos aqueles que havia treinado e armado. Mas não se pode esquecer que foi um discurso incessante, poderoso e, o mais importante, respaldado pelo *glamour* de uma revolução que parecia ser a prova viva de ser a subversão universal possível. Acontece é que nossos revolucionários, anos após anos de tentativas falidas de tomada de poder nos Andes, ficaram um pouco para trás. Se vissem Fidel Castro cambalear como um ancião com reumatismo ou como uma múmia egípcia fugida do sarcófago pelas escadas do avião que o leva em direção aos paraísos da burguesia, que são hoje o único destino de seu *jet*, o melhor da Sierra Maestra evaporaria de sua mente. Mas não o viram. Geralmente, não o vêem muito.

O revolucionário continua acreditando na América Latina como um todo. Nisso, pelo menos, ele é um idiota benigno. A única coisa resgatável que resta de sua linguagem revolucionária é sua aspiração transnacional, seu desprezo pelas fronteiras. Não é ruim essa vocação integradora, levando-se em conta que os Andes, apesar dos tempos atuais, continuam sendo um mundo onde os conflitos fronteiriços ainda arrepiam os cabelos, como o caso recente entre o Equador e o Peru, ou como o que a cada instante ameaça estourar entre a Colômbia e a Venezuela. Numa região em que o projeto de integração — o Pacto Andino, cujo tratado foi concluído em 1959 — é o que mais lenta e torpemente avança em todo o hemisfério ocidental, muito depois do Acordo de Livre Comércio da América do Norte ou, inclusive, do Mercosul, é curioso que ainda viva um espírito internacionalista, por mais desgastado que esteja. Só que se trata de um internacionalismo inclinado para as armas e a violência, quando o que hoje importa no mundo são as redes informáticas e as multinacionais que fabricam seus produtos por todas as partes e os vendem também por todos os lados, já se tornando impossível saber a que nacionalidade pertencem os bens em oferta. Ao invés de gritar "façamos dos Andes a Internet da América Latina", o idiota grita "façamos dos Andes a Sierra Maestra da América Latina". Pelo menos há algo em comum. Talvez o destino de nossos revolucionários seja ficar incrustados para sempre na Internet como uma opção informática para crianças, num mundo de ficção tecnológica no qual seja possível exportar revoluções em imagens e no qual Sierra Maestra volte a ter algum significado, embora dessa forma fique um pouco menos revolucionária que nos anos 50 e 60. Se nossos revolucionários conseguem se conectar com a rede por meio de alguma tramóia telefônica andina, poderão realizar seus sonhos nas telas do computador e ninguém poderá acusá-los, em seus afãs continentais, de olhar o passado. Sem dúvida alguma, Fidel Castro teria voltado a ficar imberbe se soubesse, há 30 anos, que o destino da Sierra Maestra seria converter-se num monte de bonequinhos em CD-ROM.

A violência é a grande parteira da História.

O idiota é metafórico. Encantam-no a imagem, a comparação, a hipérbole, os floreios de cada uma de suas genialidades políticas para procurar dar-lhes um pouco mais de credibilidade. É interessante constatar que os inimigos da democracia, desde políticos até comentaristas, são muito mais fosforescentes no uso da retórica e da linguagem em geral do que os democratas grisalhos, os quais, salvo algumas exceções, constituem o clube dos sensatos. As fórmulas inventadas para expor as teses totalitárias ou semitotalitárias foram muito mais grandiloqüentes e excitantes do que as feitas para justificar a ausência de grandes convulsões ideológicas geralmente apresentadas pelas democracia. Além do mais, as democracias latino-americanas sentiram-se muito complexadas diante da esquerda, fazendo com que os únicos capazes de enfrentar em termos horripilantes a retórica da esquerda fossem personagens de tendência ideológica autoritária no bando da direita como o major Roberto D'Aubuisson em El Salvador. A democracia latino-americana não soube desenvolver um discurso excitante, colorido, com sabor a cruzada, apesar de haver argumentos suficientes para isso na causa democrática e um de seus grandes desafios ter sido sempre conseguir que os povos mantenham a fé no sistema, inclusive quando poderem ter-se decepcionado muito com determinados governos que atuaram dentro do marco democrático.

O idiota, portanto, fala bonito. Geralmente o faz de maneira vazia, pois suas idéias não são muitas e nem muito sofisticadas, um simples punhado de lugares-comuns ideológicos estereotipados aos quais uma certa inflamação da linguagem dá uma aparência de magia. Não esqueçamos que Marx, já em seu *Manifesto comunista*, utilizou imagens explosivas para acompanhar suas profecias e que os primeiros revolucionários soviéticos, como Lenin e Trotski, eram consumados cultores da hipérbole. Nosso idiota fez sua a tradição grandiloqüente, só que de um modo geral, como no caso da idéia de Marx acerca da violência como parteira da História, não mostra muita originalidade, pois simplesmente copia um dos velhos adágios revolucionários.

Para o revolucionário, a História sai pelas pernas de sua mãe empurrada por uma parteira que se chama violência. A ele não importa se essa História sai sem pernas, torta ou corcunda, respirando ou não. Só importa quem a ajuda a sair. O que sai é assunto menor. Muitas vezes a violência revolucionária faz história. Mas faz história de crueldade e fracasso, não de humanidade e êxito. A violência em San Salvador, ao longo dos anos 80, foi, sem dúvida, histórica. Mas esses 75 mil mortos pelas ações da Frente Farabundo Martí, e a guerra suja dos esquadrões da morte inspirados em líderes como o major Roberto d'Aubuisson, não são história gloriosa ou sacrifício frutífero: a Frente Farabundo Martí pariu história de sangue sem qualquer objetivo, pois seus membros não alcançaram o poder (nem sequer a respeitabilidade eleitoral nas eleições de março de 1994), e agora estão convertidos à medíocre maquinaria burguesa. A URNG na Guatemala, sem dúvida, pariu história ao provocar 100 mil mortes em mais de três décadas de guerra. Mas essa história não é a que quiseram escrever, isolados e semiderrotados como estão, nas cercanias de uma paz que finalmente os colocará, não no poder, mas na sociedade burguesa. Terá o sanguinário Abimael Guzmán pensado, durante os anos 80 e começo dos 90, após a mais sangrenta e eficiente mobilização maoísta ocorrida no continente americano, que a história parida entre suas pernas seria a de seu próprio cativeiro e rendição, vestido com uma camisa-de-força e escrevendo cartas de arrependimento a um aprendiz de *shogun* como o engenheiro Alberto Fujimori? Que se vá a parteira que deu à luz a história revolucionária.

Uma nova sociedade gerará o aparecimento de um homem novo.

Ninguém com um pouco de decência, ninguém que não seja um canalha, pode se atrever a negar que o homem novo anunciado por Che Guevara existe. Claro que existe. É um cubano com neurite ótica e corpo de gato esfomeado, flutuando numa balsa à deriva. É um peruano que, após a injeção de vitaminas do socialismo de Alan García, vê seu tamanho encolher cinco centímetros. É um mexicano com as costas molhadas pelo Rio Grande, tão patriota que corre para o Texas atrás da terra que, em meados do século passado, os gringos arrebataram do México (com um pequeno interregno independente que já não é mais possível dissociar do belo filme com Clark Gable e Ava Gardner). A revolução e o socialismo latino-americano produziram um homem novo. O idiota tem razão. A revolução é um laboratório de espécimes originais. Nenhum regime latino-americano conseguiu criar bicho semelhante.

Isso porque a revolução tem uma vocação adâmica inconfundível. Acredita-se capaz de deter a História e fazer que com ela recomece. Se volta a começar, por que não pode dar início a um novo tipo de ser humano? Não nos esclareceu se esse ser humano distinto e original seria melhor ou pior do que o anterior. Se disporia de mais ou menos calorias, maior ou menor expectativa de vida, mais ou menos oportunidades de trabalho, mais ou menos bem-estar.

A nova sociedade tem características interessantes. Logo de saída, é deicida: quer acabar com seu criador. Não há revolução — bem-sucedida ou fracassada em seu propósito de tomar o poder — que não tenha sido repudiada pelo homem novo criado por ela. Além disso, é uma cultora furiosa do Deus-dólar. Não há revolução que não tenha acabado desesperadamente na busca de dólares porque sua incapacidade para subsistir economicamente a condena à dependência e à vulnerabilidade. A nova sociedade é também fugitiva: todos querem escapar. Escapam do que quer que seja e onde seja, como se viu quando os 30 mil balseiros cubanos preferiram amontoar-se na Base Naval de Guantánamo em condições animalescas de existência ao invés de permanecer em Cuba, depois que Bill Clinton e Janet Reno, ministra da Justiça, fechou-lhes as portas da meca norte-americana. Porque essa é outra característica: o homem novo é raivosamente próianque. Os sandinistas passaram anos bradando contra o embargo norte-americano, implorando ao inimigo que negociasse com ele, ou seja, que deixasse de ignorá-lo como interlocutor econômico. Fidel Castro tem a nordomania da qual Rodó falou em *Ariel*. Só quer dinheiro dos Estados Unidos. A sociedade nova é viciada: encanta-a o negócio da coca, seja nos aeroportos tolerantes da Cuba-castrista-sócia-do-cartel-de-Medellín, seja das maranhas do Alto Huallaga peruano. O homem novo, portanto, é o sonho de toda sogra: doentio, deicida, fugitivo, pró-ianque e viciado em drogas.

O idiota também é solene. Falta-lhe humor. A revolução é uma das gestas mais sérias da história republicana americana. Não ri nem sorri. O revolucionário (ou seu companheiro de percurso) leva a sério a si mesmo e se nega o mais leve gesto de humor, como se isso fosse um gesto de fraqueza do qual o inimigo se aproveitaria para derrotá-lo.

Apesar das características que a revolução imprimiu no homem novo, o espécime revolucionário criado não é essencialmente diferente do outro. Os impulsos que o animam são os mesmos: liberdade e progresso. A revolução destruiu as sociedades e tirou-lhes a ilusão da vida, mergulhando-as no niilismo, mas não conseguiu mudar a natureza humana. O homem novo que emigra e se instala em outra sociedade acaba funcionando dentro dela, apesar de sua pouca experiência e de ter a cabeça lavada pela propaganda, com as mesmas virtudes de qualquer outra pessoa ao tentar ocupar um espaço, na base do trabalho, numa sociedade que concede ao indivíduo alguma soberania sobre si mesmo. Uma sociedade nova da qual subitamente afastaram a liderança revolucionária não se organizaria necessariamente na base da liberdade e democracia. A falta de cultura libertária provavelmente faria com que surgisse alguma nova forma de autoritarismo. Mas se esse mesmo homem novo é transferido para um habitat mais livre, imediatamente — como demonstra, sem exceções, toda experiência migratória latino-americana — é capaz de adaptar-se ao sistema, pois em essência o que quer é satisfazer algumas necessidades — físicas e espirituais — que não são distintas das de qualquer outro ser humano. O que o homem novo perdeu em cultura democrática não perdeu na natureza humana.

Num processo da luta armada, todo aquele que se opõe à revolução deve ser considerado objetivo militar.

O idiota tem complexo de burocrata. Nota-se por sua linguagem, carregada de termos como "processo" e de eufemismos que tentam encobrir as mais ferozes decisões ou políticas com a mais normal e neutra das linguagens. Assim, matar alguém é cumprir um "objetivo militar". Degolar o prefeito de algum povoado miserável da serra peruana, como fez sistematicamente o *Sendero Luminoso* desde que, em 1980, empreendeu sua cruzada de sangue contra os peruanos, é "justiçá-lo". Curiosa constatação: a vocação metafórica da linguagem revolucionária caminha ao lado do mais torpe e retrógrado dos idiomas, o que não é de se estranhar, pois a organização semicastrense da luta armada parece-se muito com o inimigo que supostamente o revolucionário combate: o estamento militar. Inimigo até a eternidade do soldado, o revolucionário é seu devedor em tudo que significa terminologia revolucionária. O idiota latino-americano aprendeu do militar a confinar as fronteiras da existência humana no tabuleiro de xadrez, geometria sem imaginação, feita de quadrados idênticos, onde se encontra o fiel reflexo de uma mentalidade também quadrada e repetitiva dentro da qual a vida está aprisionada a um punhado de fórmulas simples.

O camponês que tem suas vacas roubadas, o parente do policial que morre assassinado, o empresário cuja fábrica fica

163

sem energia por causa da explosão de uma torre elétrica, a filha do prefeito "justiçado" não têm direito de sofrer com suas próprias tragédias pessoais. Se depois de perder os familiares e ver seu negócios a caminho da falência eles sentem alguma revolta moral diante da justa causa revolucionária que foi ao encontro de seus entes queridos e ao resultado de muitos anos de trabalho, não há dúvida: a revolução deve cortar suas cabeças. A revolução exige a prática do masoquismo: é preciso gozar com a tragédia, e quanto mais pessoal, mais excitante ela é. É preciso tomar *champagne* — ou o que esteja à mão — cada vez que um filho é degolado, e necessário encher o céu de fogos de artifício sempre que o gado é roubado. Na revolução, a satisfação é obrigatória, a felicidade um decreto. Expressar reservas às políticas revolucionárias — ou, em se tratando do período anterior à tomada do poder, as ações revolucionárias — é cometer um delito de *lesa revolução*, o mais grave dos crimes. O maximalismo da luta armada prefigura o que virá na hora de tomado o poder: a obliteração de toda forma de descontentamento com a própria revolução. A revolução é partidária de uma sociedade de homens aquiescentes. O idiota enche os pulmões e sua voz lança a mais filosófica das frases revolucionárias: "Que vivam os zumbis!" E, claro, isso tem seu lado sombrio: a violência. O Peru, por exemplo, viu como a luta armada declarada pelos revolucionários do *Sendero Luminoso* em 1980, com o beneplácito dos idiotas europeus e norte-americanos (a espécie, como se vê, é transatlântica), já totaliza 30 mil mortos. Nem todos são obra do *Sendero*. Muitos são obra da contra-insurgência, essa praga que acompanha como sua sombra toda insurreição. Além disso, há o dano material, essa outra forma de morte para a sociedade. No Peru, por exemplo, esse dano contabiliza US$30 bilhões ao longo de 15 anos, cifra consideravelmente superior a toda dívida interna do país e a todos investimentos estrangeiros feitos no Peru desde 1980. A redução do país inteiro a cinzas seria a glória do revolucionário. Isso lhe permitiria começar de novo, protagonizar o papel adâmico que sua ideologia tanto exige.

Dessa forma, o idiota expressa profundos ressentimentos sociais, frustrações genealógicas e familiares, rancores raciais e outras formas de frustração que ditam sua conduta na hora de pontificar em política. A revolução é, para um bom número de idiotas latino-americanos, a expressão de uma revanche (nem sempre está claro contra o que nem contra quem), a via perfeita para canalizar todas essas forças psicológicas que vêm de sua condição e da situação enfrentada no meio ambiente imediato. Sua condição e seu meio ambiente podem ser os de uma classe média vinda de baixo, uma classe intelectual com poucas possibilidades de êxito, um grupo de parasitas de alguma subvenção, uma zona nebulosa entre o camponês e a urbe das províncias, uma casta proletária com aspirações a ascender à seguinte, uma universidade. Destruir, matar, causar danos são formas de reviver, de realizar-se. Claro, por vezes o idiota se ilude e até se emociona. Existem alguns sentimentos bons. Mas é provável que a maioria deles seja afligida por profundas tristezas às quais dão rédea solta defendendo a mesa vazia.

Criar dois, três... cem Vietnãs.

O pobre Che Guevara jamais suspeitou o quanto irônica soaria sua frase na década de 1990. Converter a América Latina num Vietnã seria levá-la velozmente em direção ao capitalismo, tais são os méritos que fez Hanói para conseguir o que por fim conseguiu em 1994: o cancelamento do embargo norte-americano. Sob uma ditadura que se torna cada vez menos comunista e mais militar, o regime abriu as comportas do país ao capitalismo ocidental, e os estragos que a Coca-Cola fez são bem mais significativos que os causados em seu momento pela insurreição dos comunistas *vietcongs* apoiados pelo exército do Norte. Ninguém obrigou o Vietnã a semelhante política. Desde 1973, quando os Estados Unidos aceitaram o cessar-fogo e começou a queda de Saigon, só materializada dois anos depois, o Vietnã é livre para fazer o que bem entender, sem nenhuma pressão estrangeira senão a de um vizinho comunista, a China. E mais: foi o próprio Vietnã que se dedicou a fustigar os outros países, como o demonstra sua tomada do Camboja, invasão cuja virtude foi acabar com o regime de Pol Pot, mas que certamente não foi perpetrada em nome da paz, da civilização e da democracia. Solitário, levado a isso por força da atualidade e de seu próprio fracasso, o Vietnã navega para o capitalismo (seguindo a moda, para um capitalismo autoritário estilo Lee Kuang Yew). Não o leva por esse rumo ninguém diferente de quem governava quando os idiotas da América Latina apregoavam sem cessar "criar dois, três, cem Vietnãs": o Partido Comunista. O que significa de duas uma: ou o subconsciente do idiota guardava uma inconfessa vocação capitalista, ou o idiota era de uma cega incapacidade de antecipação do futuro, convencido de que o êxito do socialismo faria dessa opção uma realidade universal, incluindo a América Latina.

A consigna vietnamizante foi, na realidade, uma forma a mais de antiianquismo. Porém o Vietnã, algumas décadas depois, deu razão a Washington e a tirou dos herdeiros de Ho Chi Min. Poucas frases como a que preside este capítulo expressam tão bem o grande fracasso latino-americano. Muitos idiotas sequer sabiam situar o Sudeste Asiático num mapa, mas a obsessão antinorte-americana convertia Hanói na meca de nossas aspirações latino-americanas. Era preciso infligir, do modo que fosse, um severo castigo, uma humilhação histórica, ao vizinho do norte para vingar... suas intervenções militares, ao longo de muito tempo, na Nicarágua, República Dominicana, Guatemala, México, Haiti, Honduras, Cuba e, indiretamente, El Salvador? Não. Ou melhor, seu êxito e sua condição de primeira potência mundial.

VII

CUBA: UM VELHO AMOR NEM SE ESQUECE NEM SE DEIXA

> *Só se salvarão aqueles que souberem nadar.*
> Frase memorável de Cataneo, cantor do Trio Taicuba, na manhã de 8 de janeiro de 1959, quando Fidel Castro entrava em La Habana. Desde então, ele é conhecido como "O Profeta".

A relação sentimental mais íntima e duradoura do idiota latino-americano é com a revolução cubana. Trata-se de um velho amor, que nem se esquece nem se deixa. Um amor antigo e profundo oriundo de tempos remotos. Em termos concretos, desde 1959, quando uma torrente de barbudos, em cuja crista flutuava Fidel Castro, desceu das montanhas cubanas sobre La Habana.

Aquele espetáculo possuía grande força plástica. Eram as primeiras barbas e melenas que se viam no século XX. Depois vieram os Beatles e os hippies. E era a primeira vez que uma revolução derrubava um regime ditatorial sem contar com o apoio do Exército. Até esse momento prevalecia a convicção de que as revoluções sempre eram possíveis com o Exército, algumas vezes sem, mas nunca contra ele. Fidel Castro demonstrou ser essa asseveração falsa.

Não obstante, é preciso observar, de início, que 99% dos latino-americanos, inclusive os próprios cubanos, foram um tanto idiotas ao julgar o processo histórico que pendia sobre a Ilha a partir daquele primeiro ano, há quase quatro décadas. Quem, nos primeiros tempos, não foi fidelista? Como não simpatizar com aquele grupo de jubilosos combatentes que iriam implantar a justiça e o progresso na terra de Martí? Como não vibrar de entusiasmo diante de rapazes que haviam conseguido a proeza de derrubar um ditador militar apoiado por seu Exército e por Washington?

Só que daquele delineamento simplório, tingido em partes iguais de boa vontade e imprudência, começaram a soltar-se em seguida inúmeras falsidades, depois transformadas em lugares-comuns divulgados mecanicamente pelo idiota latino-americano, sem outro objetivo senão buscar álibis para pedir ou justificar a adesão a uma ditadura inaceitável sob qualquer ângulo. Vale a pena examinar uma a uma as falácias repetidas com mais freqüência ao longo de todos esses fatigantes anos de "opróbio e tolice", como dissera Borges a respeito do primeiro peronismo, outra loucura latino-americana que "dança" direto. Comecemos, portanto, a desmontar esse penoso andaime retórico.

Antes da revolução, Cuba era um país atrasado e corrupto que o castrismo salvou da miséria. Foram a pobreza e o inconformismo social que provocaram a revolução.

Não há dúvida de, na ordem política, os cubanos padecerem de uma ditadura corrupta repudiada pela maior parte da população. Após quase 12 anos de governos democráticos baseados na Constituição de 1940, em 10 de março de 1952 o general

Fulgencio Batista deu um golpe militar e derrubou o presidente legítimo, Carlos Prío Socarrás, legitimamente eleito nas urnas.

O governo surgido desse ato criminoso — estrondosamente rechaçado pelos cubanos — durou, como se sabe, sete anos, até a madrugada de 1º de janeiro de 1959. No entanto, a revolução que o derrubou não foi feita para implantar um regime comunista, mas sim para devolver ao país as liberdades espezinhadas anos antes por Batista. Isso está em todos os documentos e manifestos das organizações — inclusive a de Castro — que contribuíram para o fim da ditadura. Salvo o quase insignificante Partido Comunista — chamado em Cuba de Partido Socialista Popular —, nenhum grupo político propunha nada que não fosse a restauração da democracia nos termos convencionais do Ocidente.

O certo é que, na década de 1950, a situação de Cuba na ordem econômica era muito mais animadora do que a da maioria dos países da América Latina. Entre 1902 e 1928, e posteriormente entre 1940 e 1958, o país havia vivido longos períodos de expansão econômica e situava-se, juntamente com a Argentina, o Chile, o Uruguai e Porto Rico, entre os mais desenvolvidos da América Latina. O *Atlas da economia mundial* de Ginsburg, publicado no final dos anos 50, colocava Cuba em 22º lugar entre as 122 nações examinadas. Segundo o economista H. T. Oshima, da Universidade de Stanford, em 1953 a renda per capita dos cubanos era semelhante à da Itália, embora as oportunidades pessoais parecessem ser mais generosas na ilha do Caribe do que na península européia. Como demonstrar isso? Prova imediata e sumária: em 1959, quando a revolução despontou, havia na embaixada cubana em Roma 12 mil pedidos de outros tantos italianos desejosos de se instalar em Cuba. Não se sabe, contudo, de cubanos que quisessem fazer a viagem no sentido inverso. Esse dado deve ser levado em consideração, porque não há informação a revelar com maior exatidão o índice de esperança e de probabilidades de êxito numa sociedade do que o sentido das migrações. Se 12 mil operários e camponeses italianos queriam ir para Cuba para se estabelecer na ilha — como outros milhares de asturianos, galegos e canarinos desejosos de fazer o mesmo — é porque no país escolhido como destino eram bastante altas as possibilidades de desenvolvimento. Hoje, em contrapartida, são milhões de cubanos que desejariam transferir-se para a Itália de forma permanente.

Por outro lado, na ordem social o quadro tampouco era negativo. Oitenta por cento da população — número altíssimo na época — eram alfabetizados, e os índices sanitários eram de nação desenvolvida. Em 1953 — de acordo com o *Atlas* de Ginsburg — países como a Holanda, a França, o Reino Unido e a Finlândia contavam proporcionalmente com menos médicos e dentistas do que Cuba, circunstância a explicar, em grande medida, o elevado índice de longevidade dos cubanos de então e a média baixíssima de crianças mortas durante o parto ou nos primeiros 30 dias.

Um último dado estarrecedor, capaz de explicar por si só muitas coisas: a preços e valores de 1994, a capacidade de importação per capita dos cubanos em 1958 era 66% mais alta do que hoje. Isso, num país de economia aberta importador de 50% dos alimentos que consome, demonstra a infinita torpeza do regime de Castro para produzir bens e serviços ou — na outra ponta — o grande dinamismo da sociedade cubana pré-castrista.

Cuba era o bordel do Caribe e, em especial, dos norte-americanos. A Ilha estava nas mãos dos gângsteres de Chicago e Las Vegas.

CUBA: UM VELHO AMOR NEM SE ESQUECE NEM SE DEIXA

Na realidade, Cuba não era uma casa de jogo. Isso é falso. Em La Habana havia uma dúzia de cassinos nos quais, com certeza, não faltava a incômoda presença da Máfia americana, mas esse era um fenômeno de alcance mínimo sobre a sociedade cubana, perfeitamente erradicável — como conseguiu fazer em seu momento, por exemplo, a ilha vizinha de Porto Rico. Havia gângsteres em torno dos cassinos — isso tampouco é falso — porque não se trata de um negócio que costuma animar os padres dominicanos, mas teria bastado a ação judicial de um governo decente para pô-los a correr.

A prostituição era outro mito. O país tinha um índice baixíssimo de doenças venéreas, estatística que demonstra não ser um prostíbulo de ninguém. No entanto, La Habana, como grande capital e como velho e ativo porto marítimo, tinha uma "zona de tolerância" parecida com a que pode ser vista em Barcelona ou em Nápoles.

Além disso, o turismo americano costumava ser familiar, enquanto a prostituição, em contrapartida, era exercida essencialmente por e para os cubanos, algo não muito diferente do que ocorre em qualquer cidade ibero-americana de tamanho médio ou grande.

Curiosamente, como reiteram correspondentes e viajantes, hoje Cuba está transformada num grande prostíbulo para estrangeiros que participam — como ocorre na Tailândia — do turismo sexual, aproveitando-se das infinitas penúrias econômicas do país. E torna-se fácil acrescentar: antes da revolução, o peso e o dólar tinham um valor equivalente e podiam ser trocados com liberdade, o que permitia às prostitutas não terem de preferir o cliente estrangeiro, extremismo capaz de tranqüilizar todo aquele que manifeste alguma expressão de nacionalismo genital. Se alguma vez, em sua trágica história, Cuba foi um

173

bordel para os estrangeiros, essa fatídica circunstância deve ser imputada ao castrismo. Antes, simplesmente, não era esse o panorama.

Não obstante todos os inconvenientes, a revolução concedeu aos cubanos um sentido especial da dignidade pessoal.

É duro acreditar que os cubanos desfrutem hoje de uma elevada quota de dignidade pessoal. É difícil pensar que aqueles que, em sua própria terra, não podem entrar nos hotéis ou cabarés exceto se dispuserem de dólares, possam sentir-se dignos e orgulhosos de seu governo. É também estranha a quota de dignidade correspondente a uma pessoa à qual não se permite ler os livros que quiser, defender as idéias que deseje ou simplesmente dizer em voz alta o que pense. Se dignidade se define como esse sentimento de gratificante paz interior desfrutável porque se vive de acordo com os ideais próprios, é provável não existir nas Américas seres mais indignos do que os pobres cubanos, obrigados por seu governo a repetir palavras de ordem nas quais não acreditam, a aplaudir líderes que detestam, a cobrar seus salários em moeda que nada vale e a viver dia após dia aquilo que chamam na Ilha de "dupla moral", ou a "moral da *yagruma*", planta caracterizada por ter folhas com duas faces totalmente diferentes.

A revolução foi imprescindível porque os Estados Unidos controlavam a economia do país.

A rigor, esse é outro mito enraizado na consciência do idiota latino-americano. A presença do capital norte-americano na Ilha concentrava-se no açúcar, em minas, comunicações e finanças e, em todos esses campos, a tendência das últimas décadas era de crescente domínio dos empresários nacionais. Em 1935, de 161 centrais açucareiras, só 50 eram de propriedade cubana. Em 1958, 121 já estavam em poder dos nativos. Nesse mesmo ano, só 14% do capital (e com tendência a se reduzir pouco a pouco) estavam em mãos norte-americanas. Em 1939, os bancos cubanos só manejavam 23% dos depósitos privados. Em 1958, essa porcentagem havia aumentado para 61%.

O que caracterizava a economia cubana, ao contrário do difundido pelo incansável idiota latino-americano, é o empresariado cubano ser muito hábil e enérgico, comprovável com muita facilidade quando ele foi para o exílio. Curiosamente, as 40 mil empresas criadas pelos cubanos nos Estados Unidos têm hoje um valor algumas vezes maior do que a soma de todos os investimentos norte-americanos realizados em Cuba antes de 1959. Uma única companhia, a Bacardi, pagou de impostos ao Estado de Porto Rico, em 1994, mais que todo o valor da produção cubana de níquel a preços internacionais nesse mesmo ano (US$ 150 milhões).

A culpa pelo fato de a revolução ter tomado o caminho do comunismo e do apoio a Moscou foi dos Estados Unidos com sua oposição a Castro desde o próprio começo do processo.

Nesse caso, o idiota latino-americano é minuciosamente inexato. A verdade é que os Estados Unidos se afastaram de Batista muitos meses antes de sua queda, decretaram um embargo à venda de armas e pediram ao ditador procurar uma solução política para a guerra civil que destroçava o país.

Inclusive, é provável que a decisão tomada por Batista de fugir, de maneira precipitada, para a República Dominicana na noite de 31 de dezembro de 1958 deva-se ao fato de ele perceber que "os norte-americanos haviam mudado de lado". Em todo caso, o certo é que em 1959 os Estados Unidos enviaram para La Habana o embaixador Philip Bonsal com o propósito de estabelecer as melhores relações possíveis com o novo governo revolucionário.

Não pôde. E não pôde por uma razão que, muitos anos depois, Fidel Castro explicou com toda clareza diante das câmaras da televisão espanhola: porque, desde seu tempo de estudante, ele era marxista-leninista convicto, e se não o revelou durante o período de luta armada foi para não assustar os cubanos. Em resumo, Castro procurou a aliança com Moscou de uma maneira deliberada e desde o primeiro momento (Tad Szulc o conta muito bem em seu livro *Fidel Castro: A Critical Portrait*) se propôs a instaurar o comunismo em Cuba. Os gringos reagiram diante do comunismo de Castro, não o induziram. Essa é a verdade histórica.

Mas, se não se desejar levar em conta o testemunho do próprio Castro, ao menos não é possível ignorar o que acontece em nossos dias: já não existe o bloqueio comunista na Europa; não há, na verdade, uma ameaça militar por parte dos Estados Unidos contra Cuba, e Castro continua repetindo teimosamente, de vez em quando, a expressão "socialismo ou morte", negando-se a mudar os fundamentos do sistema. É evidente que se alguma vez houve um comunista convicto até o suicídio, esse cavalheiro chama-se Fidel Castro. Como continuar dizendo que em 1959 os Estados Unidos o empurraram para o comunismo se hoje o mundo inteiro, não sendo o marxismo nem ao menos uma opção viável, não consegue *empurrá-lo* para fora do comunismo?

O bloqueio norte-americano contra Cuba é um ato criminoso que explica os desastres econômicos do regime e as penúrias do povo cubano.

Em primeiro lugar, não existe bloqueio algum. Existe, sim, uma proibição impedindo as empresas dos Estados Unidos de negociar com Cuba e os cidadãos norte-americanos de gastar dólares na Ilha. Tal proibição é chamada no jargão político de *embargo*, e teve sua origem quando se deram os confiscos das propriedades norte-americanas em Cuba, no começo da década de 1960. Naquela época, as propriedades foram confiscadas sem compensação e o governo norte-americano reagiu decretando, primeiro, a renúncia à compra do açúcar cubano e depois proibindo suas companhias de negociar com a ilha caribenha. Mais adiante, acrescentaram-se outras restrições menos importantes, como a de proibir a qualquer navio que atracasse em porto cubano tocar um porto norte-americano durante seis meses.

Não obstante, o ditoso *embargo* — essa proibição de vender ou comprar do governo cubano — tem um efeito muito limitado. Qualquer pessoa que visite uma *diplotienda* — estabelecimentos nos quais se compra produtos em dólares, em Cuba — pode comprovar como não faltam os produtos norte-americanos, desde Coca-Cola até equipamentos IBM, por ser muito fácil para os exportadores situados no Canadá, Panamá ou Venezuela comprar essas mercadorias e depois exportá-las para Cuba. Mas, além disso, não existe na prática nenhum produto que Cuba necessite que não possa ser comprado no Japão, na Europa, Coréia, China ou América Latina. Tampouco existe algum produto cubano que tenha qualidade e bom preço — açúcar, níquel, camarões e outras miudezas — que não encontre mercado no Exterior. O problema, simplesmente, é que Cuba produz muito pouco porque o regime tem uma ineficiência endiabrada e, como conseqüência, o país carece de produtos para vender e de divisas para comprar.

Tampouco é certo a pressão norte-americana impedir a Ilha de ter acesso a créditos para negociar com outras nações. Cuba deve aos países do Ocidente US$ 10 bilhões porque ganhou crédito em algum momento. A Argentina e a Espanha, por exemplo, concederam-lhe crédito de mais de US$ 1 bilhão que não conseguiram recuperar. A França e o Japão perderam outras belas quantias na tentativa.

Cuba — em resumo — não paga sua dívida externa desde 1986 (três anos antes do desaparecimento do bloqueio soviético e quando ainda recebia um enorme subsídio de mais de US$ 5 bilhões por ano). Óbvio que, se a Ilha não tem recursos, se insiste num sistema de produção legendariamente torpe, não paga suas dívidas e até acusa os credores de extorsão, enquanto trata de coordenar os devedores para que nenhum cumpra suas obrigações — esforço ao qual Castro dedicou muito tempo e recursos na década de 1980 — é natural que não lhe concedam novos créditos ou empréstimos.

O embargo norte-americano é o responsável pelo fato de Castro não mudar sua forma de governar. Se há relações com o Vietnã, que sentido tem em manter o embargo contra Castro?

Como é natural, o embargo também tinha uma dimensão política além da resposta aos confiscos dos anos 60. Em meio à Guerra Fria, Cuba havia se transformado num porta-aviões dos soviéticos ancorado a 90 milhas dos Estados Unidos, apadrinhava todas as organizações subversivas do Planeta, lançava contingentes de seu Exército nas guerras africanas: tornava-se previsível, portanto, os Estados Unidos responderem com alguma medida hostil ou tentarem aumentar o custo que significava para os soviéticos manter um peão tão útil e perigoso no coração das Américas.

CUBA: UM VELHO AMOR NEM SE ESQUECE NEM SE DEIXA

Essa etapa, é verdade, passou (circunstância que Castro não pára de lamentar), mas o *embargo* se mantém: por quê? O *embargo* não é eliminado porque a comunidade cubano-americana (2 milhões de pessoas se somarmos exilados e descendentes) não o deseja, e nenhum dos grandes partidos — democratas e republicanos — está disposto por enquanto a sacrificar o voto cubano.

Nessas quase quatro décadas, o problema cubano deixou de ser um conflito da política exterior norte-americana para adquirir uma dimensão doméstica, uma coisa parecida com o ocorrido com Israel e a população judaico-americana. Simplesmente, o *embargo* é a política que *está aí*, desde a época de Eisenhower e Kennedy, e os dirigentes da Casa Branca e do Capitólio vêem mais riscos em modificar essa estratégia do que em mantê-la.

No entanto, embora o idiota latino-americano não queira admitir, quem tem em suas mãos a possibilidade de fazer acabar o embargo é o próprio Castro. A chamada Lei Torricelli de 1992, que de algum modo regula a vigência dessas sanções, deixa aberta a porta para um desmantelamento progressivo do *embargo* em troca de medidas que tendam à liberalização da economia e à abertura política. Se Castro se rendesse à democracia, como ocorreu com a África do Sul, acabaria o *embargo*.

Se há fome em Cuba, isto se deve, em essência, às pressões norte-americanas.

Antes de 1959, a ingestão de calorias em Cuba, de acordo com o citado livro de Ginsburg, ultrapassava em 10% os limites mínimos marcados pela FAO: 2.500 calorias per capita por dia. É natural que assim fosse: Cuba possui boas terras, 80% do território são cultiváveis, o regime de chuvas é abundante e a produtividade do campo havia aumentado tanto que, antes da revolução, a porcentagem dos cubanos dedicados à indústria, ao comércio e aos serviços, quando comparado com a porcentagem dos que trabalhavam a terra, era mais alta que no Leste Europeu.

O assombroso é, com essas condições naturais e com uma população educada, em Cuba se produzirem fomes que afetam milhares de pessoas a ponto de provocar enfermidades e carências que as deixam cegas, inválidas ou com dores permanentes nas extremidades do corpo.

À ineficiência inerente ao sistema comunista para produzir bens e serviços, no caso cubano deve-se acrescentar o fato de que o governo de Castro pôde dar-se ao luxo de ser ainda mais ineficiente devido ao montante assombroso do subsídio soviético: uma quantidade tão grande que a historiadora Irina Zorina, da Academia de Ciências da Rússia, chegou a quantificar em mais de US$ 100 bilhões. Quer dizer, quatro vezes mais do que o Plano Marshall destinou a toda a Europa, e mais de três vezes a quantia dedicada por Washington à Aliança para o Progresso em toda a América Latina. Esse volume monstruoso foi derramado sobre uma sociedade que, em 1959, contava com seis milhões e meio de habitantes e 33 anos depois mal chega a 11 milhões.

Como é natural, em 1992, quando esse subsídio desapareceu, produziu-se uma contração brutal na economia, a Ilha perdeu 50% de sua capacidade produtiva e teve de manter 80% de sua indústria ociosa. Na combinação entre a ineficiência do sistema e o fim do subsídio encontra-se a falência econômica do castrismo. Culpar o embargo norte-americano por esse descalabro econômico é faltar com a verdade e com as provas apresentadas pela realidade mais evidente.

CUBA: UM VELHO AMOR NEM SE ESQUECE NEM SE DEIXA

A revolução cubana poderá ser tachada de ineficiente ou de cruel, mas resolveu os dois problemas mais urgentes da América Latina: a educação e a saúde pública, enquanto converteu a Ilha numa potência desportiva.

Esse versículo, esse *mantra*, é um dos mais recitados pelo idiota latino-americano. Vamos analisá-lo.

Não se pode negar que o governo cubano fez um esforço sério para expandir a educação, a saúde e os esportes. Quer dizer, para oferecer à sociedade três serviços, dos quais, pelo menos dois — educação e saúde — são importantes. Mas qualquer pessoa instruída sabe que os serviços devem ser pagos com produção própria ou alheia. E, como Cuba produzia muito pouco, pagava-os com a produção alheia que chegava na Ilha em forma de subsídios. Claro, uma vez cessado o aporte descomunal vindo do Exterior, tanto as escolas como os hospitais tornaram-se absolutamente impagáveis para a empobrecida sociedade cubana.

Hoje, temos na Ilha escolas sem livros, sem lápis, sem papéis, às quais estudantes e professores muitas vezes não podem chegar por falta de transporte; edifícios em muitos casos a ponto de desabar por falta de manutenção e nos quais, além disso, ministra-se um ensinamento sectário e dogmático, muito longe de qualquer coisa parecida com boa pedagogia.

Dos hospitais pode dizer-se a mesma coisa: cascas vazias nas quais não há anestesia, nem linha de sutura, às vezes nem sequer aspirinas, para os quais os doentes têm de levar seus próprios lençóis porque ou a instituição não os possui, ou não dispõe de detergente para lavar os lençóis existentes.

É importante o idiota latino-americano, esse ser cabeça-dura ao qual este livro é dirigido com certa ternura, perceber que aquilo a lhe parecer uma proeza da revolução nada mais é do que uma distribuição de recursos disparatada e arbitrária. Cuba, por exemplo, tem um médico para cada 220 pessoas. A Dinamarca tem um médico para cada 450. Isso quer dizer que os dinamarqueses devem fazer uma revolução para duplicar seu número de médicos, ou será que Cuba, de maneira irresponsável, gastou centenas de milhões de dólares para educar médicos perfeitamente prescindíveis se contasse com uma forma racional de organizar os serviços hospitalares?

Qualquer governo que empregue, de forma irresponsável, os recursos da sociedade numa só direção pode conseguir uma façanha aparente e limitadíssima, mas sempre fará isso em detrimento de outros setores necessariamente deixados à margem dos esforços desenvolvimentistas.

É óbvio: toda a sociedade saudável deve empregar seus recursos, de forma harmoniosa, para não provocar terríveis distorções. Se, por exemplo, o Paraguai dedicasse todo seu esforço para se transformar numa potência espacial, é possível que no final de 15 anos conseguisse colocar em órbita um sobressaltado senhor de Assunção, mas no caminho teria insensatamente empobrecido o resto da nação. A essas façanhas — típicas da revolução cubana — alguns especialistas deram o nome de "faraonismo".

Porém, se de um lado torna-se absurdo julgar tudo que acontece em Cuba pela extensão do sistema educativo ou da saúde pública, maior loucura ainda seria basear esse juízo no tema da "potência desportiva". É verdade que nas Olimpíadas Cuba ganha mais medalhas de ouro do que a França. Mas esse dado revela unicamente que a pobre ilha do Caribe emprega seus pouquíssimos recursos da maneira mais burra que se possa conceber. Quanto custa para a equipe de basquete cubana derrotar a da Itália? Quanto dinheiro se emprega para dar a Castro a satisfação de *seus* atletas, assim como quem possui uma quadra de cavalos, vencerem muitas competições? Voltemos ao raciocínio: todas as expressões econômicas de uma sociedade devem mover-se dentro da mesma magnitude para que o resultado possua um mínimo de coerência. Torna-se compreensível o orgulho primário que os povos sentem quando os atletas da tribo vencem, mas quando se potencializa, de forma artificial, esse fenômeno não estamos assistindo a uma proeza, mas sim a um disparate: uma alocação de recursos absolutamente enlouquecida.

Uma última e talvez importante reflexão: a Alemanha "democrática" *ganhava* mais medalhas do que a "federal". Isso quer dizer que o modelo comunista superava o ocidental? Claro que não. É uma perversidade julgar um modelo político ou um sistema pelo aspecto parcial arbitrariamente selecionado. Os racistas da África do Sul justificavam sua ditadura alegando que os negros daquele país eram os melhor educados e alimentados do continente negro. Franco, na Espanha, pedia que seu regime fosse julgado por certos dados estatísticos favoráveis. Coisa parecida ao que o idiota latino-americano faz em relação a Cuba.

Pode-se falar o que quiser, Cuba está melhor do que o Haiti e outros povos do Terceiro Mundo.

É claro que Cuba está "melhor do que o Haiti" ou do que Bangladesh, mas Cuba deve ser comparada com os países com os quais tinha os mesmos níveis de desenvolvimento e progresso na década de 1950; por exemplo, Argentina, Uruguai, Chile, Porto Rico, Costa Rica ou Espanha. Trinta e sete anos depois de iniciada a revolução, Cuba está muitíssimo pior que qualquer um desses países, e o razoável é julgar a Ilha pelo pelotão no qual se movimentava antes de começar a revolução, e não pelo país mais atrasado do continente.

Uma comparação curiosa que poderia ser estabelecida com Porto Rico, já que essa ilha também recebia (e recebe) bilhões de dólares em subsídios norte-americanos. Mas, enquanto o subsídio russo contribuiu para criar uma dependência fatal em Cuba, atrasando o país em termos reais de um modo espetacular, em Porto Rico aconteceu o contrário. Cuba, com 11 milhões de habitantes, vendeu em 1995 US$ 1,6 bilhão, ao passo que Porto Rico, com apenas 3,5 milhões de habitantes, exportou mais de US$ 20 bilhões. Enquanto Cuba padece as conseqüências de ter uma economia açucareira que produz hoje o mesmo de há 65 anos, Porto Rico deixou de ser um país agrícola exportador de açúcar e transformou-se numa sociedade altamente industrializada, na qual se instalaram mais de 3 mil empresas norte-americanas possuidoras de um alto nível de desenvolvimento tecnológico. Em 1959, quando a revolução começou, os dois países tinham mais ou menos a mesma renda per capita. Trinta e sete anos mais tarde, os porto-riquenhos têm 10 vezes mais que a renda per capita dos cubanos. Outro país comparável seria a Costa Rica. Quando começou a revolução, Cuba tinha um nível de desenvolvimento econômico bem maior do que o da Costa Rica, embora os índices de bem-estar social fossem equivalentes. Quase quatro décadas mais tarde, os costa-riquenhos, sem revoluções, sem fuzilamentos, sem exilados, conseguiram educar toda a população, a saúde pública cobre praticamente todo o país e, com apenas 3 milhões de habitantes, exporta 20% mais do que Cuba.

Os norte-americanos não deixam saída alguma para Castro. São eles os responsáveis pela decisão tomada pelo governo cubano de não modificar o modelo político.

CUBA: UM VELHO AMOR NEM SE ESQUECE NEM SE DEIXA

Não são os norte-americanos que não deixam uma saída para Castro, mas é o próprio Castro que não quer sair do palácio de governo. É o velho caudilho quem não está disposto a aceitar uma mudança na qual a sociedade possa eleger outros governantes ou outro modelo de Estado. Não se trata, é claro, de confusão ou perplexidade. O caminho da transformação política é bastante simples: decretar uma anistia, permitir a criação de partidos políticos diferentes do comunista e começar a estabelecer as regras do jogo para uma contenda eleitoral pluripartidária. De certa maneira, isso foi o mesmo que aconteceu em Portugal, Espanha, Hungria, Tcheco-Eslováquia, Polônia e em meia dúzia de países que abandonaram a ditadura. Mas Castro teria de admitir a possibilidade de perder o poder e passar para a oposição. Porém, se ele não quer adotar esse caminho, não é por culpa dos norte-americanos e sim de seu próprio apego ao trono. O certo é que, ao longo dos anos, a oposição mais solvente dentro e fora do país tem-se mostrado disposta a participar da mudança pacífica: é Castro, e não os Estados Unidos, quem se nega a isso.

Castro não caiu, em última análise, porque é um líder carismático querido por seu povo.

Quantas pessoas apóiam Castro e quantas o rechaçam dentro de Cuba é algo só possível de determinar quando houver múltiplas opções e os cubanos puderem votar sem medo.

No entanto, é razoável pensar que o nível de apoio a Castro deve ser muito mais baixo do que gostaria o idiota latino-americano. Por que uma sociedade com fome iria amar Castro, sociedade que paga com uma moeda imprestável, que durante 15 anos foi obrigada a lutar em guerras africanas e que hoje é martirizada com todo tipo de privações? Pensar que os cubanos apóiam um regime que gera esse modo de vida miserável supõe ser a conduta política desse povo diferente da do resto do Planeta.

Se em qualquer latitude do mundo basta o aparecimento da inflação, um alto nível de desemprego, ou a carestia de certos produtos básicos para que o apoio eleitoral oscile na direção contrária, supor que os cubanos apóiam seu governo, apesar de viver numa espécie de inferno cotidiano, é — insistimos — pretender que os seres humanos nascidos naquela ilha tenham um comportamento diferente do resto do gênero ao qual pertencem.

Por outra parte, o espetáculo (1980) de 10 mil pessoas amontoadas numa embaixada para sair de Cuba, ou dos 30 mil balseiros que se lançaram ao mar em agosto de 1994, são sintomas suficientemente eloqüentes para demonstrar aos idiotas latino-americanos que esse povo rechaça, de maneira visceral, o governo de que padece. Não poderia ser de outra forma depois de quase quatro décadas de loucura, opressão e arbitrariedade.

VIII

O FUZIL E A BATINA

A Teologia da Libertação sublinha o aspecto conflitante do processo econômico, social e político que opõe povos oprimidos e classes opressoras. Quando a Igreja rechaça a luta de classes, situa-se como peça do sistema dominante.

Essa quase bélica declaração é tão sincera que desarma. A Igreja como soldado na luta de classes. Os representantes do Deus universal na Terra tomam partido de uns contra outros. Os agentes do Deus da paz ululam em favor da guerra. Quem são esses estranhos pastores de Marx? São os herdeiros de um movimento surgido a partir de algumas reuniões de bispos em Roma — o famoso Concílio do Vaticano II — que tinham a missão muito decorosa de pôr a Igreja em dia e de devolver ao cristianismo uma certa unidade rompida há cerca de mil anos. Se os pobres João XXIII e Paulo VI soubessem o que, com o tempo e distorcendo um pouco o âmago do assunto, sairia dessa Babel eclesiástica, com certeza se teriam tornado devotos de Krishna. Alguns bispos e teólogos entusiasmaram-se demais da conta com a tremenda idéia de a Igreja dever dedicar-se ao trabalho e não ao poder — isso que chamam uma teologia como "signo dos tempos", uma Igreja comprometida — e julgaram haver chegado a hora de se dedicar ao socialismo com batina. Várias ordens ouviram o chamado, mas entre elas destacou-se, de imediato, a dos jesuítas, a ordem fundada pelo prudente militar de Guipúzcoa que, em 1521, depois de cair ferido, decidiu ser o sacerdócio um destino mais sensato do que o castrense. Os progressistas começaram a dominar a ordem desde os mesmos tempos do Concílio II, inspirados por um teólogo, Karl Rahner, convertido numa espécie de estrela dessa reunião e que através de seu discípulo, Johannes Baptist Metz, dedicava-se a ensinar que a teologia não podia deixar de ser política.

Até aqui, fantástico. Os emissários de Cristo querem baixar do céu à terra, meter os narizes na lama do homem, dar uma mão neste mundo onde muitos infelizes podem morrer de fome esperando a salvação. É burrice rebater a Teologia da Libertação com o argumento de a religião não dever meter-se com a política. A religião tem todo o direito do mundo de se intrometer na política, como o tem qualquer indivíduo, organização ou instituição. A ninguém pode-se negar o direito de dar uma contribuição ao quebra-cabeça de como organizar uma sociedade decente. Embora o fato de misturar a vida do espírito com a política evoque a sombra do obscurantismo inquisitorial e do Estado confessional, não poderíamos, sem um grau de idiotice para lá de inconveniente, negar ao padre o mesmo direito de um crente leigo de pensar que uma determinada maneira de organizar a sociedade acabe sendo mais proveitosa do que outra e, portanto, de trabalhar a favor dela através da pregação e da educação.

O problema é outro: o signo desse compromisso. No caso da Teologia da Libertação — termo cunhado pelo peruano Gustavo Gutiérrez em 1971 (*Teología de la liberación, perspectivas*) e cujos fundamentos seguem sendo motores da ação de muitíssimos religiosos na América Latina por mais que o próprio Gutiérrez tenha revisto alguns deles com o passar dos anos — o mais grave está em duas coisas. Primeiro, o fato de esse compromisso na Terra ser pelo socialismo e seu instrumento, a revolução. Depois, porque aponta para uma espécie de fundamentalismo na medida em que faz uma leitura marxista, e dá à bastante vulgar luta em favor do socialismo o aspecto excludente e iluminado de via para a salvação. Deste último — o socialismo como trampolim para o céu — falaremos depois. Do outro — o socialismo como tobogã para a terra — o faremos agora.

Trata-se de fazer a Igreja descer do elitismo nefelibata para a realidade telúrica. E sair com um evangelho vermelho debaixo do braço. A observação brilhante feita por essa Igreja com pretensões de regressar à Terra é: aqui embaixo o assunto dominante é a luta de classes — um grupo majoritário de despossuídos é explorado por um grupo minoritário de privilegiados, microcosmo de outra injustiça mais ampla, a dos países ricos contra os países pobres. O contexto no qual essa observação se fez é o dos anos 70, quando a revolução estava em seu apogeu. Mas, também é a que fazem os padres que ajudam a guerrilha na Colômbia dos 90, os que se esforçam em favor de Marcos no México do Tratado do Livre Comércio, os que denunciam o Satanás que afunda os garotos na fome das favelas no Brasil e os que denunciam o diálogo de paz entre a URNG e o governo da Guatemala na América Central. Todos eles querem briga. Por bem ou por mal, há de se empurrar a dialética de Hegel e a aplicação de Marx pelo buraco da agulha contemporânea na América Latina. O que a teologia "progre" chama de "conflitante" — palavrinha que ataca os nervos — não é outra coisa senão uma leitura marxista da realidade, quer dizer, a divisão da sociedade entre opressores e oprimidos e, é lógico, denunciar automaticamente o despojo dos primeiros como condição para a libertação dos outros. O termo "libertação" é em si mesmo conflitante: evoca ardorosamente a existência de um inimigo que há de se combater para pôr em liberdade os desventurados. Tem mais: a Igreja não pode nem ao menos optar pela neutralidade suíça. Deve meter-se a todo custo no assunto. Se se abstém, faz parte da casta dominante. Se opta por libertar os infelizes por uma via diferente da socialista, também é agente do sistema dominante. A Teologia da Libertação, assim como os regimes comunistas, quer pôr o indivíduo diante da opção de ser cortesão ou dissidente.

A Igreja sempre foi, desde que há muitos séculos saiu das catacumbas para converter-se em religião do Estado romano, um fator de poder. Inclusive quando o Estado tornou-se leigo, preservou poder e sua função espiritual nunca esteve desligada de sua função social, próxima ao Estado. Numa América Latina em que o poder tem sido, de fato, injusto e explorador, isso mancha a história da Igreja católica. A Teologia da Libertação parte de um princípio incontestável: que a Igreja deve reformar-se, pois não apenas tem sido elitista, mas também sua passividade tem subtraído das vítimas um instrumento que teria sido poderosíssimo para conjurar a injustiça. Até aí, quem não cai de joelhos diante dos apóstolos da libertação? Se no mesmo tom com que Roma execra a "camisinha", as igrejas latino-americanas tivessem importunado as ditaduras de nossa história republicana e os privilégios econômicos outorgados por Estados corruptos e seus parasitas mercantilistas com a couraça de legislações excludentes, é possível que os autores deste livro estivéssemos dedicados à astronomia. Se a Igreja católica tivesse mais santuários democráticos como o Vicariato da Solidariedade no Chile durante a época de Pinochet ou aquele que encarna Miguel Ovando y Bravo na Nicarágua, o crescimento da Igreja protestante, por exemplo, seria menor na América Latina. O assombroso é a Teologia da Libertação propor, diante de tudo isso, o maior, o mais sofisticado, o mais cruel dos sistemas de privilégio: o socialismo (em qualquer de suas vertentes, a revolucionária ou a pacífica). Os padres sandinistas presidiram uma sociedade em que o privilégio da cúpula governante estava em contraste celestial com a pobreza geral do país. A renda per capita da Nicarágua — pouco menos de US$ 400 por ano — implica que se um nicaragüense médio quiser comprar uma Bíblia, tem de fazê-lo às custas de outros produtos, por exemplo, os alimentícios — e, portanto, jejuar muitos mais dias do que teria ao cometer semelhante proeza se não comprasse as Sagradas Escrituras. Nenhuma sociedade que substituiu a exploração capitalista pelo socialismo erradicou o privilégio: sempre o estendeu e agravou. Os Mercedes-Benz que o governo de Fidel Castro põe à disposição quando Frei Betto o visita na ilha só se diferenciam numa coisa daqueles que a família Cisneros usa na Venezuela: no fato de que ao cubano médio o Mercedes é negado pela essência do sistema — em boa conta, lhes é proibido — ao passo que na Venezuela não existe impedimento para um dia, quando os governantes meterem os pés pelas mãos, um venezuelano a pé fazer um bom negócio e comprar um.

Os teólogos da libertação são fregueses da paróquia de Napoleão, o porco maior da granja de Orwell: para eles, uns são mais iguais que outros. A luta de classes religiosa contradiz essencialmente o caráter universal do coração divino: como pode o mesmo Deus que ama os potentados Forbes e Rockefeller, Azcárraga e Marinho, soprar alento no ouvido daqueles que quiseram despachar esses cavalheiros para o mais ardente dos infernos? Querem dizer-nos que o Deus da fraternidade é, na verdade, um fratricida? O Deus da justiça também é o Deus da inveja? Para os apóstolos da libertação, a luta de classes já existe na História e há de se assumi-la, caso não se queira permanecer de costas para a realidade. Os padres não se deram ao trabalho de ler um elementar par de estatísticas sociológicas. A primeira conta que, na América Latina, a urbanização não é sinônimo de industrialização. Os camponeses que nos últimos 30 anos emigraram para a cidade e transformaram as capitais latino-americanas num monte de urbes caóticas rodeadas por faixas de pobreza, não as encheram de operários, mas sim de "informais", quer dizer, pequenos empresários. Se todos os imigrantes fossem operários, seríamos o paraíso da indústria. Outro dado estatístico poderia aclarar as pupilas avermelhadas de nossos célebres padrecos: a maior parte dos trabalhadores latino-americanos não é sindicalizada. Num país como o Peru, fértil terra de expositores da luta de classes, apenas 1 em cada 10 deu-se ao trabalho de se sindicalizar. A idéia de que a luta de classes está na História e isso obriga a Igreja a assumi-la é, portanto, herética. A realidade não tem misericórdia para com os padres.

A Igreja deve assinalar aqueles elementos que, dentro de um processo revolucionário, são realmente humanizantes.

Dentro da revolução, os quadros com tonsura têm sua função no organograma da tomada do poder pela vanguarda socialista encarregada de encarnar o paraíso nos homens novos. Devem dedicar-se a escolher e ressaltar os aspectos humanizantes da façanha: assim, pode ser que os revolucionários percam de perspectiva aquelas chaves que justificam moralmente a ação revolucionária. A idéia é dupla: distinguir a função dos clérigos de outras funções revolucionárias e dar à façanha uma auréola de santidade, visto que sem sua contribuição visionária a revolução corre o perigo de se desumanizar; também, fingir moderação e equilíbrio, na medida em que esses "elementos humanizantes" sugerem a admissão de poder haver outros menos humanizantes que até agora ofuscaram o positivo. Com maestria jesuítica, os teólogos da libertação vendem a revolução ao não-revolucionário, garantindo-lhe que, de mãos dadas com o clérigo, intérprete definitivo de seu conteúdo, nela encontrará humanidade.

Os padres revolucionários olham o passado da Igreja e o condenam. Mas, de algumas etapas na história da Igreja extraem alguns gramas de virtude que, combinados, produzem a receita perfeita. Os primeiros cristãos tinham uma idéia por demais espiritual da teologia, um apego ao Além que os fazia desentender-se com o aquém, uma leitura por demais literal dos clássicos gregos nos quais se inspiravam, pois, embora fossem tão amantes do mundo transcendental como eles, diferenciavam-se pelo fato de não levarem em conta o contexto daqui embaixo. Mas tinham de bom o conceito de a teologia e a vida do espírito serem para eles uma mesma coisa, algo que a Igreja do futuro socialista quer resgatar. No século XIV ocorreu o que os padres "progressistas" consideram a grande catástrofe: a separação da teologia do espiritual, e ambas funções passam a ser desempenhadas por personagens distintos. Má decisão. A separação tirou espírito crítico, histórico, do pensamento religioso. A escolástica estragou com tudo. A Igreja tornou-se revelação e explicação, ao invés de reflexão. Ao dar as costas para a reflexão, deu também ao compromisso e à ação. Nesse repasse histórico, só dois pensadores se salvam das chamas retrospectivas: Santo Agostinho, que faz "uma verdadeira análise dos tempos" na qual se misturam teologia e espiritualidade e o transcendental vem ancorado na Terra; e, sobretudo, São Tomás, que no século XII introduz a razão na teologia e a torna ciência, sem perder um fundo transcendental. Assim, a Igreja da libertação, ao condenar o passado de uma Igreja que em alguns momentos foi espiritual demais e noutros escolástica, esquecendo o antropológico da revelação cristã, exige uma teologia que seja ciência e uma espiritualidade

193

que encarne nas coisas deste mundo, a fusão, antigamente superada, de Igreja e política. Com essa bagagem, ao ataque. Os assuntos de Deus são, para o teólogo da libertação, uma ciência social. Essa ciência social permite enfiar a batina pelos escaninhos do mistério revolucionário e transmitir à humanidade a revelação da verdade profundamente humanizante dos vermelhos; a verdade que nos anos 60 e 70 encheu as montanhas de exaltados e justificou a entronização de tantos símios com galões de poder, cujos defensores, ainda hoje, em muitos de nossos países, continuam rebolando em nossos Gólgotas serranos.

Quando o padre quer abandonar a sacristia e pular para o charco a fim de acariciar o barro humano, não quer sair da sacristia para aprender. Mas sim para ensinar. Nas palavras de Paulo Freire, ícone brasileiro dos teólogos da libertação, para "conscientizar". Para trás fica a combalida preocupação com uma Igreja tradicional que enfiava a verdade escolástica na garganta de infiéis como a mãe introduz a sopa na boca do bebê inaptente. Há de se enfiar a colher revolucionária nos infiéis para seu próprio bem, embora se engasguem. Há de se revelar-lhes a revolução, explicar-lhes a verdade que ignoram. Não ajudá-los a refletir ou escutar o que pensam e querem. Há de se "conscientizá-los". A revolução é humanidade e é imperdoável que eles, humanos como são, a ignorem.

Insistindo no interessado rastreamento das raras faíscas de virtude na Igreja oficial, os padres progressistas descobrem que João XXIII e Paulo VI já falaram, a seu momento, de "libertação da pobreza". Não importa que esses homens tenham sido tímidos demais em seu "pôr em dia a Igreja": eles deram a pauta e é preciso seguir o caminho até o final. O teólogo da libertação precisa encontrar, nesse condenável passado eclesiástico, alguma legitimidade institucional. Depois de enfiar o focinho nos santos arquivos, encontra a benção papal. A missão, hoje, é resgatar o espírito do Concílio II, porém libertá-lo de complexos e timidez: os modernos João e Paulo teriam terminado, se as circunstâncias fossem outras, limpando as ervas daninhas "salvíficas" em Sierra Maestra e acampado à espera do assalto definitivo nos picos gelados dos Andes.

Não importa que a hierarquia eclesiástica tenha denunciado, em todos os idiomas, a teologia da revolução e que o Papa tenha emitido duas instruções severas — uma de 1984, a outra de 1986 — contra essa estranha alquimia ideológica, tida como ciência teológica. Não importa que João Paulo tenha repreendido publicamente o ex-ministro da Cultura sandinista Ernesto Cardenal durante sua visita a Manágua. Perdoemos esses papas que não sabem o que fazem.

O padre que revela a escolástica revolucionária também tem a missão de "libertar" o pobre de um inimigo satânico. Nesse ponto, é preciso tirar da geladeira teológica um coquetel de frutas. Uma medida de Hegel — a idéia da consciência como fator de liberdade — outra medida de Freud — o comportamento humano condicionado pelo inconsciente repressor de nossa psique — e a medida final de Marcuse — a repressão social da coletividade inconsciente que é preciso resgatar, devolvendo-lhe consciência social. Este coquetel de frutas — ou *minestrone*, como queiram — dialético-psíquico-social deriva no compromisso liberacionista. É preciso libertar o povo da repressão a impedi-lo de perceber que é explorado. A revolução é a revelação que os libertará, a humanizante tarefa salvadora.

Revolução e não reformismo é a opção de nossos idiotas embatinados. As experiências dos partidos confessionais do século passado e deste século terminaram mal. Na América Latina, em tempos modernos, a coisa foi mais grave. Primeiro, a

Democracia Cristiana chilena governou contra os pobres e depois atacou o governo do nunca chamado por menos do que "salvador" Allende e da *Unidad Popular*. A seguir, o salvadorenho Napoleón Duarte entregou-se aos gringos e, em troca de US$ 4 bilhões de ajuda econômica e militar no decorrer dos anos 80, governou contra o povo e sua vanguarda, a *Frente Farabundo Martí de Liberación Nacional*. Chega de partidos confessionais e de democracias cristãs. Ao céu se chega pelo atalho da revolução.

Os sacerdotes da Universidad Centroamericana assassinados não eram simpatizantes dos guerrilhiros marxistas. A única coisa que faziam era falar com os diferentes setores.

A América Central atrai os padres da revolução como a marmelada atrai as moscas. Nenhum lugar os fascina tanto, nenhuma parte do mundo lhes abre tanto o apetite como El Salvador, Nicarágua e Guatemala, cenários de grandes conflagrações ideológicas e militares enquanto as guerrilhas comunistas tentavam varrer governos amparados na força das armas e em castas militares não exatamente cuidadosas com o que diziam e faziam. O trabalho demonstrou paciência de formiga, desde os anos 60, e foi animado por um bom número de padres estrangeiros, entre eles espanhóis, que emigraram para aquelas paragens de renovação cristã a fim de difundir, diante daqueles cenários de inegável miséria, violência e desesperança, suas pregações apocalípticas sobre a chegada da libertação. Em El Salvador, a tarefa começou no final dos anos 70, na Universidad Centroamericana, onde os padres progressistas puseram o arcebispo de cabelos arrepiados e tentaram levar a cabo a idéia de Paulo Freire, de ser preciso educar e evangelizar conscientizando. Numerosos testemunhos provam que esta tarefa estava tão bem dirigida e organizada que parecia que uma mão invisível — a do Senhor? — movia os fios. As iniciativas eclesiásticas coincidiam com os desígnios políticos do comunismo latino-americano e até o arqui-materialista regime cubano, inimigo de toda espiritualidade dissolvente, aceitou desde o primeiro congresso do Partido Comunista no poder usar a Igreja como veículo de propagação revolucionária. Não apenas na América Central — também em outras partes, do México ao Peru — os padres se foram instalando nas aldeolas abandonadas pelas capitais, esburacando a pedra até fazer-lhe o furo que só no final dos anos 80 chamaria a atenção geral e semearia o alarme nas conferências episcopais do continente.

A tática sempre foi a mesma: denúncia da falsa democracia e do aparato militar — aquilo que nos cenários onde a brutalidade castrense tem sido o pão de cada dia oferecia um evidente atrativo popular — e condenação da fome — outra característica recorrente na América Latina — sem nunca mencionar os estragos das guerrilhas e os despojos e infortúnios de que eram vítimas os camponeses e trabalhadores dos territórios "libertados". A pregação ideológica ia acompanhada da evangélica, em avassaladora mistura, e estava bem dirigida para contingentes com pouca educação e muita sede de consolação e de fé, aos quais os galimatias ideológicos e os sofismas evangélico-políticos deixavam de boca aberta. A modorra e o conformismo da hierarquia católica, que deixou os padres da libertação durante muitos anos sem enfrentar resistência efetiva, foram os melhores aliados dos vermelhos de batina, agrupados sob o nome estrondoso — epíteto homérico incluído — de "Igreja popular".

No caso específico de El Salvador, monsenhor Freddy Delgado, que foi secretário da conferência episcopal, é uma das poucas exceções na hierarquia católica: viu o perigo desde o primeiro momento e o denunciou. Seu testemunho, recolhido num escrito terrível de 1988, diz tudo sobre a Universidad Centroamericana, cujo reitor, o célebre padre Ellacuría, dirigiu a captura revolucionária do centro educativo e promoveu a impugnação do *status quo* desde a compreensão, tolerância e afinidade com os inimigos armados do *establishment*, a guerrilha da *Frente Farabundo Martí de Liberación Nacional*. Em alguns casos, como relatado em certa ocasião pelo guerrilheiro salvadorenho Juan Ignacio Oterao, os jesuítas bancavam os intermediários da guerrilha, comprando armas no estrangeiro através de suas contas bancárias, indício crematístico esmagador de que alguns deles haviam mandado o voto de pobreza para o diabo. Exatamente como na Nicarágua, onde o sandinismo, o comunismo e o cristianismo chegaram a confundir seus reinos até que monsenhor Obando y Bravo meteu o capelo na teologia política de seu país e desbaratou essa versão menos sofisticada e espiritual. Foi só no final da década, quando o comunismo havia desabado qual um castelo de cartas, que os padres — padres afinal de contas porquanto herdeiros da única instituição humana capaz de sobreviver dois mil anos — fizeram um acordo tácito e começaram a falar de "diálogo". Sua posição, claro, não era uma forma de pedir à guerrilha para integrar-se à vida civil, como acabou acontecendo graças aos esforços do presidente Alfredo Cristiani, mas sim de conseguir com que o governo e a subversão acabassem em pé de igualdade, num empate a pôr os comunistas em situação de poder compartido. O "diálogo" que no final deixou a guerrilha sem armas e o governo constitucional firmemente de pé — o diálogo de Cristiani — não era aquele que Ellacuría e os seus tinham em mente. Seus esforços negociadores tardios eram o último elo da corrente tática, de um paciente trabalho de solapamento democrático que deixava louco o arcebispo Luis Chavéz.

Que aqueles chamados ao diálogo não tinham muita seriedade ficou demonstrado, poucos anos depois, pela atitude da conferência episcopal guatemalteca diante das negociações entre o governo de Ramiro de León Carpio e a URNG na Guatemala. Em agosto de 1995, sob o piedoso título de *Urge a verdadeira paz*, o episcopado guatemalteco explicou que a verdadeira paz não chegaria com o cessar-fogo entre a guerrilha e os militares, pois esta faria sua aparição quando houvesse justiça para todos. Ninguém pode discutir — sem merecer um nicho no inferno — que a paz não resolverá a fome nem a exploração. Mas, falar em tais termos no momento em que um país esgotado por três décadas e meia de guerra civil celebra uma paz negociada que pela primeira vez parece possível, só pode confundir, tirando da idéia de paz seu sentido verdadeiro e imediato e dissolvendo numa densa piscina sociológica sem uma gota de cloro o assunto grave de um conflito que custou 100 mil mortos. Os mesmos esforços de equidistância foi feito em Chiapas pelo famoso Samuel Ruiz, o bispo de San Cristóbal cujo coração bate pelos revolucionários zapatistas, não porque signifiquem uma resposta ao PRI corrupto e socializante, mas sim porque pregam a revolução marxista (com algum adorno pós-moderno como o fax e a Internet).

O monstruoso assassinato de Ellacuría e seus pares na Universidad Centroamericana, ação de um esquadrão da morte contra um dos símbolos mais poderosos da frente popular, de fato contribuiu para conferir a esses padres um prestígio de mártir que torna muito difícil criticar suas correrias revolucionárias sem parecer estar se condenando à repugnante metodologia homicida de seus carrascos. A imprensa internacional, as organizações de direitos humanos e os governos "progressistas", para não falar dos governos democráticos conservadores paralisados pelo exorcismo dos socialistas, têm sido muito rápidos na hora de condenar as mortes provocadas pelo poder na América Central. Em contrapartida, não o são para condenar as inúmeras outras, inclusive a de Francisco Peccorini, professor de filosofia da Universidade da Califórnia e chicote implacável dos padres revolucionários, que a FMLN abateu em 1989 quando entrava numa estação de rádio em San Salvador para debater contra um de seus alvos favoritos o precisamente tema da "Igreja popular".

O padre Ellacuría é o pensador que conseguiu a síntese superior de marxismo e cristianismo.

Em 16 de novembro de 1989, um comando paramilitar entrou numa das residências da Universidad Centroamericana e metralhou até a morte seis jesuitas e duas moças da limpeza, inaugurando pelo mundo uma ladainha política que pouco tinha a ver com a morte trágica de Ellacuría, Montes e outros, e muito mais com a propaganda. Ao mesmo tempo que o massacravam, um grupo de orangotangos armados havia enviado ao céu da santidade política, pela via mais rápida, os padres bascos nacionalizados salvadorenhos que há longo tempo vinham introduzindo, entre as brumas do incenso e as folhas do missal, a tese revolucionária. A história vinha de antes. Enquanto Jon Sobrino, principal colaborador de Ellacuría, dedicava-se à tarefa mais teológica, o reitor, com o *Manifesto comunista* bem guardado debaixo do solidéu, se encarregava da pregação ideológica mal dissimulada pelo véu da espiritualidade. A batalha política na Universidad Centroamericana José Simeón Cañas, claramente vencida pelos teólogos da libertação, fora tão árdua que os grupos conflitantes dormiam em residências separadas. Ninguém em El Salvador ignorava que esse centro de doutrinação fornecia a bateria ideológica e a cobertura da dignidade eclesiástica para o movimento contra a democracia salvadorenha "artificial" e "burguesa", da qual a FMLN era uma versão guerrilheira, mas não a manifestação única. A batalha já fora ganha para a causa revolucionária na Igreja, o que ficou clara desde a morte do arcebispo Oscar Arnulfo Romero, o homem a inspirar as lamúrias mais lacrimosas pelo mundo e até mereceu um molho necrológico rítmico e contagiante de Rubén Blades, quando em 1977 sucumbiu às balas paramilitares em seu país. Filho da fantástica máquina propagandística da esquerda — que, não esqueçamos, nos anos 70 parecia um *juggernaut* capaz de acabar de dentro com o Ocidente livre — o mito do padre Romero entronizou a primazia da "igreja popular" em El Salvador. Tratava-se de uma mentira cruel: Romero jamais foi revolucionário nem partidário da teologia da libertação. Mas sim um homem atemorizado, encurralado pelas freiras e padres revolucionários a se enfiarem histericamente com cama e tudo no escritório cada vez que havia uma disputa administrativa e que, com seus assaltos acrobáticos à cúria, haviam conseguido isolar as possíveis fontes de apoio que o arcebispo teria desejado encontrar no setor mais tradicional. O Papa o levara a Roma para dar-lhe um bom puxão de orelhas por sua debilidade diante dos batinas-vermelhas, e ele regressara disposto a combater, atrevendo-se inclusive a atacar a penetração marxista na Igreja. Sua morte, uma das barbaridades mais contraproducentes cometidas pelos anticomunistas, permitiu que a igreja revolucionária lhe prestasse culto no altar do martírio. Desde então, os padres Ernesto Cardenal, Miguel d'Escoto e as outras relíquias do santuário sandinista transformaram sua vacilação e timidez em ousadia sacrificada em favor da igreja socialista.

Como outros mitos — o do padre guerrilheiro Manuel

Peréz na Colômbia, por exemplo —, os de Romero e Ellacuría expressaram, mais do que a situação da Igreja na América Latina, a densa trama de complexos, consciência pesada, racismo ao contrário, sede de aventura e turismo revolucionário da *inteligentsia* européia e norte-americana. Os jesuitas hispano-salvadorenhos eram estrelas freqüentes da televisão espanhola, na qual encontravam a hospitalidade extasiada daqueles paroquianos de revoluções alheias, os jornalistas "progressistas". A seiva internacional alimentou bem os esforços internos dos padres revolucionários até que, no começo dos anos 90, esmagados pelo peso dos escombros do Muro de Berlim, foram diminuindo a dimensão de seu impacto dentro dos confins marcados pelo êxito da democracia e a revisão ideológica de muitas das figuras da esquerda. O próprio Ellacuría começara a emigrar do ativismo revolucionário para a aparente eqüidistância da convocação ao "diálogo" entre a guerrilha e o governo, tática inequivocamente leninista em momentos de retrocesso objetivo, mas que de qualquer modo teve o efeito de deter um pouco a maré liberacionista. O fato de os padres guatemaltecos estarem falando agora com reserva e quase menosprezo das negociações entre o governo da Guatemala e a URNG não deve causar estranheza: o diálogo supôs em El Salvador a derrota definitiva da FMLN, o que os eleitores se encarregaram de confirmar nas urnas pouco depois do fim da guerra; não há motivo para se pensar que as coisas seriam diferentes na Guatemala.

A síntese perfeita de marxismo e cristianismo encarnada pelo padre Ellacuría, o poeta Cardenal, o bispo Ruiz e tantos outros na América Latina pretendia — e pretende — revitalizar e modernizar a Igreja, esfregando-lhe um pouco os olhos e tirando-lhes as remelas. O que se conseguiu, depois dos acontecimentos na

Europa central e oriental, foi levar a Igreja pela mão a essa zona de descrédito que hoje compartilham tantas instituições oficiais em nossos países. No caso da Igreja, a perda de popularidade e respeito institucional permitiu o avanço de outros credos, espécie de desafio "informal", de baixo para cima, à catedral da instituição católica, espelho do que ocorreu no campo econômico em que tantos latino-americanos trabalham à margem do Estado e suas leis. As seitas evangélicas e o protestantismo expandiram-se em países como a Guatemala e o Peru, à medida que a Igreja oficial ia perdendo força. Sintoma disso são as recentes chamadas do regime peruano em favor da vasectomia não provocarem sua queda (alguns acharam que o golpe genital conseguiria fazer o que os esforços da resistência democrática em todos esses anos não puderam). Quanto contribuíram para isso os supostos salvadores da Igreja católica, os teólogos da libertação, ainda deve ser estudado. Mas a contribuição de Ellacuría, autor de um livro carregado de humildes intenções e missões vigárias, *Conversión de la Iglesia al Reino de Diós*, assim como a de seus pares, não deve ter sido desprezível.

Ali onde se encontram perversas desigualdades sociais há um rechaço ao Senhor.

Se o socialista comum faz da culpabilidade um eixo de sua visão de mundo — sempre existe um responsável pelos males sociais — o teólogo da libertação leva esse costume a níveis celestiais. Assim, por trás de cada pivete descalço nos esgotos sociais do Rio de Janeiro das favelas, por trás de cada índio com *ojotas** que carrega nos ombros um saco de batatas peruanas, por

---

* *Ojotas*: sandálias feitas, em geral, de pedaços de pneumáticos e arame,

trás de cada barriga haitiana inchada de desnutrição no barro humano de Cité Soleil, existe um diabo. Graças à sociologia teológica dos liberacionistas, Satanás transformou-se num sistema econômico. O mal encarnou, é lógico, no capitalismo. Cada capitalista latino-americano esconde nas costas um tridente diabólico. A mania de atribuir ao capitalismo, outra coisa senão uma maneira de se organizar a sociedade de modo espontâneo, qualidades morais — melhor dito, imorais — encontra, na Teologia da Libertação, a conclusão perfeitamente lógica: o capitalismo é o Belzebu.

Esqueçamos por um instante essa curiosa metáfora bíblica aplicada pelos teólogos progressistas à realidade (por mais que seu espírito não seja metafórico, mas sim literal). Isto em si já é grave, porque quando se invoca a Deus e ao diabo para julgar a política o passo lógico é a fogueira. Deixemos que o fogo eterno arda em algum canto e passemos a outro: a culpabilidade do capitalista. Acredita-se ser a pobreza de alguém a riqueza de outro, exatamente como quando o senhor mantinha o escravo em estado semi-animal para viver às suas custas. O capitalismo latino-americano incipiente e imperfeito deve, precisamente, boa parte de seu pouco ímpeto ao fim da escravidão. Tem-se estudado muito a limitação econômica que a escravidão significou para o capitalismo e a maneira como o nascimento deste, com seu ritmo, sua mobilidade e seu apetite por tecnologia, assinou o atestado de óbito daquela. Isso não tem importância para os padres sociais: a pobreza é filha do mal, da maquinação de um grupo de exploradores, de um mundo em que a riqueza é uma equação de soma zero até um extremo no qual estão as vítimas, ao passo que no outro

---

muito usadas por camponeses do Peru, Chile e Colômbia. (N. T.)

lado estão os atuais senhores de forca e cutelo. Esse pensamento — a palavra é hiperbólica — é atraente. O escândalo da miséria precisa da existência de culpados. Só é possível aplacar a comoção que a pobreza produz se existe alguém contra quem dirigir o odio provocado pela injustiça.

Mas, o certo é nem o capitalismo ser uma maquinação, nem a riqueza dos capitalistas se vertebrar com os ossos dos pobres, nem a pobreza ter os culpados naqueles que não são pobres. Primeiro, porque o capitalismo é uma palavra que apenas descreve um clima de liberdade no qual todos os membros da comunidade se dedicam a perseguir voluntariamente seus próprios objetivos econômicos. Segundo, porque esse processo traz em si necessariamente diferenças entre uns e outros: cada indivíduo tem objetivos particulares e o meio para atingi-los varia de pessoa a pessoa. Terceiro, porque não existe alternativa, quer dizer, um sistema a destinar para cada um uma quantidade equivalente de riqueza (se existe um sistema que não atinge esse objetivo igualitário é o socialismo, verdadeira junta de satanases que por onde passou acumulou quantidades formidáveis de bens e deixou suas vítimas mais desnudas e magras do que um Cristo de El Greco).

Claro, se fosse o caso de dotar de moralidade a discussão sobre sistemas econômicos, os maus não seriam os capitalistas, mas sim os socialistas, em todas suas derivações latino-americanas, que são muitas: o estatismo, o mercantilismo, o nacionalismo. O que os padres "progressistas" chamam de capitalismo tem sido, na verdade, sua caricatura. Sublimam os poderosos ao imputar-lhes virtudes capitalistas quando têm sido, na verdade, faculdades anticapitlistas e parasitárias, capazes de comprar leis e legisladores, ter êxito sem competir e albergar-se sob a mão generosa do Estado. Ao ouvir que o capitalismo é condenado ao inferno, Deus, que não costuma decretar o inferno para quem ainda não nasceu, deve franzir o sombrolho.

Nós nos perguntamos: como pode a Igreja dividir os homens em bons e maus, se a graça de Deus é universal, se todos, ricos e pobres, têm direito à salvação? Os teólogos da libertação amam. Amam tanto os ricos que, para evitar o destino queimante do inferno, querem expropriar seus bens em vida de tal modo a terem tempo de expiar aqui na terra todos seus pecados sociais. Quanto mais te bato, mais te amo, dizem do "amor serrano" no Peru. Os apóstolos da libertação praticam uma versão teológica do "amor serrano": quanto mais te tiro, mais te adoro. É a inveja social transformada em fator da salvação eterna. Ao invés de pagar uma indenização econômica, os padres oferecem aos expropriados o mais apreciado de todos os bônus: o paraíso celeste. Quem não entregaria sua fábrica, sua mansão, sua chácara e até sua cueca para o Estado liberacionista em troca do céu? A Teologia da Libertação situa assim a noção de justiça exatamente onde situa o comunismo: no despojar do alheio, na abolição da propriedade privada. Procura um pretexto delicioso para justificar a negação da premissa cristã do amor universal de Deus, que representa o despojar dos que têm: "amor universal é libertar os opressores de seu próprio poder, de seu egoísmo."

A contrapartida do despojar é a caridade. À sociedade das classes sociais criadas pelo exclusivismo capitalista alheio a Deus opõe-se o reino da fraternidade, um mundo onde a caridade seja o elemento aglutinante dos seres humanos, a única moeda aceitável para a interação dos bípedes. Não vamos perder tempo explicando outra vez que não se pode dividir aquilo que não existe, e que querer dividir o que existe acaba reduzindo a ração de cada um a porções liliputianas. Passemos a outro conceito: a solidariedade como instrumento social. Na verdade, os padres da libertação não percebem que o capitalismo acaba sendo o sistema mais solidário de todos, um mundo onde a caridade — entendida não como dádiva, mas sim como atitude, como mística das relações humanas — é infinitamente maior do que em qualquer outro sistema. Essa é, por exemplo, a tese do último livro de Francis Fukuyama, *Trust, the Social Virtues and the Creation of Prosperity* (uma pena que a frase "final da História" tenha condenado seu livro anterior — que apresentava argumentos muito sensatos sobre a superioridade da democracia liberal diante de sistemas alternativos — a tantas diatribes que se perdeu de vista a tese central). A idéia é perguntar sobre as chaves da prosperidade. É óbvio que a porcentagem majoritária desse segredo está no fato de tratar-se de um modelo a permitir a perseguição racional de interesses privados, a busca de objetivos particulares dentro da liberdade. Mas há também um componente fundamental que é a cultura, o conjunto de costumes e hábitos da sociedade. Dentro dessa cultura, o elemento chave é a confiança. Imaginam o que seria o mundo capitalista sem a confiança? Seria incalculável o dinheiro que custaria e o tempo que se perderia se as pessoas participantes de um mundo capitalista não tivessem confiança alguma. Não é necessário acompanhar Fukuyama em seu argumento de em sociedades como a norte-americana e a inglesa, onde a confiança é maior do que na francesa e na italiana, existir um capitalismo mais robusto e mais próspero, feito de grandes corporações impessoais ao invés de empresas familiares, e de Estados menos intervencionistas. Basta ver que o capitalismo é o único sistema que, para seu funcionamento, precisa que uns acreditem na palavra de outros e estejam dispostos a empreender atividades econômicas com a segurança de que encontrarão a concorrência de gente sem rosto e sem nome a fornecer desde os insumos necessários e os créditos adequados até a demanda indispensável para a sobrevivência da atividade. No capitalismo, todos colaboram com todos. O egoísmo capitalista acaba sendo, pois, tão solidário que parece o pregado pela Bíblia. Não solidário — uma maneira angelical de insultar o Senhor — é acreditar que o capitalismo encheu o mundo de Oliver Twists.

A caridade cristã da Teologia da Libertação não pode ser mais enternecedora: expropriar o rico, castigar o bem-sucedido, arruinar o rico para salvá-lo do egoísmo que poderia condená-lo às chamas eternas no juízo final... Ricos do mundo, dêem graças a Deus porque existem almas caridosas dispostas a se sacrificar embolsando suas contas bancárias e tirando-lhes suas propriedades com o objetivo nobre, irrepreensível, místico, de evitar que Jesus Cristo os agarre com as mãos na massa quando Lhe ocorra voltar a essas paragens. Graças aos decretos justiceiros dos padres revolucionários, os senhores estarão bem preparados — bem arruinados — quando chegar a hora de distribuir as passagens para o céu.

O direito e dever de denunciar como sinais do mal e do pecado as privações do pão de cada dia.

A Igreja "progressista" parece ter aprendido mais com George Soros, o arquimilionário cujo fundo de investimentos vale US$ 16 bilhões, ou com o franco-britânico Jimmy Goldsmith, tão abastado que financiou um partido político no Reino Unido, do que com o evangelho cristão. Ocorre que abominam a pobreza. Detestam a penúria, odeiam as privações materiais, têm nojo da indigência. Gostariam de beber a cornucópia até a última gota, inchar-se de abundância e prosperidade. Como? Não era a Igreja uma exaltação institucional da pobreza e não eram seus fundamentos éticos uma defesa da nudez material?

Não nos haviam ensinado que os pobres herdariam o Reino e não nos haviam falado, com metáforas espetaculares de ruminantes com corcova e varinhas de metal, da perspectiva quase impossível de os ricos meterem o pé no paraíso? Não nos haviam explicado que o bolso é o inimigo do espírito?

Não, os "progressistas" se cansaram de pregar a pobreza. Agora — e nisso aprendem com o melhor capitalismo — odeiam a pobreza a tal extremo que lhe atribuem um conteúdo diabólico, quer dizer, toda uma dimensão metafísica de horror e maldade a fazer as delícias do tio pão-duro e abastado do Pato Donald. A "Igreja popular" está cheia de dignificar a pobreza. Agora vê nela a mão dos inimigos de Deus. Essa leitura teológica das realidades provocadas pela incompetência política e pelas instituições sociais medíocres encerra um perigoso germe fundamentalista, não muito afastado dos muçulmanos a invocarem Deus cada vez que querem eliminar qualquer dissidência humana contra as normas estabelecidas pelos ulemás e a *Sharia*. Se abordamos a sociedade com os olhos do pecado e da salvação, acabamos transformados em Deus, atribuindo-nos a divina prerrogativa de ditar a sentença final. Portanto, exageram um pouco os padres da libertação quando vêem na justiça social um fator da luta teológica entre o bem e o mal, entre o pecado e a virtude cristã, entre os querubins de Deus e os cachos do Diabo. Mas algum progresso fizeram: estão de acordo em ser preciso eliminar a pobreza, que é absurdo estabelecer entre a miséria econômica e a salvação cristã uma relação de causa e efeito, uma equação de igualdade. Nem a economia é um fator teológico, nem a pobreza um passaporte para o céu. Nem a Suíça está condenada ao inferno de antemão, nem o Haiti tem a eternidade garantida.

Mas, se fôssemos estabelecer uma relação entre a salvação e as instituições políticas ou as políticas econômicas, os padres revolucionários que fazem bem em pregar a prosperidade, iriam direto para o hipogeu, pois suas propostas econômicas são velhas receitas de fracasso. Em toda a teoria econômica dos teólogos da libertação é perceptível a influência da "teoria da dependência", que dominou o panorama político latino-americano no final dos anos 60 e durante boa parte dos 70. Até a literatura do Concílio II, mãe involuntária dos padres liberacionistas, tem um certo vestígio da teoria da dependência com a idéia central de algumas nações pobres a distanciarem-se das nações ricas, não em razão das vantagens de que gozam (injustamente, entenda-se) os ricos. Por isso, pede que o esforço seja feito pelos ricos, não pelos pobres. Querendo romper, em matéria eonômica, com o passado imediato e seu símbolo latino-americano — o desenvolvimentismo — a Teologia da Libertação prolonga, na verdade, as falácias básicas que estão por trás do famoso "desenvolvimento para dentro" dos anos 50, tão querido da América Latina e de personagens como Perón. Os tiros destes teólogos não acertam o alvo: acreditam que o problema com a tese do desenvolvimento para dentro era seu economicismo excessivo, sua falta de perspectiva política, sua excessiva confiança na possibilidade de pular etapas e de se modernizar da noite para o dia, e o fato de se tratar de uma visão proveniente do Exterior, especialmente dos organismos internacionais dispostos a dar uma mão para desenvolver um pouco mais as economias da periferia. Nenhuma dessas objeções é oportuna vindo de onde vem: o excessivo economicismo da teoria do desenvolvimentismo está mais presente ainda na visão pessimista daqueles que acreditam o desenvolvimento não permitir que se pulem etapas, porque esquece com que velocidade a psicologia e a vontade se adaptam a um meio ambiente de liberdade e podem, portanto, impulsionar economias cujo crescimento não é milimetricamente previsível num prognóstico de economista. A crítica da falta de elementos políticos no desenvolvimento para dentro é hipócrita: a teoria da dependência leva ainda menos em conta a política, porque acredita que nenhum país pode tomar a decisão de progredir por estar sujeito à fatalidade imperialista; a idéia de que não é possível pular etapas, se do que se fala é a escada que leva a São Pedro, não é válida em política, porque se alguma coisa mostra a experiência contemporânea, por exemplo, na bacia do Pacífico, do Chile à Coréia, seria que pular etapas é uma característica do capitalismo; por fim, a preocupação com o caráter "importado" da teoria desenvolvimentista e sua vinculação com os organismos internacionais parece esquecer que a teoria da dependência, reiterada por Prebisch e Cardoso, desenvolveu-se em boa parte durante a idade de ouro da malfadada *Comisión Económica para América Latina* (CEPAL), organismo apêndice das Nações Unidas, do qual Prebisch foi secretário-executivo; esquece também que o nascimento da Associação Latino-americana para o Desenvolvimento Industrial (ALADI) em 1961, criatura das teses de Prebisch sobre a necessidade de integrar a América Latina para defendê-la do assédio imperialista, foi resultado da inspiração do Mercado Comum Europeu do pós-guerra mundial.

A teoria da dependência era, assim como a idéia desenvolvimentista que os teólogos da libertação quiseram superar, devedora da visão paternalista da relação entre o Estado e a sociedade, e punha na autoridade e no nacionalismo a chave do sucesso dos países latino-americanos. Exceto isso, com seu leve cheiro de luta de classes em escala internacional, também era filha da idéia marxista, e das teses de Hobson e Lenin sobre o imperialismo. Toda essa visão é hoje remela e ferrugem, quando se vê que o país latino-americano mais bem-sucedido — o Chile — é o que menos se "latino-americanizou" nas décadas recentes (até abandonou o Pacto Andino) e o que mais internacionalizou sua economia. Ao mesmo tempo, países, como o Peru, que tentaram cortar as amarras com o mundo — enquanto que reforçavam o papel preponderante do estado internamente — chafurdaram na miséria.

O objeto dos ódios liberacionistas — o capitalismo — é o único sistema (a palavra, com sua conotação de ordem deliberada, é pouco apropriada) que tem conseguido expandir a oportunidade e democratizar o benefício, curioso microcosmo telúrico da promessa celestial em tudo que há nele de mobilidade social e acesso ecumênico. Mas o capitalismo tampouco responde a virtudes teológicas: sua história, lenta e dolorosa, vai do final da Idade Média, com seus embates políticos entre comerciantes e senhores, e entre nobres e monarcas, até o espaço cibernético da Internet, passando pela Revolução Industrial e o mercado de serviços que é a marca característica da economia de nosso século. Ninguém inventou, desenhou ou decidiu esse processo. Foi o resultado do tempo e de um grande número de propósitos particulares convergindo e divergindo furiosamente nos limites, às vezes asfixiantes, às vezes permissivos, dos Estados com suas leis e relações mutáveis, cheias de amor e de ódio, com as sociedades. Portanto, pedir o céu para o capitalismo seria o mesmo que pedir, com alguns séculos de atraso, o Prêmio Nobel para o autor de *As mil e uma noites*: é impossível porque todos o escreveram. Curiosamente, o capitalismo, paraíso do individual, é a maior obra coletiva da humanidade.

São fascinantes os meandros teológicos pelos quais nos leva a "Igreja popular" para explicar seu adeus à exaltação evangélica da pobreza e seu grito em favor da prosperidade dos indigentes. A Teologia da Libertação quer ser coerente com a idéia de que os pobres herdarão o Reino de Deus, na medida em que a vinda de

Jesus Cristo já é o começo do ingresso no paraíso — como se vê, há mais ante-salas do que salas para entrar no gabinete de Luiz XIV. A Igreja, portanto, deve apressar-se para salvar os pobres e infligir nos ricos (inclusive na classe média) a penitência anterior à salvação. Na medida em que a "Igreja popular" traz a salvação para a terra, ela se parece com os emigrantes puritanos de Max Weber para os quais a salvação estava no fato de se tornar rico na terra. A pobreza que a "Igreja popular" quer é a espiritual, não a do pão. A salvação já está em marcha, feita realidade pelos decretos revolucionários. Diante do colapso do Muro de Berlim e de boa parte das forças revolucionárias latino-americanas, nós nos perguntamos: será que o Diabo está prestes a ganhar a partida de Deus e que o primeiro queimou o pão do outro na porta do forno?

A finalidade da Igreja não é salvar no sentido de assegurar o céu. A obra de salvação é uma realidade atuante na história.

Se o caminho do inferno está pavimentado de boas intenções, essa frase leva direto para as águas da Estígia. A Teologia da Libertação critica, com razão, o fato da Igreja ter concentrado tradicionalmente seus esforços para conseguir condições que lhe permitam desenvolver seu papel de instituição social oficial, papel de bastião do *establishment* político. Ao fazer isso, a família cristã dividiu suas funções entre aquelas clericais — a Igreja — e as políticas — os partidos confessionais. Essa situação afastou a Igreja do povo. O fenômeno se viu impulsionado em seu *momentum* pelo divórcio entre o Estado e a Igreja, que secularizou o exercício do poder político e dividiu ainda mais as funções entre o espiritual e o eclesiástico, por uma parte, e por outra o político, contribuindo, a partir do século XVIII e da Revolução Francesa,

213

para a Igreja se acomodar. Na América Latina, acreditam os teólogos da libertação, esse divórcio é bom e mau: mau porque, ao deixar a função política, a Igreja simplesmente flutua sobre uma ordem já determinada, de injustiça e exploração; bom porque a secularização permite ver que o mundo é dos humanos, do aqui e agora, base da qual partirá a Teologia da Libertação até chegar à conclusão de que, para a salvação, não é preciso esperar Godot, mas sim fazer a revolução de uma vez.

Como essa reflexão labiríntica comprova, a Teologia da Libertação tem uma saudade envergonhada embora não tão secreta dos tempos anteriores ao Estado secular. Ela quer um mundo em que a Igreja não tenha um papel essencialmente espiritual, mas sim político. Quer dizer: poder político. Acredita que a responsabilidade esmagadora de outorgar a salvação na terra sai da ponta da caneta com que os ministros e presidentes assinam seus decretos. A Teologia da Libertação é, portanto, nesses aspectos, um espelho cristão do fundamentalismo muçulmano, por mais que a metodologia possa diferir. A conseqüência lógica da tese seria, uma vez no poder, a teocracia, quer dizer, uma ditadura política edificada sobre a base da palavra divina interpretada exclusivamente por uma elite platônica de padres sabichões e eleitos. A idéia excelente de enfiar a Igreja no barro humano — devemos a essa idéia excelente a conduta heróica da Igreja em países como a Polônia durante os anos terríveis do comunismo — é distorcida para voltar a uma concepçao teocrática da função eclesiástica muitos séculos depois de se ter desmoronado, no Ocidente, o Estado-Igreja.

A idéia da salvação tornada história, do céu encarnado no comportamento dos homens, é atraente. Também justa: por que condenar os pobres à miséria com a promessa de redenção póstuma se é possível, hoje em dia, ascender à riqueza? O problema é a tentação fundamentalista. Os padres revolucionários rechaçam a existência de duas histórias, uma profana, a outra sagrada. Pensam que fatos históricos como o êxodo dos judeus do Egito expressam Deus, na medida em que constituem uma forma de justiça na Terra. É uma "libertação", feita por humanos, contra o pecado da exploração dos judeus pelos egípcios. O Êxodo da Bíblia seria, portanto, a antecipação da Teologia da Libertação, e os judeus de Israel, os antepassados teológicos de Ellacuría e companhia. A libertação e a salvação se misturam: Cristo vem à terra para nos salvar ao invés de nos salvar no outro mundo, cômodo e invulnerável. Cristo é também um mártir político (o Estado romano o condena como "rei dos judeus"), antepassado liberacionista, portanto, do guerrilheiro Manuel Pérez ou do encapuzado subcomandante Marcos. Como Cristo, os guerrilheiros com tonsura fazem a páscoa: quer dizer, arrancam vida da morte. Na medida em que tiram a vida dos exploradores e expropriam os ricos, libertam os maus de seu próprio pecado e lhes põem o tapete vermelho nas portas do céu.

Erguendo-se sobre uma base inobjetável — a mediocridade política da Igreja tradicional — a Teologia da Libertação conduz através de uma serpentina teológica interminável, à conclusão de ser o socialismo a salvação da humanidade e os revolucionários, enquanto agentes dessa salvação, serem a segunda vinda de Cristo. Livrai-nos, Senhor, de todo Cristo, amém!

Na América Latina, o mundo em que a comunidade cristã deve viver e celebrar sua esperança escatológica é a revolução social.

Esta frase seria impecável se a escatologia a que se referem os teólogos da libertação fosse fisiológica. Lamentavelmente, não o é, mas sim teológica. A América Latina e a revolução continuam atraindo-se como macho e fêmea. Desde a II Conferência Geral Episcopal Latino-americana de Medellín em 1968, na qual se usaram as conclusões do Concílio II para fazer uma interpretação revolucionária e latino-americanista do papel da Igreja, para os teólogos da libertação a América Latina é uma idéia terceiro-mundista. O conceito a dominar a visão latino-americana dos padres revolucionários é a da periferia que enfrenta o centro, eco estrondodo — outra vez — da teoria econômica da dependência. Querem criar uma Igreja do Terceiro Mundo, quer dizer, dos antiimperialistas. A mitologia terceiromundista veste-se aqui com as roupas teológicas para nos explicar que a Igreja tem uma missão salvadora na periferia do Ocidente. Nisso, a Teologia da Libertação, por mais latino-americanista que se proclame, é nacionalista: nacionalismo em escala continental. Toda a discussão de Medellín, pedra de toque da proposta revolucionária desde então até hoje entre os membros da "Igreja popular", é a reivindicação de uma nação — a dos pobres latino-americanos — na qual encarna a virtude contra um inimigo exterior — o país dos ricos em que encarna o mal.

O elemento acrescentado nessa reprodução das teses da dependência é, claro, a escatologia. Na libertação — na revolução — estaria a salvação. Os teólogos da libertação rechaçam como superado o que chamam de antigo conceito "quantitativo" da salvação, em que nos salvávamos quase todos aqueles que devíamos passar pela prova da vida para alcançar a glória ultramundana. Os revolucionários se irritam com essa coisa da salvação abstrata, situada no outro mundo. Querem chegar como Fittipaldi. Preferem a salvação "qualitativa": o que importa é a experiência humana ser o teatro onde se resolve isso da vida eterna. É a escatologia do aqui e agora, aberta a todos, inclusive se não são conscientes de Jesus. Por essa via cheia de curvas jesuíticas, chega-se à conclusão bem simples de que Deus está no exaltado de Chiapas ou no barbudo Abimael Guzmán.

O elemento aglutinante entre Deus e a Terra é, claro, o padre revolucionário, que abandonou a velha visão da Igreja como ponte com o Além para se transformar em ponte com o Lado de Cá. Para dar benção papal a tudo isso, volta ao Concílio e à sua definição da Igreja como "sacramento", o que interpreta, com um sentido extraordinariamnte elástico das coisas, como um grito de guerra. Ao chamar a Igreja de "sacramento", abandonou-se seu papel como fim em si mesmo, e transformou-a em "veículo", em "signo", quer dizer, em correia de transmissão das verdades revolucionárias das massas guerreiras e ululantes. O palavrório teológico aponta, de novo, para santificar a revolução. A Igreja como "sacramento" distribui hóstias vermelhas. A revolução é a nova epifania. Na ponta do fuzil revolucionário, no decreto expropriador e no estatismo nacionalista estaria a salvação eterna.

A "Igreja popular" tem os braços abertos. Quer meter os outros no saco, embora sejam de outras confissões. Seus chamados à liberdade religiosa, claro, não são como os dos primeiros cristãos, antes de o cristianismo se casar com o Estado no século IV, mas sim uma convocatória de "progressistas". O novo "ecumenismo" não é uma reconciliação entre as diferentes igrejas em enfrentamento desde a separação dos "orientais", mas sim um chamado à aliança revolucionária, sempre defrontada com o inimigo de classe. Ecumenismo sem burgueses.

Quando os pais da teoria da dependência abandonaram, há pouco, sua mentalidade insular (por exemplo, Cardoso, hoje é presidente do Brasil) e quando alguns pais da Teologia da Libertação repelem o marxismo como análise central da realidade latinoamericana (o próprio Gustavo Gutiérrez entre eles), os soldados de Deus continuam fazendo estragos nas almas da América Latina.

IX

"IANQUE, GO HOME"

Entre todas as manifestações exteriores do idiota latino-americano, provavelmente nenhuma seja tão definidora como a do antiianquismo. É difícil chegar a ser um idiota perfeito, redondo, sem fissuras, se na ideologia do sujeito em questão não existir um substantivo componente antinorte-americano. Inclusive, pode-se até formular uma regra de ouro no terreno da idiotologia política latino-americana que estabeleça o seguinte axioma: "Todo idiota latino-americano tem de ser antiianque ou — do contrário — será classificado como falso idiota ou um idiota imperfeito."

Mas o assunto não é tão simples. Tampouco basta ser antiianque para ser qualificado como um idiota latino-americano convencional. Odiar ou desprezar os Estados Unidos nem ao menos é um traço privativo dos cabeças-quentes latino-americanos. Certa direita, embora por outras razões, costuma compartilhar a linguagem antiianque da esquerda termocefálica. Como é possível essa confusão? Elementar. O antiianquismo latino-americano flui de quatro origens distintas: a cultural, ancorada na velha tradição hispano-católica; a econômica, conseqüência de uma visão nacionalista ou marxista das relações comerciais e financeiras entre o império e as colônias; a histórica, derivada dos conflitos armados entre Washington e seus vizinhos do sul; e a psicológica, produto de uma mistura doentia de admiração e rancor a fincar suas raízes num dos piores componentes da natureza humana: a inveja.

A esse tipo de idiota latino-americano — o mais atrasado na escala zoológica da espécie — incomodam as cidades limpas e bem cuidadas dos Estados Unidos, seu nível de vida formidável, seus triunfos tecnológicos, e para tudo isso ele tem sempre uma explicação quase sempre terminante e absurda: não é uma sociedade ordenada, mas "neurótica", não são prósperos, mas sim *exploradores*, não são criativos, e sim "ladrões de cérebros" alheios. Na imprensa panamenha, por exemplo, chegou-se a publicar que os jardins bem cuidados da zona do Canal e as casas pintadas — depois entregues aos panamenhos — não faziam parte de uma cultura nacional, o que justificava sua transformação em outro modo de vida gloriosamente emporcalhado e caótico, porém "nosso".

Para o idiota latino-americano, os ianques desempenham além disso um papel cerimonial tirado de um *script* nitidamente freudiano: são o pai que se tem de matar para conseguir a felicidade. São o bode-expiatório ao qual se transferem todas as culpas: por causa deles não somos ricos, sábios e prósperos. Por causa deles não conseguimos o maravilhoso lugar que merecemos no concerto das nações. Por causa deles não conseguimos tornar-nos uma potência definitiva.

Como não odiar a quem tanto dano nos causa? "Não odiamos o povo gringo", dizem os idiotas, "mas sim o governo". Falso: os governos mudam e o ódio permanece. Odiavam os gringos na época de Roosevelt, de Truman, de Eisenhower, de Kennedy, de Johnson, de Nixon, de Carter, de Clinton, de todos. Trata-se de um ódio que não cede nem se transforma quando mudam os governos.

Por acaso trata-se de um ódio contra o sistema? Falso também. Se o idiota latino-americano odiasse o sistema, também seria anticanadense, anti-suíço ou antijaponês, coerência ausente por completo de seu repertório de fobias. Mais ainda: é possível encontrar antiianques que são germanófilos ou britanófilos, com o que se desmente o mito da aversão ao sistema. O que eles odeiam é o "gringo", como os nazistas odiavam os judeus ou os franceses de Le Pen detestam os argelinos. É puro racismo, mas com uma singularidade que os distingue: esse ódio não surge do desprezo ao ser que equivocadamente julgam inferior, mas ao ser que — também de maneira equivocada — julgam superior. Não se trata, portanto, de um drama ideológico, e sim de uma patologia significativa: uma enfermidade de diagnóstico reservado e cura difícil.

Em todo caso, ao longo deste livro há diversas análises e inúmeras referências ao antiianquismo originado de interpretações destorcidas das questões econômicas e culturais — veja-se, por exemplo, o capítulo dedicado à "árvore genealógica" do idiota ou as constantes advertências sobre o verdadeiro papel das transnacionais — de modo que centraremos as reflexões a seguir nos conflitos "imperiais" entre os Estados Unidos e seus vizinhos do sul. Para isso, talvez seja apropriado começar com a amarga frase latino-americana tantas vezes ouvida:

Os Estados Unidos, mais do que um país, são um câncer que fez metástase.

Qualquer pessoa que se debruce sobre um mapa dos Estados Unidos do verão de 1776 — depois da proclamação da independência — e o compare com outro traçado no inverno de 1898 — depois de terminada a guerra hispano-norte-americana — pode muito bem chegar à conclusão de ser Washington a capital de um dos impérios mais vorazes do mundo contemporâneo. Ao longo desse século, os Estados Unidos deixaram de ser um país relativamente pequeno — um pouco mais que a metade do que hoje é a Argentina — formado por 13 colônias vizinhas na franja costeira média do Atlântico americano, e transformou-se num colosso planetário de "costa a costa", com territórios no Pacífico, no Caribe e na proximidade do Pólo Norte.

De acordo com a leitura "progressista" dos fatos que explicam tal "crescimento", à qual é tão dedicado nosso afetuoso idiota latino-americano — leitura baseada numa interpretação ideológica totalmente descontextualizada — os Estados Unidos, por meio da força ou da intimidação, despojaram a França da imensa Louisiana, decretaram a Doutrina Monroe para assenhorar-se no Novo Mundo, arrancaram a metade do território do México, obrigaram o czar russo a vender-lhes o Alasca, e atacaram a Espanha em Cuba, Porto Rico e nas Filipinas, sem nenhum outro propósito a não ser anexar os restos de um decadente império espanhol totalmente incapaz de se defender. Uma vez cometidas essas más ações, à ponta de pistola, ou na base de intervenções ou conspirações encaminhadas para defender seus interesses econômicos, os Estados Unidos fizeram e desfizeram a seu belprazer no Terceiro Mundo e sobretudo na América Latina. A partir dessa perspectiva, George Washington, Jefferson, Madison, Adams e o restante dos pais da pátria abrigavam desígnios imperialistas desde o momento mesmo em que se fundou a república.

Quanto de ficção e quanto de verdade há nessa muito difundida percepção dos Estados Unidos? Claro que os autores deste livro não estão interessados em desculpar os Estados Unidos pelos erros que podem ter cometido — e alguns, com certeza, cometeram, como se verá — mas estão convencidos de que uma interpretação vitimista da História — na qual nós somos as vítimas e os norte-americanos os verdugos — não contribui para corrigir a profunda causa dos males a afligir nossas sociedades. Pelo contrário, contribui para perpetuá-la. Aproximemo-nos, portanto, dos marcos fundamentais do "imperialismo americano", não com o olhar extemporâneo de hoje, mas sim com a visão então prevalecente e na qual se basearam os fatos que estremecem a consciência moral de nossos iracundos idiotas contemporâneos.

Os imperialistas norte-americanos começaram seu despojo do Terceiro Mundo com o extermínio, a pilhagem e exploração dos aborígines.

É certo — quem pode duvidar? — que os índios do que hoje chamamos de Estados Unidos foram aniquilados ou deslocados pelos europeus, mas há matizes dentro dessa imensa tragédia (ainda inconclusa tanto ao sul como ao norte do Rio Grande) que vale a pena examinar. O primeiro é a fundamentação da suposta legitimidade européia para se apoderar do continente descoberto por Cristóvão Colombo.

Espanha e Portugal, por exemplo, basearam a legitimidade de sua soberania americana nas concessões adjudicadas pela autoridade papal a nações católicas comprometidas com o trabalho de evangelização. A Inglaterra — cuja monarquia se livrou de Roma no século XVI — e a França, em contrapartida, procuraram essa legitimidade nos direitos derivados de "descobrimentos" de aventureiros e comerciantes colocados sob suas bandeiras. A Holanda, sempre tão capitalista, deduziu-a da compra metódica de território dos índios, como nos lembra a transação que pôs a ilha de Manhattan sob a soberania holandesa pelo equivalente a alguns poucos milhares de dólares. A Rússia, autodesignada herdeira de Bizâncio, que não confiava em nada e em ninguém, obteve-a de sua condição de império incessante e inclemente que em apenas 200 anos, por meio do simples expediente de enviar expedições militares/comerciais às fronteiras limítrofes sem pressa nem trégua, foi transformando o originalmente diminuto principado de Moscóvia no maior Estado do Planeta, fenômeno que persiste até nossos dias, apesar da poda realizada no pós-comunismo.

Esse dado — a legitimidade — é importante para entender os conflitos com o México na primeira metade do século XIX, mas adiantemos a mais óbvia das conclusões: os norte-americanos tinham tanto ou tão pouco direito de instalar uma república na América do Norte como os descendentes dos espanhóis de fazer o mesmo no sul. E se houve (e há) alguma diferença no tratamento dado aos índios, é provável que os "anglos" que não os escravizaram, nem os transformaram em mão-de-obra forçada, nem tentaram catequizá-los por meio da violência ou da intimidação — embora não tenham hesitado, às vezes, em massacrá-los ou confiná-los em "reservas" — tenham sido um pouco menos cruéis do que os espanhóis ou do que nós, seus descendentes crioulos.

As coroas inglesa e francesa, primeiro, e depois os norte-americanos, varreram as "nações" índias? Sem dúvida, mas não parece que os maias, os incas, os mapuches, os patagônios, os guarani ou os siboneis tiveram melhor destino sob a Espanha ou sob as repúblicas hispano-americanas. No final das contas, para cada *frontier man* a perseguir e deslocar os índios no norte, no sul existia um equivalente fazendo mais ou menos as mesmas coisas e na mesma época, embora nenhum presidente norte-americano tenha chegado a vender seus próprios índios como escravos, vileza que o general Santa Anna cometeu com vários milhares de maias iucateques que acabaram suas vidas nos canaviais cubanos — Cuba era então uma colônia da Espanha na qual continuava a existir a escravidão — como castigo pelo caráter rebelde de sua etnia.

O primeiro golpe de presas imperial contra o Terceiro Mundo foi dado por Jefferson.

Embora George Washington tenha se despedido de seu segundo mandato presidencial com um discurso no qual proclamava a vontade norte-americana de não participar das habituais carnificinas européias, dando mostras de uma tendência isolacionista que continua, de maneira intermitente, até hoje em dia na política norte-americana, já em 1804 e 1805 produziu-se aquilo que um notável idiota latino-americano chamou de "o primeiro golpe de presas imperial da águia americana no Terceiro Mundo". Exceto o fato de as águias não costumarem ter presas, mas sim garras, é útil lembrar como e por que um presidente tão pacífico e pacifista como Jefferson, detalhe em que acreditam triunfalmente os hinos patrióticos norte-americanos, mandou sua incipiente Marinha bombardear Trípoli, quase 200 anos antes de Reagan fazer o mesmo contra Kadaffi, e praticamente pelas mesmas razões.

Desde o século XVI e até meados do XIX, a costa norte da África, no que hoje se chama de Magreb — Marrocos, Argélia, Tunísia — foi um ninho de piratas alimentado pelos sátrapas locais. Esses piratas obtinham boa parte de suas receitas através da extorsão dos navegantes que se aventuravam a passar pelo Mediterrâneo ocidental e, é claro, dividiam seus ganhos com as respectivas autoridades. Os norte-americanos, submetidos a essa chantagem, pagavam religiosamente, desde 1796, seu tributo para evitar a abordagem e o saque de suas naus, mas o Paxá de Trípoli, Yusuf Karamanli, decidiu aumentá-lo, ao que o governo norte-americano respondeu com uma total negativa. Pouco tempo depois, em outubro de 1803, a fragata *Philadelphia* foi abordada pelos piratas e, após rebocá-la em triunfo até a baía de Trípoli, exigiram um avultado resgate.

Ao invés de pagar, o governo norte-americano enviou uma expedição-comando para resgatar o barco, capitaneada pelo tenente Stephen Decatur — um *Rambo* da época a quem se atribui a frase "minha pátria com razão ou sem ela" — que, junto com 83 voluntários, embarcou no veleiro *Intrepid* (como Deus manda), entrou de noite na baía de Trípoli, resgatou seus companheiros e, pelo fato de a fragata *Philadelphia* não poder navegar, incendiou-a para seus inimigos não poderem utilizá-la. Decatur não perdeu um único homem na aventura e viveu uma longa vida de façanhas militares espetaculares.

O segundo episódio dessa "saga" teve lugar um ano depois, no que sem dúvida foi a primeira intervenção norte-americana destinada a desalojar um governo — o de Yusuf — que, de maneira deliberada, prejudicava os interesses nacionais dos Estados Unidos. De fato, a diplomacia americana conseguiu convencer o irmão mais velho de Yusuf — à época exilado no Egito — a encabeçar uma força militar recrutada pelos Estados Unidos para tirar Yusuf do poder.

E assim foi: 400 homens — uma mistura de mercenários árabes e os primeiros *marines* da História — partindo de Alexandria, no Egito, atravessaram em segredo o deserto numa marcha de quase dois meses, até chegar à fortaleza de Derma, instalação militar situada no deserto líbio, tomada em apenas 24 horas e na qual resistiram a constantes ataques durante 45 dias. Enquanto isso, várias fragatas norte-americanas bombardearam Trípoli até obrigar o Paxá Yusuf a assinar um tratado de paz.

Os Estados Unidos são o maior saqueador do mundo.

A frase, categórica e definitiva, é atribuída ao argentino Manuel Ugarte. Que há de certo nela? A primeira "metástase" dos Estados Unidos — a aquisição da Louisiana em 1803 — foi um ato que quase tomou de surpresa o próprio governo norte-americano e esteve prestes a destruir a delicada aliança entre os 13 estados que originalmente formavam a "União". As tensões produzidas por essa súbita expansão da nação — os Estados Unidos duplicaram sua superfície depois da assinatura do tratado com a França — tinham uma origem dupla. Por um lado, não existia na Constituição americana a menor previsão imperial. O texto fora redigido sob o critério de as 13 colônias originais formarem para sempre o solo da república; e, por outro lado, esse enorme território incorporado à jovem nação podia romper o equilíbrio de forças entre os estados, então e até a Guerra Civil (1861-1865) muito zelosos de seu poder regional.

O motivo pelo qual a França cedeu em troca de alguns dólares aos Estados Unidos a soberania da Louisiana — um território gigantesco de limites imprecisos, dado posteriormente muito importante — diz muito sobre o critério então imperante no mundo sobre as terras coloniais e, em especial, sobre o caráter de "presa de guerra" ou "propriedade do soberano" que caracterizava as zonas conquistadas pelas armas ou pelas alianças políticas. Napoleão, que em 1800 havia retirado dos espanhóis o controle da Louisiana, apenas três anos depois "repassava" esse território (seis vezes maior do que a própria França) aos Estados Unidos com o objetivo fundamental de fortalecer um adversário da Inglaterra, sua grande inimiga.

Naquela época, a Flórida, Cuba, Louisiana ou qualquer colônia podiam passar, da noite para o dia, das mãos de uma metrópole para as de outra sem que ninguém se escandalizasse, simplesmente porque ainda não se sedimentara de todo no mundo ocidental a idéia de Estado-nação que se firmaria na segunda metade do século, e muito menos tratando-se das colônias americanas, territórios considerados apêndices prescindíveis das nações européias. Daí Jefferson — mais interessado em Cuba do que na Louisiana — tentar, sem êxito, comprar a ilha dos espanhóis, mais ou menos da maneira como alguns anos mais tarde, em 1819, depois das guerras de "perseguição" empreendidas por Jackson contra os semínolas, Madri, sem entusiasmo excessivo e depois de várias escaramuças militares, decidiu "vender" aos Estados Unidos por US$ 5 milhões toda a Flórida, visto existirem para isso as colônias: serem exploradas enquanto possível, ou para trocá-las como fichas no tabuleiro internacional das lutas geopolíticas quando não se encontrasse um destino melhor para elas.

Em 1803, ninguém sabia com exatidão os limites da Louisiana porque esse território, ao sul dos Estados Unidos — como ocorria no noroeste em relação a Inglaterra, na fronteira com o Canadá, vagamente denominada de Oregon — era o confim mais remoto do império espanhol na América, e os mapas erravam em milhares de quilômetros, coisa que explica o fato de muitos norte-americanos, Jefferson entre eles, acreditarem que o quase despovoado Texas fizesse parte da terra comprada aos franceses, supostamente um semideserto a se estender até o Pacífico — confusão só elucidada em 1819, quer dizer, exatamente na véspera da Espanha perder a soberania sobre esse território quase desabitado e delimitado de maneira vaga, quando o México proclamou a independência em 1821.

Por que Jefferson "forçou" os limites da Constituição e adquiriu a Louisiana? Em essência, por razões de estratégia militar e não por nada que se parecesse com a cobiça econômica imperial, como imaginam nossos desinformados idiotas. Ao contrário: como costuma acontecer, a aquisição da Louisiana provocou uma queda substancial dos preços da propriedade rural (à época, quase tudo era rural) e a renda per capita norte-americana diminuiu em 20%. As motivações eram de outra índole: enquanto Napoleão queria os Estados Unidos fortes, capazes de fazer frente à Inglaterra, os norte-americanos da época temiam os franceses e os índios, porque estes haviam abandonado os arcos e flechas muitas décadas atrás, venciam os enfrentamentos com pólvora e balas e, embora carecessem de estruturas sociais e políticas complexas, eram capazes de estabelecer pactos militares com as potências européias, como se viu na própria guerra de independência dos Estados Unidos, quando os franceses conseguiram recrutá-los em seu bando para enfrentar os britânicos.

A Doutrina Monroe é a ata oficial de nascimento do imperialismo americano.

Em 1823, o presidente James Monroe, então no final de seu segundo mandato, coloca a pedra fundamental daquilo que algum célebre idiota latino-americano chamou de "a ata oficial de nascimento do imperialismo americano". Erro crasso de análise. Um exame mais sério dessa "doutrina" e das causas que sugeriram sua proclamação apontaria, isso sim, na direção contrária: é a doutrina do antiimperialismo.

Nesse dezembro frio em que Monroe declarava oficialmente não serem os europeus bem-vindos em terras americanas — nas do sul e nas do norte — a França, o Império austro-húngaro e — sobretudo — a Rússia haviam constituído uma Santa Aliança para fortalecer as monarquias absolutistas acossadas na Europa pelas idéias liberais e na América pelo estabelecimento de repúblicas independentes. Essa Santa Aliança, encabeçada pelos "Cem mil filhos de São Luís" fornecidos pelos franceses, entrara a sangue e fogo na Espanha para restaurar os poderes ditatoriais de Fernando VII e eliminar do governo os liberais que, três anos antes, obrigaram o monarca a aceitar uma Constituição que rebaixava notavelmente sua autoridade.

Monroe e seu gabinete, portanto, tinham muito boas razões para afastar os europeus do continente. Uma década antes, durante a perigosíssima guerra de 1812, os ingleses haviam retornado a Washington, já capital dos Estados Unidos, para incendiá-la, e não era tão despropositado supor que as potências reacionárias tentariam destruir o foco republicano inspirador da maior parte das revoltas no Novo Mundo. Afinal de contas, os russos, aproveitando as confusas fronteiras da zona norte da América, haviam descido pela costa do Pacífico até o que é hoje San Francisco, enquanto os exércitos espanhóis derrotados no continente se reagrupavam em Cuba, colônia ibérica regida sob estatutos de praça militar em estado de sítio. De modo ser muito mais do que uma quimera a constituição de um grande exército formado pelo bloco das monarquias absolutistas que tentara reconstruir o império espanhol na América: tratava-se de um perigo real para os Estados Unidos. Como é óbvio, essa Doutrina Monroe — *A América para os americanos* — que tanto irrita os idiotas latino-americanos contemporâneos, não foi percebida do mesmo modo pelos libertadores de nossas repúblicas. Pelo contrário, foi saudada com júbilo por aqueles que encontravam em Washington uma clara coincidência de interesses e ideais. E um aliado natural para defendê-los.

Com o decorrer do tempo, essa "doutrina", como veremos, foi utilizada em sentido parcialmente diferente de sua formulação original; mas na maior parte dos casos é provável o resultado final ter sido conveniente para a América hispânica, diga o que disser o inefável idiota para quem este livro é dedicado com toda a devoção.

Pobre México, tão longe de Deus e tão próximo dos Estados Unidos.

A melancólica frase, adjudicada a Porfírio Díaz (entre outros), reflete a atitude compreensível dos mexicanos. É natural que assim seja: entre 1835 e 1848, a metade norte do território mexicano passou a fazer parte dos Estados Unidos. Não obstante, tudo que ali aconteceu tem uma explicação muito mais complexa do que o conhecido espasmo imperial ao qual se atribui o transpor de território.

Para começar, as fronteiras dos países latino-americanos surgidos no primeiro quarto do século XIX só foram delimitadas muito tempo depois de a Espanha ter sido expulsa do continente sul-americano. O perímetro do que hoje conhecemos como Argentina, Peru, Equador, Colômbia, Venezuela ou Brasil é bem diferente do que esses países tinham ao obter a independência. A América Central, hoje formada por cinco repúblicas independentes, estava à época integrada politicamente à Capitania Geral da Guatemala, entidade que, por sua vez, se subordinava à autoridade do vice-reino do México, o que não impediu, pouco depois de ter-se constituído o novo Estado mexicano, em 1821, de declarar-se independente.

Mas, se isso acontecia ao sul do México — povoado e evangelizado desde o século XVI — no norte o quadro era de um descontrole absoluto, acelerado pelo caos e pelas enormes perdas provocadas pela guerra de Independência entre 1810 e 1816, período em que meio milhão de mexicanos — numa população que mal alcançava quatro milhões de pessoas — morreram de forma violenta.

Em 1819, depois da "compra" da Flórida — mais para acabar de fechar o trato com a Espanha do que por verdadeira convicção — os Estados Unidos haviam aceitado a soberania de Madri sobre o território quase vazio do Texas, como fronteira oeste da Louisiana; porém, começou (melhor dizendo, continuou) de imediato a invasão de imigrantes norte-americanos na região, fenômeno que, longe de se deter, acelerou-se com o estabelecimento da convulsionada república mexicana dois anos mais tarde. Em 1836, quando é, depois de uma breve guerra, declarada a República do Texas, dos 35 mil habitantes da enorme região, 30 mil são norte-americanos, e dos cinco mil mexicanos restantes, uma boa parte preferiria viver sob a bandeira da União do que sob a desordem permanente, as rebeliões e os atropelos do general Santa Anna, empenhado em centralizar na distante capital os assuntos daquela região remota e abandonada.

Apenas 10 anos depois repete-se o fenômeno, embora nessa oportunidade seja mais evidente o aparecimento de um sentimento supersticioso de superioridade racial e cultural nos Estados Unidos, que logo receberia o nome de "Destino Manifesto" — ser os donos e senhores de todo o continente, do Alasca à Patagônia, em virtude de um confuso desígnio divino — alimentado justamente, entre outras razões, pela facilidade com que o México foi derrotado pelos texanos, apesar de ter mais ou menos as mesmas dimensões dos Estados Unidos, aproximadamente a mesma população e um exército seis vezes maior. Nesse mesmo ano, 1846, a Grã-Bretanha se vê obrigada a assinar o Pacto de Oregon e a

"IANQUE, GO HOME"

delimitar a fronteira noroeste dos Estados Unidos em sua posição atual, o que confina a Rússia num canto ao norte do Alasca, naquele tempo pouco mais do que um couto semigelado de caça e pesca — dado que esclarece por que duas décadas mais tarde (1867) o czar decide vender esse território para os Estados Unidos por um preço módico, operação que não obstante pareceu onerosa a norte-americanos recém-saídos de uma espantosa guerra civil. Denominaram, para zombar, de "a compra do gelo".

Só faltava, portanto, delimitar o sudoeste. No momento em que o presidente Polk — o único governante americano realmente imbuído de uma percepção imperial da política exterior — admitiu o Texas dentro da União (1846), o general Santa Anna declarou guerra aos Estados Unidos, oportunidade de que se aproveitaram os norte-americanos (é provável que a esperassem com ansiedade) para infligir ao México outra severa derrota e impor, no tratado de paz, a perda do Novo México e da Califórnia — esta, uma zona do país em que a mínima vigência mexicana se limitava à presença de algumas vanguardinhas culturais de caráter religioso, heróicas e solitárias, conhecidas como "missões". O México, de fato, depois de perder ao sul a vital região centro-americana, havia perdido ao norte a metade de seu território; mas era a metade que a Espanha jamais possuiu de todo, porque não teve forças ou tempo para uma verdadeira colonização.

A guerra entre a Espanha e os Estados Unidos foi o enfrentamento entre a espiritualidade de Ariel e o materialismo de Calibã.

Depois da Guerra do México (1846-1848) — a primeira vez que os Estados Unidos saíam para brigar a sério fora de suas fronteiras — e durante meio século, o "intervencionismo" norte-americano cessou quase por completo, mas em meados de 1898 essa situação mudou de maneira radical. Nesse tempo, a Marinha dos Estados Unidos destruiu as frotas espanholas atracadas em Manilha — Filipinas — e em Santiago de Cuba, pondo fim a 400 anos de domínio europeu sobre Cuba, Porto Rico e vários milhares de ilhas, ilhotas e escolhos espalhados pelo Pacífico.

Para entender as razões a explicarem esses feitos — em geral ignoradas ou tergiversadas por nossos idiotas de sempre — é preciso ter-se em conta, em primeiro lugar, a atmosfera internacional em que se registraram e, em segundo lugar, certas evoluções de natureza tecnológica que geraram um modo distinto de compreender o "equilíbrio de poderes", norte de todas as estratégias geopolíticas desde o século XVIII.

Os anos de 1885 e 1886 marcam o momento culminante do imperialismo europeu no Planeta. A Inglaterra, a França e a Alemanha dividem entre si aquilo que hoje chamaríamos de Terceiro Mundo. Em Berlim, as potências reúnem-se oficialmente para determinar as "zonas de influência" nas quais a África ficará dividida. A Inglaterra vive a glória de seu período vitoriano, e o escritor Rudyard Kipling proclama "a responsabilidade do homem branco", isto é, levar aos povos escuros e atrasados o fulgor da civilização e as vantagens do desenvolvimento. Na prática, ninguém, à direita ou à esquerda, questiona essa visão racista dos impérios. Marx, por exemplo, a apoiava: como acreditar na vitória final do proletariado ali onde nem ao menos ele existia? Primeiro era necessário criá-lo, e isso só era possível através do trabalho enérgico das metrópoles brancas, em especial as de origem anglo-germânica.

Os Estados Unidos, que sempre se autocompreenderam como uma prolongação melhorada da Europa, e não como algo diferente (fenômeno esse que acontecia com os hispano-americanos), por um lado participavam dessa atmosfera, mas por outro temiam a transbordação imperial das potências européias sobre a América Latina, perigo que podia materializar-se através do simples expediente de ocupar os países inadimplentes para cobrar contas pendentes.

Também naqueles anos foi publicado um livro de estratégia militar lido por todos os políticos da época, escrito pelo oficial norte-americano Alfred Thayer Mahan, no qual se defendia a necessidade de contar com uma grande Marinha — como a Inglaterra — para poder defender as rotas comerciais e "projetar" o poder militar a todos os cantos do Globo. Mas como a navegação à vela começava a ser coisa do passado e os grandes encouraçados de ferro precisavam de enormes quantidades de carvão para navegar, era indispensável contar com um rosário de bases de abastecimento — as "carvoeiras" — capazes de fornecer o combustível.

Grosso modo, são esses os fatores de fundo, unidos à impopularidade que a Espanha despertava nos Estados Unidos em conseqüência dos horrores cometidos na guerra sustentada por suas tropas contra os insurretos cubanos (1895-1898), ao que se agrega a explosão do encouraçado norte-americano *Maine* na baía de Havana — acontecimento de origem desconhecida, mas atribuído aos espanhóis — o que precipita a confrontação entre Washington e Madri. Tudo se encaixava: a causa — expulsar a Espanha de Cuba e parar a matança — era extremamente popular; os nacionalistas/imperialistas, com Teddy Roosevelt à frente, viam uma oportunidade única de herdar um império planetário por um custo baixíssimo e — de passagem — levar o progresso, a democracia e a justiça aos povos infelizmente subjugados pelo decadente império hispano-católico. Por fim, esse gesto transformava os Estados Unidos na potência indiscutível do Novo Mundo... mas colocava em Washington a responsabilidade de manter a lei e a ordem em seu "quintal", tarefa ingrata, provavelmente impossível de ser levada a cabo, mas bastante sedutora para uma potência jovem e otimista que se julgava capaz de qualquer façanha depois de uma história na qual não havia conhecido as derrotas.

Os Estados Unidos apoiaram todas as tiranias latino-americanas.

A ilusão não durou muito tempo. De fato, após a Guerra Hispano-Americana, os Estados Unidos conheceram a sangrenta revolta nas Filipinas — que lhe custará seis mil baixas — arquipélago ao qual concedeu a independência em 1946, e durante o primeiro terço do século, para sermos exatos até a presidência de Franklin D. Roosevelt, fez várias intervenções militares em Cuba, República Dominicana, Haiti ou Nicarágua, em geral pela mesma razão: "convidado" por uma das facções — ou pelas duas, como ocorreu em Cuba em 1906 — para pôr ordem em meio a um tumulto local originado por uma fraude eleitoral, ou para evitar que uma potência estrangeira cobrasse uma dívida pendente a canhonaços, situação que no final do século XIX esteve prestes a provocar uma guerra entre Washington e Londres, por "culpa" de uma Caracas inadimplente.

Como é natural, nem todas as intervenções tinham a mesma origem: a do Panamá, em 1903, foi sem dúvida um ato imperial motivado pela necessidade que os Estados Unidos tinham de comunicar por mar as duas costas americanas — projeto mais fácil de ser realizado com uma república débil, controlada desde seu início, do que através de uma negociação trabalhosa com a Colômbia, país do qual foi separado o território do Istmo valendo-se de um velho sentimento independentista local — ao passo que a do México (1916) foi uma mera (e inútil) operação de castigo contra Pancho Villa, baseada no "direito de perseguição". Mas o espírito geral que animava os governos norte-americanos daqueles anos, de MacKinley a F. D. Roosevelt, sempre foi o mesmo: disciplinar aqueles povos desordeiros e escuros do sul, aparentemente incapazes de se autogovernar com eficiência. Kipling também mandava no *State Department*.

O padrão intervencionista era sempre o mesmo, e partia do critério simplista de o problema consistir na ausência de uma legislação adequada que desse origem a instituições sólidas. De acordo com esse diagnóstico — baseado na experiência americana — os interventores lançavam as bases de um sistema sanitário moderno, criavam mecanismos rudimentares de arrecadação fiscal, reorganizavam o poder judiciário, treinavam um corpo de polícia militar e organizavam eleições precárias. Foi justamente nesses corpos de polícia militar que surgiram jovens oficiais espertos como Anastasio Somoza e Rafael L. Trujillo, depois transformados nos ditadores sanguinários de triste memória.

Após o *crash* dos Estados Unidos em 1929, mas sobretudo depois da eleição do segundo governo Roosevelt, tudo isso mudou. A "política de boa vizinhança", inaugurada pelo popular presidente democrata, era uma sincera retratação pelo que haviam feito durante mais de 30 anos, não por causa de um exercício de reflexão moral, e sim por cansaço e frustração. Eles haviam comprovado que a ordem, o respeito à lei e a eficiência não podiam ser impostos pelos *marines*. Pelo contrário, o que se conseguia com frequência era beneficiar a políticos inescrupulosos às custas de outros mais ou menos parecidos. Daí o corolário da doutrina diplomática de Roosevelt ser a frase cínica sobre Somoza, atribuída a seu chanceler: "Sim, um filho da puta, mas é *nosso* filho da puta". Essa indiferença complacente foi o que prevaleceu em Washington até a Guerra Fria voltar a provocar outra onda intervencionista.

O imperialismo intervinha na América Central em defesa da United Fruit.

De fato, é provável que a "política de boa vizinhança" (uma espécie de "negligência benevolente", como foi interpretada) houvesse se transformado na norma diplomática dos Estados Unidos com relação à América Latina, caso não começasse a Guerra Fria depois da derrota do eixo nazi-fascista em 1945. Até essa data, os comunistas da América, que haviam se transformado em "pró-norte-americanos" quando Stalin lhes deu a ordem em 1941, voltaram à tradição antiianque de sempre; nesse contexto, feito de suspicácias, paranóias e — também devemos admitir — de instinto de conservação, enraíza-se o intervencionismo norte-americano no período que vai da derrubada do guatemalteco Jacobo Arbenz em 1954, até (em certa medida) a invasão do Panamá em 1989, passando pela Baía dos Porcos em 1961, o financiamento da oposição armada nicaragüense (1982-1990) e a invasão de Granada (1983). O caso do Haiti, como se verá no fim, faz parte de outra etapa diferente: a atual.

A interpretação mais difundida do golpe militar urdido contra o coronel Jacobo Arbenz — à qual o idiota latino-americano gosta de se filiar com entusiasmo — diz-nos que a conspiração que o derrubou se deveu às reformas econômicas radicais introduzidas por Arbenz, mas a verdade histórica é outra: exceto o fato de a United Fruit — *mamita Yunai* — poder sentir-se prejudicada pela reforma agrária, o que moveu a CIA a montar uma expedição militar contra aquele governo legitimamente eleito, foi a compra de armamento tcheco e os fortes vínculos de

Arbenz com o comunismo, dado — com certeza — naquela época denunciado com toda a a energia pela "esquerda democrática" latino-americana — Rómulo Betancourt, Pepe Figueres, Raúl Roa, mais tarde chanceler do castrismo por mais de uma década — então embarcada na cruzada anticomunista.

O curioso é que o "êxito" da CIA na Guatemala e a incapacidade desse organismo para distinguir nuances — tudo era vermelho e tudo era igual — foi que precipitou o fracasso, sete anos mais tarde, dos planos anticastristas forjados durante a administração de Eisenhower, quando os mesmos funcionários que haviam planejado a campanha contra Arbenz passaram o espanador de pó no mesmo modo de atuação contra um governo e um líder totalmente diferentes, levando o presidente Kennedy a seu primeiro grande fiasco na — desde então — famosa Baía dos Porcos ou Praia Girón.

Que não houvesse "outra Cuba" — episódio da Guerra Fria que incluía bases de submarinos soviéticos em Cienfuegos, no sul da Ilha, e até uma estação de espionagem próxima a Havana que ainda se mantém — foi em seguida o *leitmotiv* da política intervencionista de todas as administrações norte-americanas na zona. Política que não se baseava em juízos ideológicos, como prova o caso da Guiana, país a viver sem sobressaltos um longo período de radicalismo econômico que não lhe impediu de ter relações normais com os Estados Unidos.

Não obstante, é conveniente levar em conta que desde o desaparecimento da URSS o intervencionismo político dos Estados Unidos diminuiu a tal extremo que foi tornada pública uma "ordem executiva" não tão secreta do presidente Clinton, proibindo as ações encobertas da CIA na América Latina desde o começo de 1995. O que não supõe os Estados Unidos cruzarem os braços quando acreditar que a "segurança nacional" corre perigo, motivo a explicar intervenção no Haiti em 1994. Talvez porque a ditadura haitiana pudesse ser um "perigo" para os poderosos Estados Unidos? É claro que não. A intervenção produziu-se por duas razões: para impedir o êxodo selvagem de *boat people* rumo às costas da Flórida e pelos vínculos evidentes entre os militares haitianos e o narcotráfico internacional.

Esse exemplo — o haitiano — assinala qual vai ser a política dos Estados Unidos no futuro imediato em relação à América Latina. Só atuarão para "se defender" contra esses dois tipos de "perigo" definidos por seus estrategistas: as migrações descontroladas ou as quadrilhas de narcotraficantes, como demonstra a decisão do presidente Clinton de "descertificar" a Colômbia em 1º de março de 1996, privando-a de vantagens tarifárias por causa dos vínculos da classe política com o Cartel de Cali, e as contribuições dessa organização mafiosa para a campanha eleitoral do presidente Samper.

X

COMO É LINDA MINHA BANDEIRA

O nacionalismo latino-americano é, como os cavalos e os jesuítas, ou como o Direito e o castelhano, uma importação européia. Só que trata-se da importação que nos tem custado mais caro. O fato de uma filosofia inventada para justificar o isolamento de uma nação com relação às outras ter circulado, de maneira tão extensa, pelo mundo e ter-se infiltrado através das fronteiras sem respeitar as tarifas mentais, não constitui a única ironia. Na América Latina, o nacionalismo nasceu com a independência e consolidou-se ao longo da república, com um fundo permanente de música marcial e um inconfundível cheiro de gorila, e conquistou em meados deste século direito de cidadela em matéria econômica quando, fazendo eco a uma tendência terceiro-mundista internacional, surgiu a famosa "teoria da dependência".

Se for certo, como dizem, que o nacionalismo é uma invenção francesa dos séculos XVII e XVIII (potencializada por Napoleão no XIX), nós, latino-americanos, temos um Luís XIV acocorado no fundo da alma. Nosso nacionalismo logo pulou do quartel para a academia e da academia para aquilo que os almofadinhas chamam de inconsciente coletivo; ao longo de dois séculos de barbaridades políticas, não é fácil distinguir entre aquelas de inspiração nacionalista e as que não foram. Expressão, em alguns casos de insegurança política, dissimulação; noutros, de perversos desígnios autoritários, e mistura, em muitos momentos, de ignorâncias e complexos diante do poderoso e do rico, nosso nacionalismo produziu personagens fascinantes e bonecos grotescos, figuras únicas e oligofrênicos perigosos, mas em todos os casos contribuiu, por vezes com boas intenções, às vezes sem elas, para nossa apaixonada história de amor com o tribalismo político e o infantilismo econômico. O nacionalismo tem sido a menos patriótica de nossas façanhas embora muitos latino-americanos tenham embarcado nelas com o entusiasmo e a fé dos cruzados das causas sagradas.

Se o nacionalismo, nu e cru, é uma contribuição essencialmente européia a nosso comportamento político, o caudilhismo nacionalista, em contrapartida, é uma das contribuições da América Latina ao mundo. Está presente desde a independência, quando a política adquire uma dimensão evidentemente heróica amparada pela força militar. A partir de então, surge uma geração de caudilhos que se eternizam no poder no século XIX, muitos deles ligados ao mundo rural. Ali estão o doutor Francia, no Paraguai; o Santa Anna, no México, o coveiro de sua própria perna, cerimônia gloriosa na qual fez metade do país desfilar diante de sua extremidade amputada; ou Juan Manuel de Rosas, na Argentina, exemplo perfeito de o conflito entre centralismo e federalismo que caracterizou tantas de nossas repúblicas ser, no fundo, um conto da carochinha, porque ele fez carreira como gaúcho da província e governou como bicho-papão centralista.

Depois, o caudilho enriqueceu porque tornou-se constitucionalista, desesperado para legar à humanidade, não filhos para prolongar a dinastia, mas sim constituições para perpetuar, de maneira jurídica, as "bondades" de sua passagem pelo poder. Nem todos foram ditadores. No Peru, por exemplo, Ramón Castilla imprimiu três constituições. No Uruguai, um certo José

Batlle Ordóñez foi democrata. E com ele surgiu outra das características caudilhistas: o Estado-benfeitor. O caudilho é um pai da nação, que quer ensinar seu filho a ler e escrever, cuidar de sua saúde, protegê-lo contra as inclemências da vida diária e a incerteza da velhice, colocá-lo sobre rodas para poder deslocar-se. O caudilho é um benfeitor que gasta o dinheiro de todos, inclusive aquele que não existe — que um belo dia descobre sob a forma demoníaca de inflação — para proteger a sociedade inválida. Protege-a também, é claro, contra os charlatães que querem conduzi-la pelo caminho equivocado, assegurando-se de todos os possíveis detratores dividir uma acolhedora prisão com os roedores mais hospitaleiros, ou então fazer um longo passeio pelo exílio.

O caudilho encarna o Estado — o personifica — mas também encarna a sociedade em seu conjunto. O caudilho é a nação. Quando o caudilho se aborrece, a nação se aborrece. Quando está triste, a sociedade se amofina. Quando ele, o macho, está contente, ela, a fêmea, sorri. Quanto mais amantes passam pela cama do chefe, mais se admiram os bíceps políticos do caudilho, mais assustam suas fobias e mais alegram suas inclinações. O humor do caudilho é o marco jurídico, político, institucional a servir de referência diária ao país. Diante da ausência de instituições sólidas, o caudilho surge com sua força viril. A longa duração do governo do caudilho compensa a instabilidade de sociedades incompletas. O caudilho torna-se a única coisa permanente, um verdadeiro projeto nacional em si mesmo.

Enquanto suas polícias secretas dissuadem, com métodos mais ou menos amáveis, as audácias da dissidência, eles petrificam toda sua sede de grandeza em empresas públicas, essas pirâmides egípcias de nosso panorama político. Começam a falar de "áreas estratégicas" e, aplicando a mentalidade militar ao mapa econômico de suas nações, Vargas no Brasil, Perón na Argentina, Arbenz na Guatemala, Torrijos no Panamá, Allende no Chile, Castro em Cuba, a partir de posições mais ou menos socialistas — mas sobretudo patrimonialistas — começam a estender o abraço de urso do Estado a todos os centros de criação de riqueza da sociedade. Nunca se estrangulou uma vítima com mais amor: o abraço do Estado também é a asfixia da sociedade. Tudo isso, é claro, com o pano-de-fundo do adversário exterior, ajudado pelo inimigo interior da pátria. O antiimperialismo está no coração do caudilho. As guerras entre nações latino-americanas ao longo de nossas repúblicas cabem literalmente numa das mãos, mas nossos caudilhos travaram milhares, talvez milhões, de guerras verbais contra o vizinho da fronteira, o inimigo dos pobres ou o colosso do norte. O nacionalismo do caudilho é político, militar e econômico ao mesmo tempo. A teoria da dependência dos anos 50 e 60 é a contrapartida de nossos Mirages e nossos tanques.

O caudilhismo percorre toda nossa geografia política, incluindo ditaduras e democracias, partidos políticos e políticos sozinhos. Os grandes caudilhos liberais como Jorge Eliécer Gaitán, na Colômbia, tinham muito mais de caudilhos do que de liberais, e um Haya de la Torre, no Peru, foi uma personalidade tão egocêntrica no interior do APRA que só foi possível uma nova liderança a partir de um culto quase místico à memória do chefe. Um Balaguer, na República Dominicana, demonstrou que o caudilhismo, ao se converter num interesse criado para a casta que cerca o caudilho, gera uma inércia tão difícil de reverter a ponto de um ancião cego poder eternizar-se sem problemas no governo, e nem sempre através do uso da fraude (costume eleitoral refinado do qual Balaguer, como boa parte de nossos caudilhos, é devoto).

Vamos examinar alguns dos espécimes de nosso vasto

panteão caudilhista e comecemos pelo maior dos latino-americanos, Simón Bolívar, vítima, com freqüência, dos saqueadores de tumbas ideológicas, que não param de tergiversar, omitir ou simplesmente deformar sem nenhum pudor a verdade histórica.

O Libertador Simón Bolívar é o maior antiimperialista da América, o defensor de nosso ser autóctone que enfrenta a invasão cultural dos poderosos.

Nenhuma figura mereceu tantos ditirambos nacionalistas quanto ele. O perfil brilhante de herói da história independentista latino-americana tem sido reduzido quase à caricatura pelo traço inflamado, desinformado e às vezes falsificador de nossos patriotas, que fazem uma leitura montada entre Carlyle, com sua fascinação pelo homem-providência, e Marx, com sua revolução proletária. Para começar, Bolívar não nasceu pobre, mas sim rico, o que de alguma forma constitui seu brasão de orgulho: ele não convocou a guerra em busca de fortuna, mas sim de poder e glória. Seus antepassados haviam sido recompensados, de maneira generosa, pela Coroa espanhola por sua contribuição à construção do porto do Guaira e à criação de plantações. A infância do Libertador — como a de Jefferson ou de Washington — foi abanada por escravos — algo costumeiro entre os venezuelanos de sua época e condição social — circunstância que se repete no caso de sua esposa, uma frágil mulher de ascendência caraquenha que ele conheceu em Madri — destino obrigatório da burguesia colonial — e que morreu muito jovem de febre amarela pouco depois de retornar a Caracas junto de seu então desconhecido marido.

É totalmente falso esse Bolívar protomarxista que nosso

infatigável idiota nos tenta vender. O problema racial o obcecava. Ele queria evitar, a todo custo, a guerra de classes e de cores. Bolívar não tinha, nem em sua condição nem em sua filosofia política, idéia de acabar com os poderosos. Não, sua saga não era classista, mas sim de outra índole, filha de um movimento ideológico surgido essencialmente entre os crioulos, quer dizer, entre os filhos da Espanha imperial nas colônias. Bolívar não foi o antecessor do PRI mexicano, da aliança Popular Revolucionária Americana de Haya de la Torre, de Perón, nem de nenhum antiimperialista contemporâneo. Sua batalha contra a Espanha não era uma batalha contra o estrangeiro, nem contra a Europa, pois devia a esse mundo tudo aquilo pelo que combatia, julgando ser o colonialismo espanhol um resíduo de uma época anterior às idéias libertárias do Iluminismo, que resistia ceder o caminho à passagem dos tempos. Não foi apenas uma ironia o fato de os independentistas se levantarem contra a Espanha em nome de Fernando VII quando foi avassalado por Napoleão: era um gesto de reconhecimento às reformas liberais espanholas ameaçadas pelo imperialismo francês e seus títeres hispânicos (uma outra coisa é o fato de posteriormente, quando Fernando VII voltou ao poder, ter dado um giro de trapezista, esquecendo-se do liberalismo e tornando a descobrir os formidáveis encantos do absolutismo). Essa afinidade entre Bolívar e o setor liberal da Espanha esteve presente em fatos tão significativos como a rebelião do exército espanhol, que Fernando VII reunira em Cádiz para dar uma boa surra nos independentistas. Nessa renúncia a atravessar o mar, havia não só a proverbial preguiça espanhola; também havia um rechaço ao velho regime. Portanto, até em sua campanha militar, Bolívar foi um devedor da Europa e da Espanha. Seus exércitos estavam cheios de mercenários europeus, como demonstra a famosa Legião Britânica que participou de tantas de suas batalhas e em não poucas de suas façanhas, enquanto que boa parte da patriotíssima população autóctone brigava ao lado da Coroa espanhola, sobretudo na Venezuela e no Peru, porque na Colômbia as coisas aconteceram de outro modo.

Também é mentiroso seu suposto antiianquismo. Se existe uma canção que Bolívar jamais cantarolaria seria *"ianques, go home"*. Como acontecera com Miranda, sua fascinação pelos Estados Unidos atingira alturas sublimes depois de sua viagem a Boston, Filadelfia, ao estado de Columbia e a Charleston em 1806, em pleno período de formação. Parte de seu credo estava baseada tanto nos ideais libertários da Constituição norte-americana como na convivência de suas regiões dentro do Estado Federado (a realidade mostraria depois que não foi um discípulo bastante aplicado de ambas as lições, mas a culpa disso está muito bem dividida). Os independentistas eram partidários de vínculos estreitos com a Grã-Bretanha e os Estados Unidos.

Quando nossos ilustres idiotas vociferam contra o imperialismo ianque costumam seguir o rastro desse mal até a Doutrina Monroe de 1823, esquecendo que Bolívar celebrou, junto com a maioria dos independentistas latino-americanos, a política de Monroe e de John Quincy Adams como uma salvaguarda contra o perigo de novas intervenções européias nas Américas. Afinal de contas, a primeira potência estrangeira a reconhecer as juntas revolucionárias em plena ebulição foram os Estados Unidos, recebendo a gratidão de Bolívar e seus pares. Não só no campo político os independentistas eram pouco xenófobos: também no econômico, como o demonstra o fato de que uma das primeiras medidas que adotavam onde conseguiam estabelecer seu domínio era abrir os portos ao comércio mundial. Embora em última instância os esforços integradores de Bolívar apontassem para a conseqüência prática de criar uma potência independente, não há dúvida de que os Estados Unidos foram uma inspiração, e de que o Libertador esteve em muitas coisas bem mais próximas do *ianques come home*, do que do lema contrário. Os nacionalismos particulares dos países latino-americanos têm, por outra parte, pouco a ver com o empenho de Bolívar, que foi sempre o da unidade continental. Embora tenha concentrado seus esforços sobretudo na Grande Colômbia, território que deveria fundir a Venezuela, a Colômbia e o Equador, seu sonho abraçava um perímetro mais amplo, como demonstra seu esforço, por ocasião do congresso do Panamá convocado por ele mesmo em 1826, para colocar de uma vez o rebanho latino-americano no mesmo curral. O sonho bolivariano com toques de nacionalismo continental (ou como diria um comissário europeu da era Mastricht: supranacional), estava em direta objeção com os tiraninhos que fizeram o castelo bolivariano desmoronar graças a seus pequenos apetites de poder cobertos de poesia nacionalista. E mais: grande parte do credo integracionista bolivariano vinha do fato, que ele conhecia bem, de as rivalidades nacionais terem feito os europeus praticarem a diplomacia de narigada e cabeçada durante séculos.

Bolívar foi o precursor da revolução latino-americana e arauto da libertação dos povos latino-americanos.

O idiota latino-americano acredita que Bolívar era algo como um proto-revolucionário marxista. Em seus sonhos vê o "Libertador" encolhido na mata brava de Sierra Maestra, envolto em cartucheiras próximo ao rio Magdalena ou acendendo um pavio no traseiro de Somoza. Não se deu ao trabalho de consultar a História. Se o fizesse, teria descoberto, por exemplo, que

Marx, homem para quem o Terceiro Mundo e, em particular a América Latina, provocavam bocejos de hipopótamo, sentia o maior dos desprezos por Simón Bolívar a quem, citando Piar, o conquistador da Guiana, chamou de "o Napoleão das retiradas". Numa carta a Engels, expressa-se sobre o Libertador com um ardor passional que, sem dúvida, não excluía um certo racismo: "É absurdo ver esse canalha covarde, miserável, ordinário, posto nas nuvens como se fosse Napoleão". Fernando VII poderia assinar seu relato da passagem de Bolívar pelo cenário: "Detestava" — escreveu num artigo de 1858 para a *New American Cyclopedia* — "qualquer esforço sustentado, de modo que sua ditadura logo levou à anarquia militar. Os assuntos mais importantes ficaram nas mãos de favoritos, que arruinaram as finanças".

Embora não se trate de uma falsidade completa, estamos com certeza diante de uma manipulação dos fatos. É verdade que Bolívar viveu disperso entre as muitas e às vezes contraditórias pressões de sua saga, que o fizeram pular com muita freqüência de um lado para o outro, de uma responsabilidade a outra, tirando-lhe tempo para contribuir para com a estabilidade institucional dos países libertados. Também é verdade que muitas vezes deixou lugar-tenentes no poder para dar prosseguimento à sua peregrinação político-militar pelas Américas, sem dúvida facilitando as múltiplas conspirações de que foi vítima nas mãos de companheiros de luta, que tinham um sentido bastante transitório da lealdade. Por fim, trata-se de uma realidade histórica o fato de as repúblicas independentes terem sido uma catástrofe financeira, o que não se pode atribuir exclusivamente à guerra, porque para isso contribuíram, muitos anos depois de terminadas as batalhas, a ineficiência e irresponsabilidade dos próprios governos. A responsabilidade de Bolívar deve ser realçada em todos esses feitos: era necessário que Bolívar viajasse para completar sua tarefa, era lógico deixar gente de confiança no poder; houve momentos em que o "Libertador", no mais puro estilo de *monsieur* Camdessus e seu Fundo Monetário Internacional, batalhou por uma certa ortodoxia financeira — quando, por exemplo, lá pelo final de sua vida, exortou dramaticamente os colombianos a eliminarem a vultuosa dívida pública. Mas em todo caso, Bolívar, o revolucionário, era desprezado pelo pai da revolução proletária.

Se Bolívar era algo, seria a encarnação daquilo que os revolucionários supostamente detestam: o caudilho militar, embora ninguém que conheça sua obra possa negar-lhe talento político.

Não obstante, digamos que ele não era o rei da coerência. A mesma ambigüidade de atitudes que tinha diante de Napoleão — admirava sua criação de códigos legais e sua destreza militar, mas se assustava com seu cesarismo e sua coroação como imperador — refletia-se em sua própria biografia. Bolívar falou muitas vezes do governo das leis acima do governo dos homens e, no famoso discurso de Angostura, alertou para o perigo de se depositar autoridade demais num só homem, mas isso não impediu que "aceitasse" ser declarado ditador em Caracas, em 1812, ou em Lima uma década depois, quando os peruanos, velhos cortesãos dos incas e de vice-reis, também o declararam ditador, porém acrescentando à sua designação, por via das dúvidas, o finíssimo adjetivo de "vitalício".

O Libertador — também é verdade — expressou em primeira instância suas reticências ao ser nomeado presidente da Grande Colômbia pelo Congresso de Cúcuta, mas não se fez de rogado demais e logo se resignou com o manto da autoridade total, deixando Santander em seu lugar e partindo para conquista do sul. O homem que dizia não ser "o governante que quer a

República", não pareceu ser um cultor obsessivo da congruência entre a palavra e os feitos. Nos últimos anos de sua vida, seu pudor democrático, no ambiente revoltoso de então, não foi tenaz. Após rechaçar as propostas de San Martín em prol da monarquia constitucional, Bolívar pediu para a América Latina governos com poderes executivos quase monárquicos, inclusive um Senado hereditário — parecido com a nobreza hereditária inglesa — no qual houvesse potentados, mais algumas migalhas de representação eleitoral para relativizar as coisas. Não era um homem que acreditasse com muita firmeza na capacidade dos homens de se governar com liberdade através de instituições espontâneas. Desenvolvera uma certa saudade de uma ordem imposta no meio do labirinto. Por isso, é uma ironia, só na aparência, o fato de, lá pelo final de seus dias, uma das acusações mais reiteradas contra Bolívar que se opôs à monarquia ser exatamente a de "monarquista" e que Santander, no final, o acusasse de governar "de maneira arbitrária" ao invés de fazê-lo apegando-se à Constituição. Em todo caso, Bolívar tinha de revolucionário pré-marxista ou de partidário da luta de classes o que Fidel Castro tem de imberbe.

Não devemos menosprezar as limitações que Bolívar enfrentava para plasmar seus desejos. Há o perigo de se lhe atribuir, em retrospectiva, muitas das deficiências políticas que surgiram, não de sua cabeça, mas sim das resistências de seu tempo, de fazer suas algumas das idéias dele. Bolívar tentou, por exemplo, entronizar a liberdade religiosa e o Estado não confessional na Constituição boliviana de 1825. Não conseguiu, e os bolivianos tornaram o catolicismo a religião oficial do Estado. Mas feitas as somas e subtrações, como ele mesmo admitiu numa bela metáfora — "o que serve a uma revolução paira no mar" — seu esforço foi um fracasso. Quando em 1826 e 1827 se desmembram todas as partes da Grande Colômbia, fica claro — como ele mesmo havia previsto — não ser apenas o sonho da união que naufragava: fracassara também o sonho de uma região governada de acordo com o direito, com instituições civilizadas e paz. Inaugurou-se a longa noite de ditaduras caudilhistas sentadas sobre o poder da força militar, degenerações do caudilhismo independentista a serviço de ideais diferentes dos do Libertador, mas não de todo alheios à prática que os próprios revolucionários do século XIX haviam entronizado: a fusão do militar com o político, da força com a lei. Quando Bolívar disse, da Colômbia, que "este país cairá nas mãos da multidão desenfreada para depois passar a tiraninhos", falava a verdade. Mas não esqueçamos que houve, durante a independência, uma presença por demais notável de tiraninhos, de desenfreamento, de labirinto e de multidões anárquicas. A obra de Bolívar, concebida para juntar o americanos, terminou no extremo oposto. O que das mãos do "Libertador" pretendeu ser epopéia — e às vezes foi — depois de sua morte acabou, primeiro, em farsa, e depois em tragédia. O primeiro grande caudilho nacionalista da América foi a primeira grande vítima do nacionalismo americano. A herança daquela época, misturada com outras, germinou nas repúblicas americanas dos últimos dois séculos. Tem alguma coisa em Rosas, Sant Anna, Gómez, Vargas, Cárdenas, Perón e todos nossos caudilhos nacionalistas, que vem daqueles tempos.

Pancho Villa é um dos grandes forjadores da dignidade do México, um grande advogado dos interesses do povo, um herói da gloriosa revolução mexicana.

Pancho Villa é o macho latino-americano perfeito. Nasceu pesando sete quilos (dos quais, sem nenhuma dúvida, uma boa parte provinha da região situada ao sul do umbigo) e embora fosse baixinho, feio e gorducho, a lenda o põe erguido sobre um cavalo, encabeçando com tal excelência seus *dourados*, que o chamavam de "o Centauro". Apesar de haver nascido no centro do México, tal lugar não era propício para as façanhas do valente nacionalista, motivo pelo qual logo abandonou essas terras para emigrar para o norte, em especial Chihuahua, região convenientemente situada nos narizes dos Estados Unidos para que o herói da pátria latino-americana estufasse o peito nas barbas de Wilson e do general Pershing. Aprendeu a ler — grande toque romântico — no cárcere onde lhe enfiou Victoriano Huerta, lugar-tenente de Madero, por causa de sua personalidade por demais desordeira e revoltosa no caos que se seguiu à queda de Porfirio Díaz. Como bom macho, tinha honra, tanta honra que matou o filho de um fazendeiro por abusar de sua irmã. Era abstêmio como um santo, motivo pelo qual se engasgou grotescamente com o copinho de conhaque que lhe deu Emiliano Zapata na primeira vez que se encontraram, já avançada a Revolução, na cidade do México. Era capaz das ousadias indispensáveis que inflamam a imaginação patriótica das Américas, como na ocasião em que propôs a Venustiano Carranza, içado ao poder em meio ao rio revolucionário revoltoso e via como "perigo" os três mil homens de Villa, ambos se suicidarem: que macho! E, é claro, o mito estaria incompleto sem aquela morte gloriosa, em Chihuahua, em 1923, lutando como um touro contra oito capangas que lhe dispararam 12 balas no tronco e quatro na cabeça. Um dos matadores caiu abatido pelo valente revolucionário. O fato de três anos depois alguém ter desenterrado sua cabeça para as pessoas pararem de dizer que ele continuava vivo, constitui um colofão ideal para uma biografia quase divina do herói mexicano. A nação necessita de heróis, apesar de ser preciso fazer um retoque retrospectivo na figura caricatural do bandido bigodudo que, na verdade, nunca deixou de ser o assaltante de estradas de sua juventude, e lhe esculpir uma estátua de mármore.

Talvez seus únicos méritos tenham sido aqueles nunca destacados: sua individualidade obstinada que o levou a lutar contra todos e fazia-o criar inimizade com os caudilhos que havia ajudado na planície, depois de chegarem ao poder. Alguma destreza militar teve o capitão de 15 homens que do dia para a noite tornou-se coronel de três mil, e o estrategista que demonstrou um domínio da logística ferroviária, elemento chave para o movimento de tropas nesse território amplo e abrupto como o mexicano, graças à sua habilidade para manter um abastecimento constante de carvão. Tampouco é desprezível sua capacidade ziguezagueante para enganar o fogo da aviação inimiga nas montanhas. Mas todas essas qualidades militares também eram filhas de sua condição de bandido, de seu conhecimento prático do terreno, adquirido durante seu curso intensivo juvenil de pistoleiro do norte.

Se Pancho Villa é a dignidade mexicana feita carne, um herói da nação, os mexicanos deveriam sair correndo até a Terra do Fogo. Muita coisa nele era fraudulenta, começando por sua identidade que escondia o nome verdadeiro com que nasceu, impróprio para passar para a História: Doroteo Arango. É verdade que participou do esforço contra Porfirio Díaz, o velho ditador mexicano, e que esteve do lado do democrata Francisco Madero, um cavalheiro ingênuo e decente que não sabia em que estava se metendo quando teve a idéia de pedir democracia para seu país, e saíram bandoleiros pelos quatro costados para alçá-lo ao poder e, ato contínuo, tirá-lo dali aos empurrões. Mas não foram convicções democráticas e sim anárquicas e quase gângsteres que levaram Dom Pancho Villa, por exemplo, a tomar a Ciudad Juárez em favor da ascensão de Madero ao poder. A guerra, as guerras, eram seu elemento natural. Era um homem que saqueava tudo aquilo que se metia em seu caminho, de acordo com a filosofia impecável — digna dos mais elevados cânones da gerência corporativa — de ser preciso deixar os rapazes contentes. Tanto assim que até os próprios revolucionários tiveram de enfiá-lo na cadeia, de tão revoltado que era. Não mostrava-se particularmente magnânimo com as tropas federais que capturava, e tinha o delicado costume de mandar que uns fuzilassem os outros. Embora tenha sido guiado por um certo sentido justiceiro em seu afã de vingar Madero após a queda deste em mãos da eterna traição revolucionária, embora exista a idéia de que favorecia a restauração das reformas políticas que Porfirio Díaz havia revertido, atribuir a Pancho Villa princípios sublimes de política e economia é o mesmo que atribuir a Átila dons de manicure. Nessa revolução permanente, as nobres invocações democráticas ou constitucionalistas — como a de Carranza, por exemplo, que enfrentou o traidor Huerta com a Constituição na mão — duravam o tempo de se chegar ao poder. Com pouco sentido de sua própria brutalidade — e um quê de ar romano — Villa, adail da pátria, dava-se ao luxo de chamar os ianques de "bárbaros".

O grande antiimperialismo de Villa, como o de muitos dos revolucionários, merece matizes suaves. Para começar, Carranza toma o poder, em pleno caos revolucionário, em boa parte graças ao apoio de Washington que até ocupa Veracruz temporariamente para ajudar ao caudilho (a quem Pancho Villa também apóia nesse momento), inclusive porque um estrito embargo de armas decretado previamente por Wilson havia debilitado o regime imperante. Em algum momento, Pancho Villa achou conveniente, diante do assédio inimigo, albergar-se em solo... norte-americano. Em 1913, quando se introduz, de maneira furtiva, no Texas não é bem para reclamar dos ianques o território perdido no século anterior, mas sim para evitar que as tropas federais do México tornem a jogá-lo no calabouço como um saco de batatas. A história nacionalista prefere esquecer esses detalhes e lembrar apenas o ataque de Pancho Villa contra o Texas em 1916. Aqui também a História é um pouco torta: a razão pela qual Villa ataca os Estados Unidos não é o nacionalismo. Seu objetivo é desacreditar seus adversários domésticos, Carranza e o comandante de suas tropas Álvaro Obregón, fazendo-os parecer débeis diante do gigante do Norte. O horizonte de Villa não era internacional e sim mexicano, e nem sequer nacional mas sim regional, sobretudo nortista, por mais que, como todos, quisesse de vez em quando fazer sentir seu peso na capital.

Seu valor tampouco era à prova de debilidades. Em várias ocasiões, com bom sentido fugitivo, pôs-se a correr no meio de um campo para não morrer como um roedor. A mais famosa de todas suas fugas, mas não a única, foi a de 1915, em Celaya, quando Álvaro Obregón aplicou-lhe uma bela surra e o fez galopar, como se houvesse posto um pavio onde as costas perdem seu nome, até Chihuahua. Por fim, nosso herói revolucionário era muito mais chegado às atividades burguesas do que às proletárias. Seu apetite de comerciante surgiu muito cedo e já em 1908 Dom Pancho Villa, cansado de suas marchas de vaqueiro, abriu um açougue ao qual dedicou esforço e do qual tirou suculentos lucros (não é demais acrescentar que toda a carne provinha do gado roubado por seus homens). Quando por fim sentiu o chamado da luta, em plena sublevação a favor de Francisco Madero, pesaram em nosso indômito caudilho os inalteráveis ideais libertários... e também a vontade de sacrifício metálico, visto que o fez a soldo de alguns fazendeiros. Mas, quem se atreve a dizer que isso desmerece sua glória? Por acaso Maquiavel não afirmou serem os *condottieri* os melhores guerreiros? Anos depois, após abandonar o galope revolucionário, nosso revolucionário se dedicará com afinco... ao negócio da propriedade! Dom Pancho, o vingador dos camponeses despojados de seus 'exidos" por Porfirio Díaz e seus aliados estrangeiros, acabará seus dias, portanto, transformado em majestático latifundiário.

Augusto C. Sandino foi um mártir da independência nacional nicaragüense e dos interesses dos camponeses e do povo.

A palavra "sandinismo" introduziu-se na linguagem política de meia humanidade nos anos 80, porém a maioria daqueles que usava o termo — inclusive os latino-americanos — ainda ignora que origina-se de um sujeito de carne e osso com esse mesmo nome: Augusto C. Sandino. O mais curioso é que não foi, em seu tempo, nenhum desconhecido. E sim um ferrão tenaz no traseiro do mastodonte norte-americano e, para os movimentos revolucionários internacionais que sacudiram o mundo entre meados dos anos 20 e meados dos 30, uma espécie de referência mágica, uma contra-senha entre os revoltosos. O Kuomitang chinês, vencedor naquela época e totalmente incapaz de situar a Serra da Segoviana num mapa, chegou a batizar uma de suas divisões com o nome do nicaragüense. Na América Latina, Haya de la Torre acreditava que aquele cavaleiro montanhês encarnava o homem indo-americano de seus sonhos.

Era o pássaro tropical perfeito. Tinha vocação espiritual, preferindo — da boca para fora — os eflúvios invisíveis da alma aos estorvos da matéria. Ao invés de católico — essa religião de exploradores — era maçom, reencarnação maravilhosa das lojas que tanto contribuíram para atacar o império espanhol. Para acrescentar exotismo às cores de sua plumagem, era meio adventista. Um dissidente do espírito. Política e misticismo: receita mágica para salvar a nação. Era também, como não podia deixar de ser, um romântico da política, alguém disposto a compensar com arrojo e audácia os inconvenientes da desvantagem militar ou da solidão política. Em sua biografia de salvador da pátria não falta, é claro, o relato do homem que em 1926, após um período no Exterior fugindo da justiça, penetra pela fronteira e desloca-se às apalpadelas até as alturas da Segoviana para montar um exército, um punhado de rapazes dispostos a brigar como leões contra o intervencionismo ianque e contra o cúmplice interno. Logo estabeleceu seu esconderijo em *El Chipote*, nas montanhas do noroeste nicaragüense — a vocação orográfica da política latino-americana é, pelo visto, patológica — e dali lançou os discursos mais nacionalistas e inflamados: "Sou nicaragüense, meu sangue é índio, meu sangue contém o mistério do patriotismo sincero." Abundava a retórica, esse toque escarlate que não pode faltar no pavão real latino-americano. Para os inimigos, lançava trovões como este: "Aquele que quiser entrar aqui que assine antes seu testamento." A salvação nacional estava abrigada sob o parapeito montanhoso e serrano de Dom Augusto C Sandino.

 Qualquer exame levemente taxidérmico deste espécime revela algumas qualidades menos dignas do que a imagem criada pelo idiota internacional. É verdade que Sandino teve relação com o campo desde o berço. Mas persiste um leve problema: não foi a relação de um camponês com a terra, mas sim a de um latifundiário com seu feudo. Seu pai, Gregorio Sandino, era dono de uma propriedade não muito grande, mas o bastante para precisar de um administrador implacável. Quem era esse administrador? Era só o que faltava: seu próprio filho. A mãe de Sandino era, sim, uma empregada — Margarita Calderón — mas o rapaz descobriu bem depressa que se vive com mais conforto no colo do papai. Além de se dedicar a levar uma vida agradável de latifundiário próximo a Granada, Dom Augusto decidiu mudar a ignomínia do sobrenome servil de sua mãe pelo plutocrático sobrenome paterno. Assim, abandonou o Augusto Calderón para se chamar Augusto Sandino. Um pequeno acréscimo veio coroar sua nova vida: inspirado pela rica biblioteca de seu pai, Augusto decidiu introduzir o nome imperial de "César" entre Augusto e Sandino. Assim foi criado Augusto César Sandino.

Já que esse homem e seus turiferários contemporâneos falam tanto de seu sangue índio — a obsessão globular da política latino-americana não é menor do que a orográfica — é curioso constatar, com uma rápida inspeção intravenosa, que Dom Augusto Sandino tinha uma composição sangüínea diferente da que se acreditava. Sua raça não era índia, mas sim mestiça, e sua proveniência cultural não era indígena mas sim "ladina", quer dizer, resultado da mestiçagem entre a cultura que estava presente antes da chegada do homem branco e da cultura que veio com as caravelas. Tanto a mãe como o pai de Sandino pertenciam a esse mundo ocidentalizado, especificamente europeizado, que constitui há muitos anos o grosso da população nicaragüense. Sua reivindicação índia contra o mundo invasor era, portanto, pouco fundamentada: nem ele era índio nem a maioria daqueles que lutavam com ele nas montanhas eram índios, assim como a Nicarágua não é um país índio. Sandino e os seus eram, pelo contrário, mestiços, pessoas que compartilhavam em termos de cultura muito mais com seus inimigos do que com as raízes às quais queriam apelar (além disso, seu modo particular de fazer política reforça esse parentesco cultural). Seu romantismo não deve fazer com que se esqueça de sua fanfarronice e sua vocação para as armas. Não olvidemos que seu primeiro exílio em 1920 não foi político, mas sim devido a um ato de delinqüência comum: havia ferido a bala um rival numa briga no campo, em Niquinihomo.

Esse ícone do socialismo emergente na América Latina dos anos 20 e 30 era, além disso, uma alma débil diante das miçangas do capitalismo. Durante sua longa viagem pela América Central na década de 1920, quando fugia da justiça, tomou a decisão de trabalhar em companhias fruteiras importantes — verdadeiro símbolo da exploração centro-americana para o idiota continental — até terminar, uma vez em Tampico, México, como pulcro executivo petroleiro: chefe de vendas de gasolina na empresa Huasteca. A seguir, voltou a seu país para se levantar em armas e deslizou esse passado inconveniente pelo tubo do esquecimento. Mas só por um tempo: em 1929, depois de passar alguns anos defendendo-se nas montanhas contra os ataques inimigos, quando retorna ao México em busca de solidariedade, onde vai mendigar dinheiro — em vista da frieza com que o trata a muito retórica porém muito prática revolução mexicana — recorre às empresas de bens de raízes.

O antiimperialismo de Sandino era parte essencial de sua cruzada nacionalista. Esse antiimperialismo o contagiou — não podia ser de outra maneira — em seu primeiro périplo mexicano. Depois, a infinita torpeza dos gringos na Nicarágua dará uma bela injeção em Sandino. Mas era ele um antiimperialista até a morte incapaz de vender a bandeira antiianque em troca de vantagens políticas, um super-homem da pertinácia? Ou tinha suas pequenas debilidades humanas?

Quando Sandino irrompe no panorama nicaragüense, o país está há muitos anos assistindo liberais e conservadores matarem-se uns aos outros, que entronizaram o golpe de Estado e o tiroteio como instrumento para alternância no poder. Além disso, ambos os lados utilizaram os Estados Unidos para suas respectivas causas. A ditadura de 17 anos do "liberal" José Santos Zelaya havia acendido o ódio dos conservadores, ao passo que a posterior ditadura semidinástica dos Chamorro sublevara os liberais. Tudo isso desembocara, em 1926, num novo episódio das guerras civis *nicas*. Portanto, a irrupção de Sandino contra o *establishment* parece absolutamente inquestionável. É o grito exasperado, impoluto, do país profundo contra a corrupção e a violência política do país oficial. Até aqui, tudo bem. Mas as negativas de Sandino de se aliar à oposição liberal nos primeiros tempos cedem muito em breve, porque descobre as virtudes da composição e do pacto. Após seu ridículo ataque à guarnição de Jícaro, refugia-se na costa atlântica para se aliar aos liberais. Embora Juan Sacasa e seu chefe militar, José María Moncada, desconfiassem dele, terminam tornando-o general liberal. Estes não são liberais de verdade. Têm uma longa história de ditaduras... e violências. Mas o mais curioso da aliança entre Sandino e os liberais não é o passado destes, mas sim seu presente no momento em que a aliança se constituiu: os liberais estão em negociação permanente com Calvin Coolidge, presidente dos Estados Unidos, que no final será o responsável pela obtenção da trégua nicaragüense. Mais tarde, em 1932, quando Sacasa é presidente da Nicarágua, Sandino faz um acordo definitivo com os liberais — que têm excelentes relações com os Estados Unidos e cuja Guarda Nacional, que eles resistem em reformar, foi criada pelo imperialismo — para abandonar a luta e aceitar em troca o domínio de um punhado de terras. Sua visão política, além de pedir a saída dos gringos e uma renegociação do acordo para a construção de um canal interoceânico, é no fundo bastante modesta.

(Claro que, nos anos de luta, Sandino, consciente de que o idiotismo político não é exclusivo da região ao sul do Rio Grande, havia nomeado seu próprio irmão embaixador extra-oficial nos Estados Unidos.) O nacionalismo antiimperialista de Dom Augusto C. Sandino era, portanto, um modelo de pragmatismo...

A torpeza ianque na Nicarágua não é, infelizmente, uma invenção nacionalista. Ela pariu, em grande parte, o mito de Sandino. Não existe, para a mitologia revolucionária, uma imagem mais deliciosa do que o bombardeio aéreo levado a cabo pelos *marines* durante anos contra os territórios de um Sandino fugitivo e em desabalada carreira na escabrosa Segoviana. Em 1928, quando 16 dias seguidos de bombardeios acabam, não com a vida de Sandino, mas sim com as dezenas de cabras, mulas, vacas e cavalos, deixando, nas palavras do próprio Sandino, "o ambiente cheio de abutres", Washington criou as bases para mandar Dom Augusto para a posteridade política. A imprensa gringa se encarregará do resto. Praticando o que, pelo visto, é um costume antigo, os jornalistas peregrinarão durante muito tempo aos esconderijos silvestres de Sandino, onde admirarão boquiabertos o rapaz envolto em vermelho e preto. Um excelente exemplar do idiota norte-americano, Carleton Beals, escreve em *The Nation* sobre Sandino: "...faltam-lhe por completo vícios... tem um sentido inequívoco da justiça..." Alguém com um pouco menos de beatice teria podido notar, pelo menos, que o revolucionário não havia perdido o gosto pela indumentária burguesa, visto dar um jeito em plena montanha de passar brilhantina no cabelo como cantor de tango e usar lenço de seda, ao passo que suas tropas usavam de algodão (os Ortega resgatariam esse fino costume muitos anos depois).

Culpar os Estados Unidos pelo que acontecia com a Nicarágua era uma transferência de culpas bastante otimista. Os políticos *nicas* haviam arrastado Washington, que não precisava de estímulos demais para isso, à política nativa e, quando os norte-americanos foram embora, por volta de 1930, derrotados por um caos centro-americano suficiente para deprimir o imperialismo mais entusiasta, foram os próprios nicaragüenses, em particular aqueles da Guarda Nacional na qual se destacava Somoza, que afundaram o país no pântano político. Não foram os ianques, mas sim a Guarda Nacional, quer dizer, os nicaragüenses, que matou Sandino em 1934, ao sair do palácio presidencial, quando já havia deixado as armas (conservava apenas um pequeno grupo de guarda-costas pessoais) e se transformara em político do sistema burguês dedicado a fazer *lobby* em defesa de suas causas. Não menos importante nisso tudo foi a debilidade do governo liberal para enfrentar os desmandos militares.

Perón transformou a Argentina numa nação moderna, livre e orgulhosa.

Se Perón é, como acreditam seus partidários, a alma da Argentina, o que a Argentina precisa rapidamente é de um exorcismo para tirar de dentro dela semelhante súcubo. De todas as figuras do nacionalismo latino-americano, provavelmente nenhuma outra tenha gerado tanto fanatismo quase místico, nem fascinado tanto o mundo pelos fundos escuros de seu sistema de poder quanto Perón. Por isso, não basta, como Borges queria, omitir seu nome para desterrar sua memória: se cada argentino tem um Perón no fundo da alma, é preciso tirá-lo dali, se possível com uma cruz benigna, ou se não com um escalpelo agudo.

A nação argentina foi, no começo do século XX, a história feliz da América Latina; um caso — não isento de barbaridades políticas, é verdade — de prosperidade e modernização. Depois de Perón abandonar o poder em 1955, a barbárie havia retornado ao centro do cenário político e a economia deslizara por uma ladeira mais escorregadia do que a gomalina do general.

É particularmente curioso queimar-se incenso para Perón em razão de seu nacionalismo quando, como ocorre com boa parte dos argentinos, suas raízes eram européias, e o que é muito mais significativo, ele mesmo se encarregou, em seu tempo, de fazer essas raízes serem conhecidas. Assim, não apenas queria exibir sua origem espanhola e italiana, mas também que se soubesse que seu bisavô fora senador de Cerdeña. Alguma língua travessa chegou a garantir que Perón era, na verdade, Peroni... Não menos curioso é o fato de se ter tentado transformar a origem social de Perón numa lenda proletária. Em seu tempo, seu pai se instalara com ele numa fazenda com ovelhas, próximo à costa atlântica na província de Buenos Aires, culminação perfeitamente burguesa de uma vida de trabalho constante.

A julgar por sua lenda, tinha a força de Sansão e a determinação de Ulisses. O perfeito macho latino-americano, a poderosa encarnação viril da nação argentina. É possível que o fosse em seus momentos livres. Mas, com certeza, não o tempo todo. Alguns episódios chave de sua biografia revelam um espírito muito mais frágil e dubitativo do que nos contaram. Em outubro de 1945, quando renunciou a seus vários cargos no governo militar ao qual então servia, Dom Juan Domingo Perón, que tratara de fugir pelo rio, foi mandado à prisão da Ilha de Martín García. Poucas horas depois, queixava-se ensurdecedoramente de sua pleurisia, escrevendo cartas suplicantes para o presidente e pedindo que o deixassem ir para o exílio. Só Evita impediu que negociasse alguma forma de vacilação. Não é um dado menor: a história de sua marcha triunfal a Buenos Aires nos ombros das massas trabalhadoras e sua imediata vitória eleitoral, que mudariam o rumo da Argentina, talvez não tivessem acontecido se Eva não bloqueasse sua rendição. Por outra parte, em 1951, em pleno governo, boatos de golpe de Estado fizeram Perón sair correndo da Casa Rosada para refugiar-se na embaixada do Brasil, de onde sua mulher teve de tirá-lo pelas orelhas para ele voltar a seu lugar.

O nacionalismo latino-americano tem um componente militar essencial desde o começo das repúblicas. Perón foi herdeiro aplicado dessa tradição. Sua formação foi militar desde muito jovem, mas, ao contrário do que acontece nos países civilizados, sua ascensão na hierarquia castrense não passou pela escada do mérito e sim pela da quartelada e da loja maçônica. Quando terminou seus estudos militares e entrou no Ministério da Guerra, tinha a patente de capitão. Graças ao golpe de Estado contra Hipólito Yrigoyen foi possível colocar mais galões no ombro de Perón nos anos 30 e, em seguida, nos 40 (em especial graças a um militar com nome digno de *vaudeville*, Edelmiro Farrell, o ministro da Guerra que, como bom latino-americano, decidiu enfileirar os canhões contra seu próprio governo golpista e tomar o poder total). A política era indissociável do militar na delicada sensibilidade peronista e o militar indissociável da organização fascista, com sua mistura de teatralidade, corporativismo e populismo. Suas referências européias eram a Itália de Mussolini, a Alemanha nazista e a Espanha de Franco, países que visitou oportunamente, e seu exercício de poder demonstrou que sua espantosa frase — "Mussolini é o maior homem do século" — devia ser levada a sério. Em 1946, quando Perón tomou o poder com 56% dos votos, pôs em marcha a mais ilustrada aprendizagem autoritária e dedicou-se a controlar a imprensa, criar um poder judiciário dedicado, inundar a escola pública com o culto à sua personalidade e dar aprovação imperial para bandos de matadores a fim de abordarem os desafios da dissidência. Tudo isso misturado com lojas meio místicas, meio militares, e uma densa atmosfera ocultista. A defesa da nação era um regime ditatorial de inspiração fascista (com um toque de milonga e escamoteação portenhas).

O elemento central do peronismo eram os trabalhadores e seus sindicatos. Esse ângulo proletário também fazia eco, com certeza, do fascismo. A história republicana argentina fora até então, de certa forma, a do caudilhismo centralista contra o caudilhismo regionalista. Perón muda os termos da contenda e substitui esse conflito pelo da cidade contra o campo. Já na ditadura militar anterior a seu governo, à qual ele havia servido, Perón criara, a partir do poder, uma base social muito ampla. Para isso contribuiu a cataclísmica Eva, mulher de rádio, boa conhecedora dos instrumentos da agitação e propaganda. Uma vez presidente, Perón acelerou o processo, desatando uma demagogia linguaruda e onerosa em favor do sindicalismo (a sensatez fiscal de Perón era inversamente proporcional à capacidade de sua glândulas salivares), fazendo com que, por exemplo, a CGT crescesse de 300 mil trabalhadores para cinco milhões. A aliança do militar com o social não se havia dado nesses termos na América Latina. Foi uma criação do peronismo. O general esqueceu a calculadora e dedicou-se a aumentar salários a torto e a direito. Sob o eufemismo de negociação coletiva, fomentou o assalto dos trabalhadores contra o capital, dando-lhes um lugar de privilégio em sua organização corporativista do poder. No final, o tiro saiu pela culatra: a ameaça proletária deixou os militares de cabelos em pé e em 1955 mandaram Perón para o exílio.

O populismo e o corporativismo infligiram o mais patriótico dos infortúnios a um país que, durante a Segunda Guerra Mundial, havia alcançado uma enorme prosperidade graças à angustiada demanda de carne e trigo em toda a Europa. O nacionalismo de Perón era tal que sua política agrária fez a carne esfumar-se do cardápio nacional durante 52 dias, deixou o campo exaurido e acabou com todas as reservas acumuladas durante o agitado comércio dos tempos de guerra. As nacionalizações, símbolos de uma época latino-americana que casou o nacionalismo político com o estatismo econômico, atingiram níveis sublimes com Perón. Quando assumiu o poder, 65% da indústria dependiam do capital estrangeiro e 1/3 do dinheiro produzido pelas empresas saía do país na qualidade de remessa estrangeira. Mas a confiança internacional na economia argentina era vista como uma forma refinada de afronta imperialista. Como conseqüência, o general apossou-se do gás, da eletricidade, dos telefones, do Banco Central, das estradas de ferro e de tudo que tivesse pegadas forasteiras. Acompanhou essas capturas destinadas a engrossar o butim patriótico, de excitante retórica nacionalista. Arrebatara dos gringos os telefones (já lhes havia infligido antes a humilhação de sua vitória eleitoral, após a oportuníssima intervenção dos Estados Unidos por intermédio do subsecretário de Estado, Spruille Braden, que teve a idéia de soltar em plena Buenos Aires uma maçaroca antiperonista de 131 páginas conhecida como "o livro azul", que alguém pouco familiarizado com o coeficiente intelectual dos assessores de Perón poderia atribuir facilmente a seu comando de campanha). Tirou as estradas de ferro dos britânicos. Embora o imperialismo norte-americano fosse o grande monstro, a Argentina tinha, por causa de sua história, uma dívida de ódio particular contra a Inglaterra, porque ela ousara intercambiar carvão, petróleo e maquinaria britânica por carne e trigo argentinos. A famosa substituição de importações e o controle do câmbio deixaram a indústria sem poder importar insumos, a falta de competência secou a energia criativa dos industriais e a inflação, produto de uma política de gasto social transformada num Natal permanente, logo reduziu a pó o pequeno crescimento industrial gerado no começo do governo peronista como reação imediata ao estímulo keynesiano da demanda. Os controles de preços, que haviam arruinado a agricultura, também ataram as mãos da indústria. O grande líder nacionalista reduziu a proporções terceiro-mundistas a economia nacional, que poucos anos antes estava à altura das maiores do mundo.

Perón, em homenagem às massas, descamisou a Argentina. Nem os balcões palacianos; nem a gritaria exigindo um assento no Conselho de Segurança das Nações Unidas; nem a remota lembrança do jovem Perón que, sendo adido militar no Chile, tentara roubar segredos militares chilenos para cumprir seu dever para com sua pátria; nem os 500 milhões de pesos que distribuiu para as moradias sociais (o peronismo era firme devoto desse homérico epíteto que desde então se generalizou), salvaram a nação. Em 1974, quando o general morreu e com ele seu brevíssimo retorno à presidência depois de um longo exílio espanhol, a pátria, engasgada com tanta glória nacional, havia se asfixiado.

O general Velasco pôs fim ao entreguismo que havia predominado ao longo da república peruana.

Por trás do nacionalismo latino-americano, como observamos, costuma haver sempre um par de botas, dragonas e música marcial. O nacionalismo peruano foi encarnado, neste século, pelo general Velasco Alvarado de quem se contava que, uma vez, ao dar início a uma reunião do Conselho de Ministros, disse: "Eu penso que..." e seus ministros, embargados pelo prodigioso acontecimento, explodiram em aplausos. Velasco não era nem um líder superdotado nem um homem muito distanciado do estágio primitivo do *Homo sapiens*, motivo pelo qual a existência de seu regime deveu-se a fatores mais complexos do que os de sua própria capacidade de liderar. Encarnava, em boa parte, o "novo" militarismo latino-americano, de caráter "progressista". O curioso é esses militares peruanos que deram o golpe contra o presidente Fernando Belaunde em 1968 serem os mesmos que pouco antes haviam liquidado sem misericórdia a guerrilha pró-castrista no altiplano. Primeiro exterminaram a guerrilha e, para completar a missão de salvação nacional, acabaram depois com seu presidente democrático e com seu governo constitucional.

Com um agudo sentido da dignidade nacional, estabeleceram uma ditadura que expropriou os jornais, amordaçou sindicatos, reduziu o poder judiciário a uma farsa, encarcerou e exilou opositores e levou a cabo uma política econômica socialista bem lubrificada por uma retórica populista e castrense. Alguns gestos de sublime sabor patriótico distinguem esse período particularmente comovedor da cruzada vernacular: a abolição oficial do Natal e o desterro do inimigo mais temível da pátria: o pato Donald.

Bom exemplar dessa estranha característica peruana que consiste em não se entregar nunca a uma causa com entusiasmo consistente demais, Velasco não se atreveu a chegar ao comunismo. Flertou com ele, deu-lhe guarita privilegiada em seu governo, entregou-lhe duas áreas que ocupavam um lugar remoto em sua lista de prioridades — a cultura e a imprensa — e até estabeleceu relações com Cuba, apesar de poucos anos antes esse governo ter semeado guerrilheiros nas montanhas do Peru. Também expropriou fazendas para realizar a reforma agrária — feita por burocratas inchados de pátria — fazendo com que milhões de peruanos saíssem correndo do campo em direção às cidades para engrossar o amplo mundo da *urbe* marginal. Mas não chegou a abolir o capitalismo de todo porque os empresários peruanos, inclusive aqueles que haviam sido mais golpeados pelo velasquismo, encontraram a maneira de negociar sua sobrevivência. Marianito Prado, exímio representante da oligarquia peruana, de quem o regime expropriou indústrias, apareceu no casamento da filha do general com um presente maior do que o tórax vermelho e branco de Velasco, fazendo-o moderar seus impulsos revolucionários. O grupo que controla na atualidade o primeiro banco peruano, por exemplo, deve seu êxito inicial — depois consolidado — em boa parte à época da ditadura militar revolucionária.

Velasco criou cerca de 200 empresas públicas que, no começo dos anos 90, ainda custavam US$ 2,5 bilhões anuais aos peruanos, e com isso teve habilidade para arruinar a pesca e a mineração, duas áreas em que o capitalismo peruano conseguira obter êxito. Era um obtuso convicto de o amor pela pátria ter de ser expressado no número de empresas públicas que se estabelecem: cada empresa pública é uma oferenda, uma oblação, no altar da nação. Com semelhante número de oferendas, o Peru afogou-se de incenso.

O patriotismo de Velasco obteve uma expressão simbólica, logo ao assumir o governo, com a expropriação das jazidas de Brea e Pariñas, que pertenciam a International Petroleum Company, subsidiária da Standard Oil de Nova Jersey, obsessão predileta dos antiimperialistas incaicos. A tragédia de Velasco foi ter enfrentado a Casa Branca de Nixon e Kissinger, os quais, pragmáticos demais para criar um novo Castro na América do Sul, trataram o regime peruano com uma condescendência irônica. Assim, apesar da gritaria da Standard Oil para Washington sancionar o Peru, os assessores de Nixon não se deram por informados e esvaziaram as pretensões de Velasco. Este, desesperado para que lhe dessem atenção, deteve dois navios ianques os quais acusou de haver penetrado nas patrióticas "200 milhas territoriais" do Peru, e depois negou-se a receber Nelson Rockefeller, o enviado de Nixon. Só conseguiu vagas pressões norte-americanas, um pouco de ameaça pública e uma negociação secreta na qual, no final, seu governo pagou aos gringos o dinheiro da expropriação. O antiimperialista furibundo acabou sendo uma pombinha mansa. O homem que acusara Belaunde de se entregar à International Petroleum Company — apesar de Belaunde, afinado com a época, estar em processo de "renacionalizar" parte da economia — acabou passando para o imperialismo um chequezinho por baixo da mesa... O imperialismo, é claro, devolveu o gesto expressando compreensão pelas medidas socialistas de Velasco.

A pátria estava a salvo, e os peruanos na miséria. Um patriota de caráter oposto ao de Velasco encarregou-se do regime em 1975 e começou — com toda a lentidão possível para as coisas não saírem mal — a marcha em direção à democracia, que chegaria em 1980.

XI

O IDIOTA TEM AMIGOS

Nosso perfeito idiota não está só. Tem amigos. Amigos poderosos ou influentes nos Estados Unidos e na Europa que recolhem as inépcias, as falácias, as interpretações, desculpas e ilusões do idiota latino-americano, as difundem em seus respectivos países e as devolvem à América Latina devidamente carimbadas pela consciência universal. Parece incrível que mentiras truculentas, fabricadas em casa por esse populista rústico — que é nosso amigo, o idiota — provenham dos grandes centros da cultura universal acompanhadas, como os vinhos, de um certificado de autenticidade. Mas é o que acontece. É o que tem sempre acontecido com as fábulas nascidas na América Latina, talvez desde os tempos de Cristóvão Colombo.

Quem são esses amigos internacionais do perfeito idiota latino-americano? Outros idiotas? Não, não necessariamente, exceto quando se referem a nosso continente, do qual costumam transformar-se em porta-vozes através de informações, de editoriais da imprensa, de reportagens escritas ou televisivas, de livros de ensaios, de pronunciamentos políticos ou intervenções diplomáticas. Porque entre eles há de tudo. Jornalistas, em primeiro lugar, e não apenas de jornais de esquerda os quais, por razões ideológicas, fatalmente se inclinassem a compartilhar as mesmas alienações do perfeito idiota: dispõem também de inexplicáveis espaços e autorizações para inserir suas inefáveis bobagens em diários tão respeitáveis como *Le Monde, The Times, El País, The*

New York Times ou *Il Corriere della Sera*. Há, por outra parte, escritores, filósofos, sociólogos, políticos e diplomáticos cuja visão da América Latina é tão desatinada, tão ordinariamente pavimentada de estereótipos e de mentiras, de deformações e simplificações perigosas, como a que, 60 anos atrás, em plena época brutal do stalinismo, tinham da União Soviética, por exemplo, tantos homólogos seus. O mundo muda, mas esses casos de daltonismo político se repetem de maneira incansável. Sobretudo no que diz respeito à América Latina, transformada por obra dessa confabulação de idiotas no paraíso da desinformação.

Como explicar que pessoas cultas e, sem dúvida, capazes de economizar disparates quando falam de seu próprio país, careçam de toda perspicácia crítica quando se trata do continente latino-americano? Talvez o próprio Revel e, entre nós, Carlos Rangel, sejam os dois analistas políticos que, escavando entre todas as explicações possíveis, encontraram as mais sagazes e profundas. Segundo eles, nosso continente sempre foi adotado, desde o início, por muitos europeus, como um depósito daqueles sonhos e utopias irrealizáveis em seu próprio âmbito. "A maior parte das testemunhas estrangeiras, e os europeus em particular", diz Revel, "tem ampla responsabilidade pelos mitos da América Latina... Nossa percepção (deste continente) pertence quase ao campo exclusivo da lenda. Desde suas origens, o gosto por conhecer essas sociedades, por compreendê-las ou simplesmente por descrevê-las tem sido esmagado pela necessidade de utilizá-las como suporte de nossas próprias alucinações. O mal não seria tão grande se nossas lendas não fossem, ao longo da História, o veneno que nutre os próprios latino-americanos".

Houve, neste século, uma época fulgurante em muitos aspectos, na qual, de um lado e outro do Atlântico, floresceram ao mesmo tempo os mais radicais juízos da ordem das coisas existentes, a rebeldia dos jovens e as utopias revolucionárias. Foram os anos 60, e tudo aquilo que conseguiram projetar na década posterior. Com os cartões postais românticos de Fidel e seus barbudos descendo da Serra e entrando em La Habana, do Che morrendo na Bolívia e de centenas de rapazes incorporando-se aos focos guerrilheiros nas selvas e montanhas, a América Latina transformou-se durante esses anos num continente da moda na Europa e nos Estados Unidos. Ali pareciam materializar-se os sonhos dessa nova geração que deixava crescer o cabelo, cantava as músicas dos Beatles, rechaçava junto com os hippies a sociedade de consumo, condenava a guerra no Vietnã invadindo as esplanadas de Washington ou levantava barricadas nas ruas de Paris durante o famoso maio de 68 francês.

Tudo isso desvaneceu-se como fumaça, de modo que quem tinha então 20 anos teve de se resignar a usar cabelo curto e a se vestir de maneira convencional, a deixar que as horas fluam com monotonia em escritórios, fábricas, cafés, metrôs ou salas de redação, dentro das modestas e afinal de contas muito pouco excitantes perspectivas das sociedades industriais. Para esses frustrados rebeldes, a América Latina representaria mais uma vez o lugar do Planeta onde, segundo eles, em razão da miséria, das desigualdades sociais e de arrogantes privilégios de capitalistas e latifundiários, mantêm-se vivas as quimeras revolucionárias de sua juventude. Desse modo, fizeram de Che Guevara e de Castro dois mitos e, ao invés da realidade atroz de que os cubanos padecem, continuam vendo em Cuba aquilo que representou para eles — e para muitos de nós — nos dourados anos 60, e acolheram como verdades de punhos cerrados todas as mentiras e justificativas do terceiro-mundismo.

Enfeitiçados pelo mito do "bom revolucionário", como seus compatriotas o foram, séculos atrás, pelo mito do "bom selvagem", as viagens ao continente lhes servem de muito pouco, porque só vêem ali aquilo que lhes permita confirmar suas crenças. Querem, ao mesmo tempo, que aceitemos para nossos países o que não aceitariam para o seu. É taxativo, por exemplo, que um Régis Debray, um Guenter Grass ou um Harold Pinter não admitiriam que na França, na Alemanha ou na Inglaterra só tivesse existência legal o Partido Comunista, que nos jornais só escrevessem aqueles que fizessem profissão de fé marxista-leninista, que as greves fossem proibidas e que se configurasse como delito de opinião equiparando-se qualquer crítica ao governo a "atividades contra-revolucionárias", penalizando-as com a detenção e a cadeia. Mas curioso: os democratas, e mais exatamente social-democratas em casa, mal atravessam o Atlântico e são picados pelo primeiro mosquito dos trópicos, descobrem que em nossas terras seus próprios valores e princípios democráticos são puramente formais e que vale a pena renunciar a eles se for para as crianças comerem e se educarem e os doentes receberem atenção médica. Para eles, a democracia é, portanto, um luxo de países ricos. Forma curiosa de colonialismo ideológico.

A mesma ladainha poderia ser ouvida, enquanto lançava ao ar com presunção a fumaça de seu cigarro, de um funcionário do partido de Felipe González, de um socialista francês amigo do sr. Miterrand, de um socialista alemão ou de um dirigente do PDS italiano, para não falar dessa vasta fauna de repórteres enviados pela imprensa ou pela televisão européia que, impregnados da mesma visão terceiro-mundista, chegam em nossas paragens para ilustrar os estereótipos que já têm nas cabeças. Porque sempre verão nosso mundo, como o das antigas *banana republics*, dividido entre ricos muito ricos e pobres muito pobres, entre brancos e índios, entre horríveis gorilas militares e bravos guerrilheiros, entre exploradores e explorados. Se nós, com a mesma irresponsabilidade, fizéssemos o mesmo, poderíamos pintar um quadro truculento da França parecido com aquele que eles fazem de nossas sociedades, apresentando o contraste cruel entre os opulentos comensais do *Maxim's* e os mendigos do metrô, e operários e estudantes desfilando nas ruas enquanto a polícia, como acontece às vezes, lhes enche de pancadas sem piedade. Essa polarização agreste de nossa paisagem política, ignorando nuances e interpretações diferentes daquela que lhes confere a explicação terceiro-mundista, faz-nos vítimas do único colonialismo que eles não denunciam e que corre por sua conta: o da informação.

Os países descritos por esses jornalistas europeus, conforme suas próprias ficções e esquemas, não parecem com os países em que vivemos. Freqüentemente, esses viajantes transmitem opiniões como se fossem informações, amparando-as com o generoso uso do condicional ("segundo dizem", "parece que" etc.). Falam sempre da repressão governamental e não dos desmandos do terrorismo. Os membros de grupos armados, mesmo se assaltam, assassinam ou seqüestram, são piedosamente chamados por eles de rebeldes, e se em qualquer momento são tombados ou detidos transformam-se então em camponeses desarmados ou estudantes, cujo desaparecimento ou detenção é objeto de denúncia por parte das organizações de direitos humanos. Nunca se lembram que um governo nosso tem uma origem legítima nas urnas: nossas democracias são para eles meros valores de fachada, simples caricaturas. Ali onde existem guerrilhas, corresponde ao governo o papel de vilão autoritário que combate rebeldes idealistas com a ajuda de medonhos "grupos paramilitares".

O arquétipo mais fiel desse tipo de jornalistas "especialistas" em América Latina é o italiano Gianni Minà. Autor de uma entrevista torrencial com Fidel Castro (que, segundo seu compatriota e colega Valerio Riva, mereceria aparecer no *Guinness* por ter sido, na história do jornalismo mundial, a mais longa entrevista feita de joelhos), vangloria-se de ter realizado mais de 30 viagens ao continente latino-americano, com escala obrigatória em La Habana, e de ter, graças a elas, um profundo conhecimento de nossos problemas. É possível que assim acreditem seus editores, os diretores dos jornais nos quais publica centenas de artigos e os canais de televisão em que costuma apresentar-se, mas é pateticamente certo que essas viagens só lhe serviram para escorar suas fábulas, porque seus interlocutores habituais na Europa e no outro lado do Atlântico são apenas os latino-americanos que as compartilham; assim, seus diálogos são apenas variantes do mesmo monólogo litúrgico. É um sobrevivente dessa espécie extinta de dinossauros que sonhou ver transformada a Cordilheira dos Andes, 30 anos atrás, numa prolongação da Sierra Maestra, e por algum motivo seu último livro tem o título atormentado de *O continente desaparecido*. (Na realidade, o que desapareceu foi o seu, seu continente de fábulas, e não o nosso.)

Se lhe fazemos alusão neste capítulo é porque o citado livro, publicado na Itália em 1995, merece um grande reconhecimento de nossa parte, pois recolhe um mostruário muito completo de todas as idéias adulteradas sobre a América Latina, que o amigo idiota propaga no âmbito internacional a ponto de o nome desse livro dever corresponder ao livro de Miná, como título mais justo. Trata-se de uma vasta pradaria de lugares-comuns, da qual um coro de vozes doloridas nos lembra, reiteradas vezes, a miséria do continente latino-americano e os milhões de crianças que morrem ali por desnutrição e falta de cuidados médicos, para nos indicar um único culpado: a economia de mercado; e, embora pareça extravagante, uma única solução: o socialismo segundo o modelo cubano. Poucas vezes se viu uma obra de ficção mais atrevida, um verdadeiro *Disneyworld*, ou melhor, um *Jurassic Park*, de literatura política sobre a América Latina. Passemos em revista suas divertidas atrações.

Tão logo transpomos o umbral do livro, ouvimos o rugido que profere contra o Banco Mundial, a famosa entidade à qual um cavalheiro chamado Pierre Galand serviu durante três anos e meio na condição de consultor. Apresentado por Miná como secretário-geral do chamado OXFAN da Bélgica, sua condição de tecnocrata internacional pareceria dar um aspecto de verossimilhança e de selo nobiliário às diatribes que nossos amigos, os perfeitos idiotas, proferem de um lado ao outro do continente, contra o Banco Mundial e o Fundo Monetário Internacional. Só que em sua carta de renúncia às suas funções consultivas no dito Banco, o sr. Galand usa a mesma linguagem tremebunda de qualquer populista nosso numa tribuna pública. Vamos ouvi-lo:

Segundo vosso ponto de vista, os únicos governos bons são aqueles que aceitam prostituir suas economias aos interesses das multinacionais e dos onipotentes grupos financeiros internacionais... A África morre e o Banco Mundial enriquece. A Ásia e a Europa Oriental vêem suas riquezas saqueadas e o Banco Mundial apoia a iniciativa do Fundo Monetário e do GATT, que autorizam o saque de suas riquezas materiais e intelectuais... Em seus discursos, o Banco Mundial fala dos sacrifícios que exige a estabilização estrutural para que as nações se insiram num mercado mundial globalizado, como se se tratasse de um deserto que deve ser atravessado para se chegar à terra prometida do Desenvolvimento. Não quero ser cúmplice dessa fatalidade inexorável. E prefiro continuar sustentando as organizações de camponeses sem terra, das crianças na rua, das mulheres que não querem vender seu corpo nas cidades asiáticas...

Ao ler essa carta em sua sala de reuniões — se é que alguma vez a leram — os diretores do Banco Mundial devem ter ficado atônitos, como se em pleno inverno uma arara barulhenta dos trópicos houvesse entrado pelas janelas. Já vimos (no capítulo sobre a pobreza e as explicações que nosso terno idiota dá sobre ela) a insensata alienação que consiste em apresentar as empresas transnacionais como a versão moderna dos flibusteiros que, no século XVII, assolavam o Caribe e o cansaço infinito provocado por lembrar ao idiota continental e seus amigos na Europa que a Etiópia e outros tantos países africanos morrem de fome, de fato. Mas não por obra do Banco Mundial e sim de bárbaros ditadoricos que compartilham as teses terceiro-mundistas do sr. Galand, justamente porque elas lhes fornecem um álibi, desviando a atenção popular de sua própria desonestidade, rapacidade e incompetência, jogando em cima de outros a culpa pelos males provocados por eles. Não é a presença de transnacionais em seu território que os arruina, mas exatamente o contrário: a falta delas, o fato de ser muito esquálido tanto o investimento nacional quanto o estrangeiro, nula a poupança e nulo o desenvolvimento da empresa privada. Não são os técnicos do Fundo Monetário que saqueiam suas supostas riquezas, mas sim camarilhas políticas e militares, tribais, corruptas e perfeitamente ineptas: para completar, em geral de inspiração marxista, que oprimem seus povos infelizes.

Tampouco a penúria de alguns países da Europa Oriental pode ser atribuída ao Banco Mundial ou a Fundo Monetário Internacional, como parece acreditar o pitoresco sr. Galand, mas sim às seqüelas deixadas por mais de 40 anos dessa economia estatizada que ele e o sr. Miná parecem empenhados em nos recomendar como alternativa ideal. Seria preciso assumir de novo paciência franciscana para lembrar-lhes que o Estado dirigista não produziu entre nós riqueza, mas sim pobreza. Porque o

Banco Mundial não tem feito outra coisa a não ser comprovar uma triste verdade; nossos Estados não podem lutar contra a pobreza se não forem reformados; se não cederem espaço ao setor privado para administrar melhor o que eles administram mal, com desordem e ineficiência; se não sanearem as finanças controlando os desatinos e excessos do gasto público, a inflação, as emissões irresponsáveis de moeda, e se não recorrerem a empresários privados para endireitar empresas estatais à deriva. Em outras palavras, a verdade evidente que tanto ofende aos perfeitos idiotas dos dois continentes: sem desenvolvimento econômico não há erradicação possível da pobreza, e uma das condições essenciais para que esse desenvolvimento possa realizar-se a médio e longo prazos é uma ordem nas finanças públicas.

Tudo isso parece a nossos amigos uma travessia insuportável do deserto, para utilizar a expressão do sr. Galand. Com certeza, para todos eles seria melhor poupar esforços e partir para o assalto ao céu, quer dizer, à utopia que oferece em nome de um Estado redentor pão, terra, teto e prosperidade como se essas coisas estivessem ao alcance de um decreto, duma lei ou duma tomada do poder pela via armada. Por esse caminho, na verdade, não se vai para o céu, mas sim para o inferno, e ali ficará o sr. Galand, longe do infame Banco Mundial e ao lado dos camponeses sem terra, das crianças de rua e das mulheres que, embora não seja de seu agrado, são obrigadas a vender o corpo para comer, como em La Habana de seus sonhos, ao longo do Malecón.

Na América Latina, 180 milhões de seres humanos de um total de 400 milhões vivem sob o limiar da pobreza e 88 milhões na miséria aberta. Cuba é a exceção.

Gianni Miná, O continente desaparecido.

> *Depois de 100 anos de efetiva hegemonia da economia de mercado na América Latina, o panorama é desolador: 70% da população vivem além do limite da pobreza e 40% (dela) na miséria. Um milhão de crianças desnutridas morrem a cada ano no continente. Cuba atraveu-se a desmontar esse mecanismo que faz deste continente, mas também da África e da Ásia, continentes de necrófilos. Em nossos países se nasce para morrer. Em Cuba, não.*
>
> <div align="right">Frei Betto, <i>idem</i>.</div>

Frei Betto é um dominicano brasileiro, apóstolo da Teologia da Libertação e amigo de Castro, com quem fez uma entrevista tão famosa e torrencial como a de Miná (e, entre parênteses, também de joelhos). Em poucas linhas, é preciso que se reconheça, o barbudo frade religioso sintetiza não apenas a tese central cem vezes exposta no livro de Miná, mas também o pensamento sobre a América Latina de muitíssimos intelectuais europeus da chamada *gauche divine* ou "esquerda caviar". Todos eles se compadecem da miséria que descobrem na América Latina; miséria evidente e insuportável, é claro. O perfeito idiota latino-americano sabe disso e serve-se dela, como um mendigo de suas chagas, para atrair sua atenção e lhes vender, ao mesmo tempo, um diagnóstico falso e um falso remédio para o mal. Consegue o que procura, sem dúvida. Porque esses intelectuais, jornalistas, sociólogos, antropólogos, cineastas ou cantores da esquerda européia não apenas fazem alusão veemente a nossa pobreza em ensaios, reportagens, estatísticas, imagens, poemas ou canções, mas também, com uma mistura de candura, alienação ideológica e de supina ignorância, decidem que só nos resta, como única redenção, o castrismo, o sandinismo, o zapatismo, o maoísmo e até o senderismo; qualquer coisa, menos a democracia boba que eles mesmos têm em casa, e o vil capitalismo, sinônimo de exploração.

Essas bobagens não resistem, é óbvio, a menor análise. Em primeiro lugar, não é correto, como Frei Betto diz, que a economia de mercado tem uma hegemonia de 100 anos na América. Com exceção das tímidas tentativas liberais que há muito pouco tempo têm sido introduzidas na política econômica e social de alguns países, não tivemos nem uma economia de mercado propriamente dita, nem uma sociedade aberta de verdade, de cunho liberal. O que houve até agora na América Latina é o mercantilismo ou sistema patrimonial; quer dizer, nobre irmão Betto, um sistema no qual uma classe política burocrática, sua clientela eleitoral e seus aliados — empresários superprotegidos e uma elite sindical ligada às empresas do Estado — administram o país como se fosse patrimônio seu. Nesse suposto Estado Benfeitor, gerador de desordem, desperdício, inflação e corrupção, está a chave daquilo que preocupa a você e a nós na mesma medida: a miséria de grandes zonas da população. De modo que não nos venha vender como solução o que é causa ou, em todo caso, parte do mal.

Em segundo lugar, e em homenagem à rigorosa verdade, não é certo que nossa pobreza não pára de se agravar como reza o refrão repetido em coro por nossos idiotas e pelos idiotas forâneos. Apesar dos equivocados modelos de desenvolvimento, do populismo, dos Estados ineficientes, clientelizados e corruptos, e graças ao espírito empresarial que abre passagem em meio a tantas dificuldades, o continente sustentou na segunda metade do século um crescimento médio de 5% ao ano, não obtido, segundo lembra Revel, por nenhum país europeu. Certamente, ele diz, "é um crescimento com dentes de serra, com diferenças enormes segundo os anos, e uma distribuição muito desigual entre os países, assim como entre as regiões e as camadas sociais... No entanto, esse crescimento existe. De 1950 a 1985, a renda real por habitante dobrou, em dólares constantes, passando de US$ 1 mil por ano para um pouco mais de US$ 2 mil, o que era o nível da Europa Ocidental até 1950, e o triplo da renda das regiões mais pobres da África e da Ásia". E a conclusão: "As disparidades no nível de vida, a miséria de uma parte da população, a falência estrepitosa das finanças públicas, a inflação que desorganiza a vida cotidiana e esteriliza o investimento não derivam de um subdesenvolvimento fundamental. Esses males provêem, isso sim, de um desperdício de origem política."

Não há dúvida de que o maior disparate do reverendo Betto, de Miná e de boa parte da esquerda européia é dar como exemplo e solução desses problemas o país mais pobre das Américas depois do Haiti: Cuba. O capítulo sobre a revolução cubana contém a resposta para seus alegres delírios sobre essa experiência; não é o caso repeti-la. Só acrescentamos isto: é uma pena que todos eles viajem à ilha como convidados de Castro. Desfrutando dessa hospitalidade que os coloca na escala dos privilegiados do sistema e não no nível do cubano comum e corrente, não podem saber até onde é grande a penúria deste. Deve ser triste, Frei Betto, não poder tomar uma cerveja quando o calor aperta na praia, porque tal gosto só se podem dar os turistas que têm dólares. (O dólar que você tanto detesta como símbolo de um poder imperial é, de passagem, o "rei" da ilha.) Deve ser triste ver esses turistas comendo à vontade na Bodeguita del Medio, enquanto os havaneses devem limitar-se a pôr em cima da mesa, em casa, um prato de arroz ou de feijão preto e um copo de água com açúcar, expostos por causa de tanta frugalidade às avitaminoses e à neurite ótica. Deve ser mais triste ainda ver que a irmã ou a prima desse cubano tem de sair à noite ao Malecón para se oferecer a algum turista, porque sua família não pode sobreviver com um salário equivalente a US$ 5 por mês. Deve ser não triste, mas sim patético, não poder dizer em voz alta o que se pensa, nem sequer dentro da própria casa, com medo de microfones, das delações e do castigo; ou, como a poetisa Maria Elena Cruz Varela, ser espancada pelos capangas da Seguridad de Estado por ter assinado um manifesto solicitando uma abertura democrática, ser agarrada pelo cabelo, arrastada escada abaixo e ser obrigada a engolir os poemas recém-escritos aos gritos de "que te sangre a boca, porra, que te sangre!" Deve ser não apenas triste, mas também humilhante para os cubanos da ilha saber que os estrangeiros e até seus compatriotas do exílio podem fundar empresas em Cuba, mas eles não, pelo que são transformados em cidadãos de segunda categoria em seu próprio país, coisa nunca vista em parte alguma, exceto na África do Sul com a população negra durante o *apartheid*. Diante de todas essas realidades terríveis e comprováveis, um frase sua, Frei Betto: "Cuba é o único país onde a palavra dignidade tem sentido", adquire um significado totalmente diferente daquele que você dá: a dignidade corre por conta do povo cubano para afrontar a indignidade que lhe inflige o regime castrista.

O levantamento de Chiapas mostra que a via armada não acabou.

Miná

Como as experiências políticas e ideológicas passadas não obtiveram resultados permanentes e significativos, temos sustentado que o único que poderia ajudar América Latina a dar um passo significativo em direção a um mundo diferente, mais eqüitativo, mais honesto e humano, seria o índio porque ele era a origem desta terra.

Monsenhor Samuel Ruiz, bispo de Chiapas, México.

Vocês se dão conta? Nossos amigos protagonistas deste livro não têm jeito. Rodam em círculos; suas utopias, de aço inoxidável, resistem às evidências claras que as contradizem. Desaparecido o comunismo na antiga URSS e na Europa, avariada a ortodoxia castrista pela necessidade de dar um pouco de oxigênio capitalista à agonizante economia de Cuba, naufragado o sandinismo sob o peso de seus erros monumentais, ferida de morte a ilusão maoísta na Praça de Tianamen, o próprio Vietnã comunista convertido à fé da economia de mercado, o levantamento de Chiapas veio providencialmente em sua ajuda. "É a primeira guerrilha do século XX", prognosticou com temerária alegria nosso amigo Carlos Fuentes, réplica autóctone da *gauche divine* de que falam os franceses ou da "esquerda caviar" como é definida em espanhol. Em todo caso, ele compartilha seus refinamentos e coquetismos ideológicos; tudo isso proporciona, no sofisticado mundo da *intelligentsia* européia, um elegante salvo-conduto. Fazendo-lhe eco, Miná, os jornalistas de *Il Manifesto* e outros órfãos das quimeras revolucionárias da América Latina pulam numa perna só de tanta alegria. A luta armada não está terminada e derrotada, é que o dizíamos, escrevem eles. O grande Emiliano Zapata ressuscitou.

De novo, sobre uma realidade inegável — a pobreza e abandono dos indígenas das selvas lacandona e chiapaneca do México, a exploração de que têm sido vítimas por parte dos caciques políticos do PRI — ergue-se uma fábula na qual acreditam o perfeito idiota e seus amigos da Europa, eternos fabricantes de mitos em nosso continente. Em Chiapas não houve, como se apressaram a dizer, um levantamento espontâneo e desesperado de indígenas sem terra, à maneira das grandes revoltas agrárias do passado, mas sim uma operação político-publicitária minuciosamente preparada com grande espaço de tempo pelos membros de grupelhos de esquerda, os quais, como o chamado Comandante Marcos, um professor da Universidade de Xochimilco, não têm um único fio de cabelo de índio ou de camponês, e que, com a ajuda do fax e valendo-se sobretudo do cansaço produzido no país pela longa ditadura política do PRI, têm procurado enganosamente apresentar sua aventura como uma revolta popular contra a suposta "política neoliberal" dos dois últimos governos mexicanos.

Trata-se, é claro, de uma tosca deformação da realidade. Em primeiro lugar, porque se existe alguma coisa contrária ao liberalismo é a estrutura política do PRI e suas práticas venais. Em segundo lugar, porque a miséria dos índios lacandones não se deve a nenhuma política liberal ou neoliberal, mas sim ao estatismo corrupto imperante no México há mais de 50 anos, sendo uma de suas seqüelas, no caso da região de Chiapas, o fato de ter deixado que governadores e caciques ou empresários madeireiros ligados ao partido oficial se enriquecessem impunemente explorando os indígenas e desflorestando seu ambiente natural. Mas nesse caso, como em nenhum outro, os promotores da aventura, os perfeitos idiotas mexicanos e seus equivalentes no mundo, puderam não só dar novo ar ao velho estereótipo da revolta armada dos camponeses sem terra, mas também, de passagem, satanizar o modelo liberal apresentando-o como uma fonte de injustiças sociais. Assim também, graças a esse episódio providencial, um Carlos Fuentes pode apresentar-se nos centros acadêmicos dos Estados Unidos como o sofisticado defensor dos índios despossuídos e detrator do capitalismo selvagem. E fazendo-lhe eco, um Régis Debray, que não acabou de pagar a conta de seus erros contínuos em relação à América Latina e à revolução cubana, ou o escritor inglês John Berger, voltam a ocupar espaços privilegiados na imprensa européia, apontando Marcos como um novo Robin Hood e descobrindo, maravilhados, em sua pobre retórica, um novo talento literário do continente. Nada a fazer: é um regresso senil a seus mitos da juventude.

São os velhinhos assanhados da revolução latino-americana namorando suas paixões empoeiradas. Se, ao invés de perseguir a esses mitos, estudassem de perto o que está acontecendo no México, perceberiam que Marcos serve-se dos índios lacandones para fazer chegar ao mundo suas mensagens políticas, sem fazer nada de concreto para resolver seus problemas e aspirações mais imediatos, o que seria factível se a sorte de tais indígenas fosse sua verdadeira preocupação. Afinal de contas, pouco peso devem ter para ele aquedutos, escolas ou postos de saúde em sua selva distante, se o projeto que persegue está impregnado, como aquele de Abimael Guzmán ou o do padre Peréz na Colômbia, de delírios ideológicos e sonhos extravagantes de libertação. Todos eles, já constatamos de sobra, só deixam no continente estrépito, sangue e a pobreza de sempre.

O sonho de monsenhor Ruiz é de outro tipo: seráfico. Como o mito do "bom revolucionário" fracassou — parece dizer-nos, quando fala de "experiências políticas e ideológicas" que não obtiveram "resultados permanentes e significativos" — voltemos atrás, ao mito do "bom selvagem". Aquele que apregoavam na França, sucessivamente, Montaigne e Rousseau. "Ali (entre os índios)" — dizia o primeiro — "não há ricos nem pobres, nem contratos, nem sucessões, nem participações. São desconhecidas as próprias palavras que significam mentira, dissimulação e avareza". Monsenhor deve ter acreditado na fábula e nos propõe voltar, de mãos dadas com os índios lacandones, para essa sociedade ideal, mais sadia, mais justa e humana, para ver como passamos. Tratando-se de um clérigo da Teologia da Libertação, é paradoxalmente um avanço esse regresso que ele nos propõe à Idade de Ouro (ou melhor à Idade da Pedra), saudado com júbilo pelo sr. Miná, porque supõe, pelo menos, que parou de acreditar no marxismo como meio de chegar a um mundo sem opressores nem oprimidos. (Frei Betto e o próprio Marcos não devem estar de acordo.)

Será difícil, sem dúvida, tornar realidade essa nova e ao mesmo tempo velhíssima utopia. Os mexicanos comuns e correntes, receamos muito, não vão estar muito de acordo com monsenhor Ruiz em relação a substituir os economistas de Harvard pelos aborígenes da selva chiapaneca, pondo a economia nacional nas mãos destes e do sr. Marcos. É possível que essa idéia, em contrapartida, seduza alguns intelectuais mexicanos, a seus amigos europeus da "esquerda caviar" e a jornalistas como Miná, para quem, mais do que exportadores de café, de açúcar ou bananas, somos vendedores de sonhos. Como teria sido sua vida, que alimento teriam dado à sua imaginação já sem estímulos desde que Castro colocou uma gravata para visitar o Palácio do Elíseo, se não houvesse acontecido aquela coisa em Chiapas naquele 1º de janeiro de 1994?

Eu sei, é embaraçoso para todos, descobrir no informe da Anistia Internacional de 1993, depois de ter falado durante anos do gulag cubano, que fora a Costa Rica, é provável que seja Cuba com seus 300 prisioneiros de consciência — cito o livro textualmente — e com alguns opositores políticos detidos, com freqüência para serem interrogados, por parte das forças de Segurança, o país do continente em que menos são violados os direitos humanos.

Gianni Miná, *O continente desaparecido* (p. 258)

Esta afirmação não é, claro, da Anistia Internacional, mas sim do próprio sr. Miná, que encontra uma maneira de atribuir à mencionada organização de direitos humanos algo que ela nunca disse. A Anistia tem denunciado em seus informes os atropelos cometidos por Castro, a tal ponto que ele acabou proibindo a entrada de seus membros na Ilha. É o sr. Miná que, considerando muito modesto o número dos prisioneiros políticos, estabelece para Cuba um veredicto absolutório colocando-a em segundo lugar entre os países continentais que maior respeito teriam pelos direitos humanos.

É um conceito simplesmente escandaloso. Porque se existe um país onde, há mais de 30 anos, se violam esses direitos, de maneira flagrante e constante, é esse, e aí estão, para comprovar, as revelações de Armando Valladares e outros testemunhos terríveis escritos por vários que passaram pelos calabouços da Ilha. Em nenhuma outra parte do continente ficou estabelecido, como ali, o delito de opinião, equiparando qualquer crítica, qualquer tentativa de pedir para o país uma forma de pluralismo democrático, a atividades contra-revolucionárias passíveis de punição. Haverá algo mais escandaloso do que o juízo público que culminou com a sentença de morte do general Arnaldo Ochoa, Tony de la Guardia e outros funcionários do regime, farsa tenebrosa que lembra os processos de Moscou e de Praga sob o stalinismo? Diante de semelhantes realidades, os amigos internacionais do idiota, disfarçados de defensores dos direitos humanos, aparecem encobrindo ou desculpando tenebrosos atropelos. Ali não há candura, mas sim franca má fé.

A aspiração dos balseiros é a mesma de milhares de mexicanos e de latino-americanos que tentam entrar nos Estados Unidos, apesar da situação social e de trabalho daquele país, que com freqüência os rechaça.

No entanto, ninguém se atreve a pensar que esses imigrantes atravessam a fronteira sem documentos por uma decisão política.

Gianni Miná, *O continente desaparecido*.

Supor que os balseiros cubanos abandonam a Ilha por razões que nada têm a ver com o regime de Castro é outra alegre temeridade. Bastaria prestar atenção ao que declaram, ou declaravam quando, depois de uma terrível odisséia, chegavam em território norte-americano. Todo mundo sabe que fogem de Castro e o que ele representa para o povo cubano em termos não só de fome e penúria, mas também de repressão política. Procuram não apenas meios de sobrevivência, mas também outra coisa que perderam em sua ilha de infortúnios: a liberdade.

Com certeza, muitos outros latino-americanos tentam entrar legal ou ilegalmente nos Estados Unidos. Mas em seus países de origem, nenhuma autoridade lhes impede de ter um passaporte e de viajar para o Exterior quando queiram. Exceto os haitianos — estes, sim, exclusivamente em razão de sua miséria —, não precisam para isso de valer-se de quatro tábuas e um pneu, e desafiar a voracidade dos tubarões. Fazem o mesmo que o sr. Miná: tomam um avião. *Voilà la petite différence.*

Com que nos surpreendemos? As fábulas sobre nós têm pouco mais que 500 anos na Europa. Colombo via sereias no Caribe e acreditou ter encontrado o paraíso terrestre na foz do Orinoco. No mesmo mar, cinco séculos depois, outro italiano, o sr. Miná, não vê balseiros desesperados, mas sim ingratos procuradores de fortuna que deixam para trás outro paraíso descoberto por ele. Não há nada a fazer: o idiota internacional é um sonhador incurável.

XII

AÍ VEM O LOBO FEROZ!

"Um fantasma corre pelo mundo", dizia Marx em seu famoso *Manifesto*, referindo-se ao comunismo. Hoje, no universo do perfeito idiota, esse fantasma a provocar espanto, ódios e denúncias é o liberalismo. Quantos impropérios lhe chovem! Com idênticas razões, o condenam comunistas, social-democratas ou democratas cristãos; chefes de governo tão diferentes como Castro, Rafael Caldera ou Ernesto Samper; jornalistas tão supostamente bem informados como o diretor do *Le Monde Diplomatique*, coronéis tribais africanos ou sofisticados escritores como Carlos Fuentes; guerrilheiros, catedráticos, sociólogos, economistas, congressistas e sindicalistas de esquerda; bispos da Teologia da Libertação, jovens maoístas ou viúvos octogenários do cepalismo, e naturalmente os Galeano, Benedetti, Dorfman e os demais evangelistas de nosso perfeito idiota, para não falar de sua última figura emblemática, o comandante Marcos. Todos erguem sua voz num coro unânime de diatribes contra essa heresia dos tempos modernos.

O que os enfurece e escandaliza a tal ponto? Coisas óbvias. No final das contas, verdades evidentes que à primeira vista não mereceriam ser satanizadas. Já foi dito neste livro, replicando as fábulas do perfeito idiota latino-americano: não o Estado, mas sim os indivíduos que criam a riqueza; a riqueza de um país se fez ou se pode fazer por meio da poupança, do esforço, dos investimentos nacionais e estrangeiros, criando, desenvolvendo e multiplicando empresas sob a égide de uma economia de mercado; os monopólios públicos e privados são fontes de abusos e a livre concorrência é o melhor instrumento de regulação e de proteção do consumidor; as regulações excessivas, os controles do câmbio, da importação e da exportação, as barreiras fiscais e os subsídios são geradores de privilégios indevidos e de corrupção. Todas essas coisas, e outras mais que concorrem com a proposta liberal no continente latino-americano, derivam de nossa própria experiência continental e não exclusivamente dos textos do sr. Adam Smith. Em outras palavras, estão referendadas pela realidade e tendem a se propagar em vista do fracasso do sistema patrimonialista que tivemos até agora e dos desastres provocados pelas aventuras populistas ou revolucionárias.

Se se tratasse de um problema rigorosamente técnico, sem interferências ideológicas, até o perfeito idiota acabaria aceitando como indício de o modelo liberal render melhores resultados. Mas a ideologia, como as religiões, alimenta-se de dogmas de fé. Já dissemos: é uma dispensa intelectual, uma maneira de explicar o mundo e a sociedade a partir de confortáveis pressupostos teóricos sem recorrer à comprovação. Quando alguma coisa vem pôr em dúvida o dogma a servir de base a todo um código de interpretações até então inamovível e, mais ainda, a tudo aquilo que esse código projetou num destino individual ou na vida de um grupo ou partido, a reação é virulenta; a mesma, com certeza, que Galileu provocou ao revelar que a Terra era redonda e girava ao redor do Sol. Os hereges devem ir para a fogueira! O anátema reiterado até o cansaço, quase de maneira litúrgica, é uma das contribuições valiosas que Stalin deu ao marxismo-leninismo e que, por via do contágio, passou a uma boa parte da esquerda. Obedecendo a essa pauta, os anátemas lançados contra o liberalismo — ou contra o neoliberalismo, para lhe dar seu nome satânico — são ordinários, reduzidos, mas de tanto ser repetidos diariamente, tendem a se fincar na consciência pública para júbilo de nosso idiota. Vamos colocá-los sobre a toalha de mesa à maneira de sobremesa.

O neoliberalismo representa o capitalismo selvagem. Devemos opor-lhe o Estado Social.

É um simples jogo de máscaras para encobrir a realidade. A máscara aterrorizante corresponde a nós, e a máscara mais bonita é dada ao Estado dirigista e benfeitor já descrito em outra parte deste livro e que só produziu desastres no continente. Estado social era o que pretendia representar o justicialismo de Perón, por exemplo, com sua famosa terceira via equidistante do capitalismo sem alma e do comunismo soviético. No capítulo sobre caudilhos e nacionalismo vimos os desastrosos resultados dessa experiência: um país que nas primeiras décadas do século ostentava um nível de vida comparável ao do Canadá, fez em menos de 20 anos uma vertiginosa involução em direção ao subdesenvolvimento do chamado Terceiro Mundo; sua situação, depois da passagem de Perón e das bárbaras ditaduras militares que o sucederam, não era melhor do que a de um país como a Argélia pós-colonial.

O peronismo representou, com certeza, a apoteose do chamado Estado Social; quer dizer, daquele que sacrifica o desenvolvimento por políticas redistributivas, acreditando com isso estar remediando injustiças ou desigualdades sociais. Vimos como Perón conseguiu inaugurar um déficit fiscal descomunal onde havia um considerável fundo de recursos próprios e de reservas monetárias, acumulados durante os anos da Segunda Guerra Mundial. Essa catástrofe foi provocada por meio de uma política de estímulo ao consumo, de nacionalização de florescentes empresas de serviços públicos como as estradas de ferro, de criação de empresas estatais perfeitamente improdutivas e sobretudo de adulação ao estabelecimento sindical argentino, concedendo-lhe tudo aquilo que ele pedia. Evita, sua esposa, fazia do Estado uma entidade de beneficência, em nome da chamada justiça social, dando de presente casas (cinco mil, só no primeiro semestre de 1951) e milhões de pacotes com medicamentos, móveis, roupas, brinquedos e até dentaduras postiças. Os Perón atuaram como os herdeiros que desperdiçaram, do modo mais irresponsável, uma vultuosa herança recebida. Toda essa feira de ilusões representada pelo Estado Social terminou em corrupção, bancarrota econômica, inflação galopante, pobreza e, como reação, sangrentas ditaduras militares.

A idéia básica daqueles que propõem esse aborto (já vimos nos últimos capítulos sobre a pobreza e o Estado) é que a razão-mor de nossos problemas econômicos e sociais reside numa relação injusta entre aqueles que têm tudo e os que não têm, razão pela qual corresponde ao Estado (a seu famoso Estado Social, sinônimo de Estado Benfeitor) eliminar essa injustiça com leis redistributivas e aumentando, por meio de nacionalizações e controles de todo gênero, as atribuições e limites do setor público. Foi o que fizeram no Peru, cada um em seu momento, o general Velasco Alvarado e o sr. Alan García, com os resultados apontados em outras páginas deste livro. O sandinismo também obedeceu à mesma concepção do Estado social e tudo que conseguiu foi levar a Nicarágua à ruína. O nível de vida da população em 1989 era quase tão paupérrimo como o do Haiti; o consumo havia baixado em 10 anos de sandinismo em 70%, o poder de compra do povo nicaragüense em 92%, e a inflação chegava a níveis astronômicos. De uma situação semelhante salvou-se no final a Bolívia, porque o presidente Víctor Paz Estenssoro, livre de alienações ideológicas, deu ao Estado e à economia uma virada de 180 graus, adotando um modelo de intenções liberais em substituição àquele que, sob a emblemática bandeira "social", que os idiotas de seu próprio país haviam impulsionado com conseqüências desastrosas. Esse é, por certo, um dos mais valiosos casos de honestidade intelectual que se conhece no continente, tratando-se do grande dirigente histórico da chamada revolução boliviana do MNR, cujas fórmulas, aplicadas fora daquele contexto particular serviram de modelo para calamitosas experiências estatistas e nacionalistas.

Qual seria, portanto, o capitalismo selvagem? Aquele que predominou até há muito pouco tempo, chamado de "sistema patromonial" por um Octavio Paz, ou o que nós liberais quisemos substituir? Ainda naqueles países do continente latino-americano que não chegaram a viver as desastrosas experiências populistas da Argentina ou do Peru, o modelo de desenvolvimento para dentro e de economia dirigida deu lugar a formas e conseqüências do mercantilismo citadas várias vezes nos capítulos precedentes deste livro: monopólios, privilégios, corrupção, entraves de todo tipo, burocracia, empresas de serviço público ineficientes e caras, corroídas pelo clientelismo político e, como corolário de tudo isso, inflação, empobrecimento e extorsão de usuários indefesos por conta de altíssimas tarifas e impostos. Qualquer um que examine, com honestidade, semelhante estado de coisas, compreenderá que selvagem não é mudá-lo através de propostas de privatização e políticas de abertura, mas sim mantê-lo.

Há experiências positivas e novas do modelo liberal na América Latina: as do Chile, e agora a que começa a abrir passagem na Bolívia, desenvolvem-se sob bons auspícios e parecem irreversíveis, embora, é claro, tratando-se de vias para o desenvolvimento e a modernidade, seus benefícios serão avaliados com o tempo. Só o populismo oferece remédios súbitos e enganosos para tirar um povo da pobreza e do atraso. É um simples exercício demagógico, porque ninguém pode ensinar exemplos plausíveis em nosso continente do chamado Estado ou capitalismo social que propõe. Fórmula retórica, máscara de ideologias obsoletas, por mais que se procure no mapa ou na história continental só se encontra sob esse rótulo demagógico no passado, mas também no presente, um mostruário de desastres. Será o capitalismo social ou economia social de mercado a que Castro pretende introduzir em seu desditado país? Será uma boa réplica ao liberalismo a experiência agonizante do octogenário dr. Caldera na Venezuela? Onde se vê na Colômbia, país crucificado pelo clientelismo político e a corrupção que ele suporta, traços convincentes desse capitalismo social redentor? Não será essa e velha música de sempre, tentando apresentar-se como novidade?

O neoliberalismo não apenas representa a eternização da dependência, a fragmentação de nossos países e o aumento sem freio da pobreza, da marginalidade, da perda de recursos naturais, do intercâmbio desigual e do gap *tecnológico e científico. Também representa sistemas políticos nos quais a participação do povo nas decisões não existe de fato, ou repousa sobre injustiças sociais tão aterradoras que os tornam vulneráveis.*

Declaração do IV Encontro Latino-americano e do Caribe, reunido em La Habana em janeiro de 1994.

Presidido por Fidel Castro, o Encontro contou entre seus participantes não só com representantes dos partidos comunistas continentais e de outras organizações do mesmo perfil ideológico, mas também com dirigentes de organizações guerrilheiras como a União Camilista-Exército de Libertação Nacional (UC-ELN) e a Coordenadora Guerrilheira Simón Bolívar da Colômbia, que fizeram do terrorismo uma arma de luta e do sequestro e da aliança com os traficantes de drogas um negócio muito produtivo. Seus atentados contra os oledutos têm causado gravíssimos danos ecológicos. É óbvio que para esses horripilantes órfãos do comunismo, cujo raciocínio foi analisado no capítulo sobre a revolução, todos os males que eles atribuem ao neoliberalismo têm sido resolvidos em Cuba pelo "Líder Máximo". Não houve ali aumento da pobreza, mas sim o bem-estar mais absoluto, e o sistema político, baseado no partido único, na presidência vitalícia e na ausência total de oposição, é para eles o único a realmente representar uma participação efetiva do povo nas decisões. Como eles vão com alegria na contramão da realidade, quando dizem branco se deve ler preto, e essas considerações são, afinal de contas, altamente gratificantes. Merecem um posto de honra nos altares do perfeito idiota.

O mercado tende a produzir mais artigos de luxo do que os de primeira necessidade. A produção desses últimos será insuficiente e as necessidades não serão supridas. As necessidades cuja satisfação não se pode pagar não existem no mercado. Só produz aquilo que gera benefício privado, independentemente do benefício social.

Juan Francisco Martín Seco,
A farsa neoliberal, Temas de Hoje, 1995.

Depois de produzir semelhante afirmação, o cérebro de dom Juan Francisco deve ter ficado igual a seu segundo sobrenome. Esse cavalheiro da Mãe Pátria chegou com seu panfleto contra o liberalismo muito mais longe do que nosso modesto idiota latino-americano. Merece ser seu padrinho. Segundo a orelha de seu livro, ele é catedrático de Ciências Econômicas da Universidade Autônoma e articulista de *El País* e de *Cambio 16*. Além disso, foi funcionário do governo socialista espanhol, o que talvez nos explique sua curiosa teoria sobre o mercado. Vivendo em Madri e percebendo em seus passeios cotidianos que naquela cidade não faltam as lingüiças, as tortilhas, as azeitonas, o presunto serrano, o café, o vinho, o pão, o leite, o papel higiênico e outros artigos de primeira necessidade, esse ilustre crítico do neoliberalismo deve estar convencido de que se não fosse Felipe González e as correções que o socialismo espanhol deve ter feito na bárbara economia de mercado, tudo isso faltaria na Espanha. Com certeza, na Londres dos tempos da sra. Thatcher, nos Estados Unidos de Reagan, em Taiwan, na Nova Zelândia ou no Chile, onde o Estado não cumpre a função redentora prevista por seu mestre, o sr. Keynes, as vitrines das lojas só ofereciam ou oferecem perfumes de Cartier, Rolls Royces, roupas de Armani ou Valentino e outros artigos santuários, mas nada do essencial. O professor Martín Seco tirou a poeira da pitoresca teoria de que tudo que significa benefício social não é rentável e, por conseguinte, deve ser desdenhado pela economia de mercado e por sua infame lei da oferta e da demanda. Só o Estado se ocupa de pôr nas mesas o pão, a manteiga e todo o necessário para a subsistência. Se não, perguntem aos cubanos.

Vale a pena recomendar a nosso amigo, o idiota, a leitura desse livro. Pode ser outra bíblia tão convincente quanto a de Galeano. Ali se reiteram todos os seus dogmas. Verá como o Estado e só ele "assumiu também como função própria a correção das desigualdades produzidas pelo mercado ao distribuir a renda", e como "se responsabiliza o Estado pelo bom andamento da economia, motivo pelo qual deve dirigi-la através de sua política econômica, e mais ainda, intervir diretamente como empresário..." (Eu já dizia, sentenciará o idiota latino-americano neste ponto.) Verá também como, segundo o autor desse libelo, "o consumidor é o novo proletário de nossa era", despojado de seu salário por uma sofisticada publicidade das multinacionais que o induzem a consumir chocolates, detergentes, óleos vegetais, sabonetes, alimentos para cachorros, desodorantes, molhos e outras futilidades. O inefável catedrático cavalga em seu livro de sonhos e impropérios como Dom Quixote em Rocinante.

Também na França chovem furibundas diatribes contra o liberalismo. A propósito das greves que paralizaram a França no mês de novembro de 1995, o diretor do conhecido jornal *Le Monde Diplomatique*, Ignacio Ramonet, escreve um artigo, publicado em dezembro de 1995 no jornal *El País* sob o título "A faísca francesa", ao qual pertence a seguinte afirmação:

Que significado tem essa revolta insólita? É o primeiro protesto coletivo, na escala de todo um país, contra o neoliberalismo. E isto é histórico.

Não é a primeira vez e é óbvio que não será a última que as crises provocadas pelo Estado Benfeitor (*L'État providence*, em francês) são endossadas alegremente ao liberalismo. A mobilização multitudinária de trabalhadores e funcionários que deixou a França, durante duas semanas, sem transportes nem correios, teve de fato o caráter de protesto contra o plano de reforma da Seguridade Social e das pensões do governo proposto pelo primeiro-ministro Alan Juppé. Mas, nem o sr. Juppé, nem o presidente Chirac, nem a reforma proposta, bastante cautelosa, sem dúvida, merecem o qualificativo de liberais. Trata-se, na melhor das hipóteses, de uma ação desesperada de primeiros socorros tributários, perfeitamente insuficientes para salvar um sistema previdencial cuja concepção totalmente estatista, à beira da hecatombe financeira, não foi questionado pelo governo francês.

 Considerado por uma grande maioria dos franceses como uma conquista social inamovível, o sistema de Seguridade Social da França, como em muitos países do Ocidente desenvolvido, é cada vez mais oneroso, mais complexo e voraz. Seu déficit atinge hoje a soma astronômica de US$ 50 bilhões (200 bilhões de francos). A qualidade de seus serviços se deteriora e desumaniza. O sistema, que cresce de maneira irrefreável, gerando uma burocracia tentacular, abusos e desperdício, esgota incessantemente suas fontes de financiamento, obrigando o Estado a impor a determinados intervalos de tempo novas tributações na base da chamada massa salarial das empresas. A carga tributária gerada por qualquer emprego novo já é em si tão elevada para trabalhadores e empresários, que estes, sobretudo quando proprietários de pequenas e médias empresas, pensam duas vezes antes de contratar um novo empregado ou operário. As altas e rebeldes taxas de desemprego — esse espectro que hoje alarma, com razão, as sociedades industriais com suas sequelas de insegurança e delinquência — não são de modo algum estranhas ao angustiante sistema impositivo da França e a outros fatores que desanimam a atividade produtiva e subtraem dinamismo da revolução tecnológica e da competitividade de muitas indústrias do país, com a consequente perda de mercados e o aumento de excluídos e marginais da sociedade.

 Os políticos franceses, seja de esquerda ou de direita, oferecem nas campanhas eleitorais algo virtualmente impossível, como reduzir impostos, combater o desemprego e ao mesmo tempo manter e ainda ampliar os benefícios da Seguridade Social.

Colocados diante da realidade de um déficit monumental, obrigados a criar novas formas de tributação, desesperados diante da impossibilidade de frear o desemprego que golpeia, em particular, os jovens recém-chegados no mercado de trabalho, estão boquiabertos de ver como sua popularidade se erode de forma vertiginosa no governo, abrindo opções a seus opositores. O movimento pendular entre a esquerda e a direita, que nada resolve, só cria ilusões fugazes de mudança que logo são frustradas, fomentando na sociedade civil ceticismo diante do *establishment* político em sua globalidade, e favorecendo às vezes aventuras xenófobas ou ingênuos movimentos ecologistas, só porque representam algo diferente das formações partidárias tradicionais.

Resumindo, analistas políticos como o próprio sr. Ramonet não querem ver que o Estado Benfeitor criou metástase e que seus sistemas de assistência social não têm cura possível simplesmente porque não há como pagá-los. O "ogro filantrópico" produz mais danos do que benefícios: aquilo que entrega com uma mão, tira com acréscimos com a outra, subtraindo do bolso do contribuinte e além disso infligindo-lhe o custo adicional de seus endividamentos irresponsáveis e de seus copiosos aparatos burocráticos. O analista liberal José Piñera Echenique, autor da bem-sucedida reforma previdenciária no Chile, explicou muito bem a natureza da crise: "A dualidade de critérios — ser liberal no econômico e estatista no social — tanto compromete a eficiência na destinação de recursos para combater a pobreza como compromete a estabilidade dos avanços no plano econômico ao manter uma tensão permanente entre ambos critérios de condução dos assuntos públicos. Talvez o melhor exemplo dessa dualidade seja a existência de sistemas estatais de seguridade social em franca decadência em países com uma longa tradição de economia de mercado."

O sr. Ramonet, e com ele muitos detratadores do liberalismo, tentam situar esse debate no plano da ideologia e não da realidade. Nessa latitude ideológica, é muito confortável proclamar aos quatro ventos ser um direito de todos os cidadãos receber do Estado uma proteção social total, todo tipo de subsídios, inclusive o da suspensão do trabalho ou desemprego, e apresentar o liberalismo como o lobo voraz que pretende desconhecer semelhantes benefícios julgados como conquistas irreversíveis da massa trabalhadora. A reiteração desse tipo de discurso acaba gerando, em torno do Estado Benfeitor, uma cultura e uma mentalidade coletiva, parecida com a dos que vivem da assistência pública. Aqueles que apresentam os protestos sociais como uma reação contra o chamado neoliberalismo nunca se dão o trabalho de apresentar suas próprias alternativas diante desse leque de problemas insolúveis dentro do marco do Estado Benfeitor: déficit do sistema de seguridade, um desumano sistema impositivo e desemprego crescente. Limitam-se a levantar um megafone para exigir do "ogro filantrópico", em nome de suas quimeras ideológicas, a quadratura do círculo.

Qual é, para eles, a culpa do liberalismo, em países onde permenece inédita a verdadeira opção liberal? Apontar essas verdades e não participar do engano daqueles que partem, como eles, para o assalto ao céu; quer dizer, atrás das utopias sociais e das fábulas do Estado Benfeitor. Por culpa de certo discurso político e ideológico, qualquer outra alternativa de cunho liberal é objeto de escárnios. E, no entanto, elas existem em outras latitudes. A reforma previdenciária do Chile, por exemplo, deixou os cidadãos daquele país em liberdade para escolher livremente o sistema de saúde e pensões que cada um gostaria. Só 10% deles continuaram com a velha Seguridade Social do Estado, deixando nas mãos do setor público a administração de suas pensões. O restante, ou seja, a esmagadora maioria de trabalhadores e funcionários, optou por confiar essa administração a empresas privadas, com resultados notoriamente tão vantajosos que ninguém quer voltar ao velho sistema, aquele que ainda existe na França. É uma privatização irreversível. Assim, para esse problema o liberalismo deu as soluções que o Estado Benfeitor é incapaz de dar. Mais uma vez: a realidade, e não as fábulas ideológicas de nosso perfeito idiota, proferiu a última palavra.

XIII

OS DEZ LIVROS QUE COMOVERAM O IDIOTA LATINO-AMERICANO

Como regra geral, todo idiota latino-americano possui uma biblioteca política. O idiota costuma ser bom leitor, mas geralmente de livros ruins. Não lê da esquerda para a direita, como os ocidentais, nem da direita para a esquerda, como os orientais. Dá um jeito para ler da esquerda para a esquerda. Pratica a endogamia e o incesto ideológico. Com freqüência, não é raro que essas leituras o dotem de certo ar de superioridade intelectual. Aqueles que não pensam como ele são vítimas de uma espécie de estupidez congênita. Soberba que provém da visão dogmática forjada, de maneira inevitável, nas mentes daqueles que só utilizam um lóbulo moral na formação de seus juízos críticos. A literatura liberal, conservadora, burguesa, ou simplesmente contrária aos postulados *revolucionários*, parece-lhes uma perda de tempo, uma mostra da irracionalidade ou uma simples carrada de mentiras. Não vale a pena aproximar-se dela.

O que lê nosso lendário idiota? Muitas coisas, naturalmente. Uma infinidade de livros. No entanto, é possível examinar suas estantes repletas e reunir vários títulos emblemáticos, a englobar e resumir a substância de todos os demais. O que se segue — em ordem cronológica não rigorosa — pretende exatamente isso: eleger a biblioteca favorita do idiota, de maneira que se algum leitor de nossa obra desejar incorporar-se ao bando da oligofrenia política, depois de uma semana de intensa leitura até poderá dar conferências diante de algum auditório prestigioso, de preferência do mundo universitário dos Estados Unidos e da Europa. Ainda existe gente que fica boquiaberta quando escuta essas bobagens.

Uma última advertência: por trás da seleção dos 10 livros que comoveram nosso afetuoso idiota, podem-se observar três categorias nas quais esses textos se acoplam e reforçam. Uns estabelecem o diagnóstico fatal sobre a democracia, a economia de mercado e os pérfidos valores ocidentais; outros dão a pauta e o método violento para destruir os fundamentos do odiado sistema; e os últimos fornecem um luminoso projeto de futuro baseado nas generosas e eficientes características do modelo marxista-leninista. Ilusão curiosa, porque nos anos em que o idiota atinge seu maior esplendor histórico — de meados dos anos 50 até final dos 80 — já se sabia com bastante clareza que os paraísos do proletariado não eram outra coisa senão campos de concentração cercados de arame farpado.

A História me absolverá. Fidel Castro, 1953

Segundo uma lenda muito conhecida — difundida pela propaganda cubana — trata-se das alegações feitas por Fidel Castro em sua própria defesa durante o julgamento que se seguiu ao fracassado assalto ao quartel Moncada, em 26 de julho de 1953. Quem não leu o texto costuma conformar-se com a citação de sua frase final "condenem-me, não importa, a História me absolverá", afirmação que, por certo, também foi feita por Adolfo Hitler em circunstâncias parecidas durante a formação do partido nazista. Naturalmente, há centenas de edições da obra, mas para a redação desta resenha nos guiamos pela segunda, de

OS DEZ LIVROS QUE COMOVERAM O IDIOTA

Ediciones Júcar, Gijón, Espanha, de janeiro de 1978, com prólogo obsequioso do inefável Ariel Dorfman, de quem falaremos mais adiante, porque também é autor de um dos clássicos justamente venerados por nossos mais cultos idiotas latino-americanos.

Situemos o leitor diante da verdadeira história. Na madrugada de 26 de julho de 1953, um jovem advogado sem experiência, de apenas 27 anos, candidato a congressista nas frustradas eleições de junho de 1952 — abortadas por um golpe militar dado pelo general Fulgencio Batista em março, três meses antes dos comícios — dirige o ataque a dois quartéis do exército cubano situados no extremo oriental da Ilha: Moncada e Bayamo. Suas tropas são integradas por 165 combatentes inexperientes, mal armados com escopetas de cartucho, rifles calibre 22, pistolas e alguma metralhadora de respeito. No assalto morrem 22 soldados e oito atacantes — o que demonstra a ousadia do grupo capitaneado por Castro — mas o exército e a polícia de Batista conseguem controlar a situação, detêm a maioria dos revolucionários, torturam, de maneira selvagem, e assassinam 56 prisioneiros indefesos. Fidel consegue fugir com alguns sobreviventes e refugia-se nas montanhas próximas. Entretanto, a fome e a sede forçam-no a se render. Antes disso, o bispo de Santiago, monsenhor Pérez Serantes, conseguiu de Batista a promessa de respeitar a vida de Castro e que ele será submetido a um julgamento justo com o restante de seus companheiros.

Na realidade, não há um julgamento, mas sim dois, e nenhum deles pode ser qualificado como "justo". No primeiro, permite-se que Castro, em sua condição de advogado, atue na defesa de seus companheiros, circunstância de que ele se aproveita para atacar, com muita habilidade, o governo e demonstrar os crimes cometidos. Diante dessa situação de descrédito público, e para evitar maiores danos a seu reduzido prestígio, Batista declara Castro enfermo e dá ordem para ele ser julgado no Hospital Civil, a portas fechadas, perante um Tribunal de Urgência totalmente dependente do Poder Executivo. Isso acontece em meados de outubro de 1953, e diante desse tribunal Castro improvisa sua defesa durante cinco horas. Tudo ali dito é o que se supõe constituir o famoso discurso conhecido como *A História me absolverá*.

Não é correto. Existe um abismo entre o que Castro disse, de fato, e o que foi publicado mais tarde, diferença que não deve surpreender-nos, porque estamos diante de uma pessoa que não tem o menor escrúpulo em reescrever a História segundo sua conveniência conjuntural. O que aconteceu foi o seguinte: uma vez no cárcere da Isla de Pinos, ao qual foi condenado a 15 anos por rebelião militar, Castro escreveu, com toda a paciência do mundo, uma primeira versão de seu discurso e através de Melba Hernández, uma companheira de luta, a fez chegar ao brilhante ensaísta Jorge Mañach — também opositor de Batista — que organizou suas idéias e aperfeiçoou a sintaxe, dotando o texto de citações eruditas, de latinismos e até de pronomes totalmente estranhos à maior parte dos cubanos, como ocorre com o "lhes" ao qual dom Jorge, cuja infância foi passada na Espanha, era tão aficcionado. Esses Balzac, Dante, Ingenieros, Milton ou São Tomás, que desfilam pela obra, não pertencem a Castro, mas sim a Mañach, assim como as longas citações de Miró Argenter ou os poemas de Martí intercalados no meio das alegações. Artifício extremo que não porá em dúvida ninguém familiarizado com a oratória de Castro, popular e incisiva, porém sempre reiterativa, despojada de erudição e carente de brilhos intelectuais apreciáveis.

Não é esse texto, portanto, que Castro proferiu, de fato, em sua defesa depois do assalto ao Moncada, mas sim o que ele gostaria de dizer se tivesse a prosa de Mañach, embora as idéias básicas — não a forma com que as expressa — lhe pertencem, sim, por completo. Em todo caso, *A História me absolverá*, tal e qual conhecida, não é um depoimento diante de magistrados, mas sim a apresentação diante da sociedade cubana de um político e de um programa de governo. Foi, sob o pretexto de uma defesa jurídica, o "lançamento" à vida pública de alguém que, até esse momento, era visto como um mero rebelde sempre vinculado a acontecimentos violentos. Afinal de contas, o que disse (ou escreveu depois) nessa peça "pseudo-oratória" o então aprendiz de Comandante que a faz encabeçar a pequena biblioteca do idiota latino-americano recolhida em nossa obra?

Diz várias coisas: explica, em primeiro lugar, as razões de sua derrota, justifica a retirada e rendição, e revela o que ele pensava fazer se tomasse os quartéis: armar as populações de Santiago e Bayamo para derrotar Batista numa batalha campal. Depois, a partir de uma perspectiva francamente pequeno-burguesa, define qual é sua clientela política — os pobres, os camponeses, os profissionais, os pequenos comerciantes, jamais os ricos capitalistas — e, em seguida, proclama as cinco medidas que teria promulgado se triunfasse: 1) restaurar a Constituição de 1940; 2) entregar a terra à propriedade dos agricultores radicados em minifúndios; 3) destinar 30% dos lucros das empresas aos trabalhadores; 4) dar uma participação maioritária nos ganhos do açúcar aos plantadores em detrimento dos donos de engenhos, 5) confiscar os bens malganhos dos políticos desonestos.

Por trás desse programa eleitoral disfarçado de discurso forense, Castro coloca em cima da mesa um quadro de misérias terríveis e oferece um receituário populista para lhe pôr fim:

nacionalizar indústrias, dar um papel primordial ao Estado na gestão econômica e desconfiar permanentemente do mercado, da liberdade de empresa e da lei da oferta e da demanda. Castro já é o perfeito proto-idiota latino-americano entrelaçado numa velha corrente populista. Esse bicho é tão latino-americano que chama a si mesmo, com muito orgulho, de "revolucionário". Porém, além disso, é algo ainda mais perigoso, pertencente a uma tradição ibérica muito arraigada e delirante: Castro também é um "arbitrista". Alguém sempre capaz de arbitrar remédios simples e rápidos para liquidar instantaneamente os problemas mais complexos. Com seus 27 aninhos, sem a menor experiência de trabalho — para não dizer empresarial ou administrativa — visto não haver trabalhado um minuto em sua vida, Castro sabe como resolver, num abrir e fechar de olhos, o problema da habitação, da saúde, da industrialização, da educação, da alimentação, da criação instantânea de riquezas. Tudo pode ser feito, de modo rápido e eficiente, através de alguns decretos promulgados por homens bondosos guiados por princípios superiores. Castro é um revolucionário, e Cuba e a América precisam de homens assim para tirar o continente de seu marasmo centenário. Quarenta e tantos anos depois daquele falso discurso, é dolorosamente fácil passear pelas ruas de uma Havana que desmorona, e comprovar — outra vez — que os caminhos do inferno costumam estar pavimentados de magníficas intenções. As intenções dos revolucionários "arbitristas".

Por último, depois dessa enfiada de simplificações, meias verdades e tolices solenes, Castro termina com uma emotiva descrição da forma como seus companheiros foram assassinados e expõe os fundamentos do Direito, que justificam e perdoam sua rebelião frente à tirania. A essa altura — no final do século XX — sabemos, por fim, que a História não vai absolvê-lo, e sim, como dizia Reynaldo Arenas, vai "absorvê-lo", mas nossos idiotas talvez não se tenham dado conta de tudo. Amam demais os mitos.

Os condenados da terra. Frantz Fanon, 1961

A vida e a obra de Fanon contêm vários paradoxos dolorosos. Esse médico negro, nascido na Martinica em 1925 — morto de leucemia em 1961, no mesmo ano em que foi publicado em Paris *Les damnés de la terre* — de refinadíssima cultura francesa, com essa obra, lida por todos os dirigentes políticos dos anos 60 e 70, dotou o radicalismo revolucionário do já então chamado Terceiro Mundo de um evangelho antiocidental, cujos efeitos ainda dão sérias rabeadas.

Após escrever em 1952 um ensaio intitulado *Pele negra, máscara branca*, no qual são antecipadas algumas das teses que depois defenderá em *Os condenados da terra*, Fanon, educado como psiquiatra na Martinica e na França, mudou-se em 1953 para a Argélia — então em plena ebulição nacionalista — e a partir do hospital em que trabalhava aproximou-se dos movimentos independentistas, transformando-se em 1957 no editor de uma das publicações do grupo. Em 1960, pouco antes de sua morte, o governo argelino em armas nomeou-o embaixador na república africana de Gana. Era a tumultuada época em que começava a descolonização da África.

Dois fatores promoveram o grande impulso editorial desse livro. O primeiro foi sua publicação no momento em que a guerra de independência travada pelos argelinos contra os franceses estremecia ambos os países, a ponto de a estabilidade institucional da França ameaçar rachar. A Argélia era notícia em todas as partes, e as simpatias universais não estavam com Paris ou com os *pied-noir*, mas sim com os árabes humilhados e explorados. A segunda, é que a obra apareceu abençoada com um prólogo laudatório e coincidente de Jean Paul Sartre, então cabeça indiscutível de toda a *intelligentsia* ocidental. Nossa edição é a 12ª publicada pelo Fondo de Cultura Económica no México, em 1988, após uma primeira versão publicada em 1963, ligeiramente reformada pelos tradutores dois anos mais tarde, até se chegar ao texto definitivo.

O interesse pelo prefácio de Sartre resume-se em dois aspectos. O mais curioso é a quem vai dirigido. Sartre busca como interlocutor os europeus que por acaso venham a ler o livro. Fanon, em contrapartida, dirige-se aos não-europeus, aos "condenados ou malditos da terra". Sartre fala aos vitimários; Fanon, às vítimas. Sartre pôde chamar seu texto de "prólogo para colonizadores", da mesma maneira que Fanon pôde chamar o seu de "manual para colonizados em busca de uma identidade autêntica". Sartre adverte aos europeus que ganhou corpo uma justa revanche por conta dos explorados do Terceiro Mundo e congratula-se por isso — ou admite, pelo menos, as razões morais que lhes assistem — enquanto Fanon diz aos seus como e por que a ruptura sangrenta é tão necessária quanto inevitável. Fanon faz a apologia da violência anticolonialista. Sartre a legitima e assume sua vergonha de homem branco devorado pelos remorsos.

O primeiro e grande paradoxo é que Fanon, talvez de modo inexorável, entrega-nos uma análise antieuropéia, isto é, antiocidental, baseada em elementos e conceitos ocidentais. Sua profunda reflexão sobre a identidade individual e coletiva remete, sem dizê-lo, à psicanálise e a Freud, algo perfeitamente previsível num psiquiatra formado nos anos 50. Por outro lado, sua defesa da violência como elemento exorcista e catalisador da História, finca suas raízes em Marx e Engels, enquanto sua exaltação do nacionalismo tem ecos, sem dúvida, da metrópole a qual combate. Fanon quer que os povos do Terceiro Mundo arranquem sua falsa pele cultural com a qual lhes cobriu o invasor branco e soberbo, mas esse desejo, exceto os repúdios tribais quase instintivos, só consegue ser racionalizado a partir de uma perspectiva que acaba sendo a do poder dominante.

Ao mesmo tempo, Fanon, homem talentoso capaz de prever as conseqüências e o alcance de suas propostas, ao final do seu livro, belo e dolorido, diz a seus companheiros de luta algo que não parece realizável: "O jogo europeu terminou definitivamente, é preciso encontrar outra coisa. Podemos fazer qualquer coisa agora, desde que não imitemos a Europa, desde que não nos deixemos obsecar pelo desejo de alcançar a Europa." E acrescenta mais adiante: "não prestemos, portanto, companheiros, um tributo a Europa criando estados, instituições e sociedades inspiradas nela."

Quando o idiota latino-americano descobriu esse livro, caiu de joelhos deslumbrado. Ali estava a chave ideológica para levantar com ira o punho diante dos canalhas do Primeiro Mundo. "Nós" não tínhamos de ser como "eles". "Nós" tínhamos de nos despojar das influências "deles". Só que nossa amável criatura não percebeu que os únicos a poder usar esse argumento nas Américas eram os poucos quechuas, mapuches ou outros povos pré-colombianos não contaminados ainda sobreviventes a duras penas nesta parte do mundo, porque ocorre que "nós" — inclusive os mestiços e negros junto com os brancos — nessa altura da história, somos os colonialistas ou seus descendentes culturais, e não os colonizados. Nós — ou os canadenses ou os norte-americanos — não somos os "condenados da terra" — como Fanon não era — mas sim os condenadores, os beneficiários de uma cultura helenística que há quase três mil anos exerce no Planeta

315

uma influência unificadora que poderá ser brutal, lamentável ou benéfica — dependendo de quem faça a auditoria — mas de cuja força centrípeta ninguém parece poder escapar.

Que aconteceu com os revolucionários negros norte-americanos na década de 1960 quando, embriagados de negritude, marcharam à África em busca das raízes? Aconteceu descobrirem em seguida que nada tinham em comum — exceto a cor da pele e os traços externos — com aqueles povos atrasados e diferentes. Que teria acontecido com o Japão, a Coréia ou a Indonésia se em cada um desses países um Fanon local tivesse persuadido a sociedade das virtudes intrínsecas da cultura autóctone. Em que se teria transformado Cingapura, uma pobre colônia inglesa até mais ou menos a data em que o livro de Fanon começou a circular, e hoje é um imaculado empório de US$ 21 mil de renda per capita, se renunciasse à idéia bem ocidental do progresso como objetivo, à ciência e à tecnologia como forma de alcançá-lo e à economia de mercado como marco no qual plasmar suas transações? Que seria dos Estados Unidos se ao invés de se ver como a Europa que emigrou para o Novo Mundo disposta a melhorar, tivesse se atolado no rancoroso discurso indigenista antiocidental que nossos idiotas não param de resmungar na América Latina? É verdade que as colonizações foram feitas a sangue e fogo, e ninguém pode ocultar os enormes crimes cometidos em nome de culturas "superiores", mas uma vez ter-se produzido o enraizamento da cultura dominante, e uma vez predominarem esses valores e essa visão de mundo, não é possível nem desejável tentar que a História retroceda e a mentalidade social regrida a origens míticas que ninguém mais é capaz de esclarecer e que, se reimplantadas, apenas conseguiriam condenar-nos ao atraso permanente e à frustração.

Alguma vez Fanon pensou que aqueles árabes tristemente

colonizados em Argel pelos franceses foram os colonizadores cruéis do passado? Deu-se conta de que a Guerra Santa islâmica travada a partir do século VIII contra os povos norte-africanos tirou do mapa, subjugou e escravizou numerosas comunidades indígenas, e que esse crime durou muito mais tempo do que o cometido pelos europeus? A Etiópia, nunca colonizada pela Europa — salvo um parêntese italiano que quase não deixou vestígios — saiu-se melhor do que o Quênia ou a Nigéria? Mas, se o panorama africano puderia ser confuso, nosso idiota latino-americano não é capaz de compreender que se sua língua, suas instituições, seu modo de construir cidades ou de se alimentar, todo seu ser e ocupação foram moldados pela Europa, inclusive sua forma de interpretar a realidade. Como pode sonhar em fugir desse mundo? Além disso, para onde pensa fugir? Em direção ao incanato? Em direção à sangrenta teocracia azteca? Em direção à frágil cultura arawaca perdida na selva amazônica? A que estão dispostos a renunciar nossos *fanon* de bolso? É tão absurdo o "fanonismo" latino-americano que até dá pena ter de rebatê-lo.

A guerra de guerrilhas. Ernesto (Che) Guevara, 1960.

Ernesto Guevara, nascido em Rosario, Argentina, em 1928, e assassinado na Bolívia, em 1967 — onde tentava criar uma guerrilha que transformasse as selvas e as montanhas latino-americanas num imenso Vietnã — foi um médico aventureiro, cuja vida engloba a delirante visão política que deslumbrou nossos mais ilustres idiotas ao longo de 30 anos, até converter-se num poster definitivo, posando para o fotógrafo Korda, com um olhar feroz e romântico, como se fosse um Cristo revolucionário retratado após a expulsão dos mercadores do templo da pátria socialista.

Em sua juventude argentina, namorou por breves momentos e sem conseqüências com o peronismo, e aí, em meio à algazarra populista/nacionalista-antiimperialista de Perón, provavelmente sem perceber, deve ter adquirido suas primeiras deformações conceituais. Após formar-se médico, percorreu meio continente de motocicleta e em 1954 foi surpreendido pela queda de Arbenz na Guatemala, país ao qual fora atraído pela ação política exercida pelo coronel guatemalteco e sua incipiente experiência revolucionária — produto, isso sim, das urnas democráticas.

Da Guatemala passou ao México, onde conheceu Fidel Castro, um loquaz exilado cubano que ao sair da prisão anistiado por Batista, depois de cumprir menos de 1/5 da condenação imposta por ter assaltado dois quartéis militares, preparava uma expedição para derrubar o ditador. Guevara teve seu primeiro contato com a KGB soviética — a polícia mexicana lhe proporcionaria o cartão de visita de um "diplomata" da URSS (hoje general aposentado da KGB); em resumo, alistou-se na expedição de Castro e desembarcou em Cuba, no princípio de dezembro de 1956.

Homem valente, metódico e de melhor formação intelectual que seu chefe político, logo transformou-se no terceiro comandante em importância e mando. O segundo era Camilo Cienfuegos, e Castro encarregou os dois — Camilo e Che — de criar outra frente guerrilheira na província de Las Villas, no meio da ilha, não tanto para fustigar o governo, mas para competir com outros grupos guerrilheiros independentes de Sierra Maestra que já operavam nessa zona: as tropas do Diretório Revolucionário Estudantil dirigidas por Rolando Cubelas e Faure Chomón, e a Segunda Frente de Escambray organizada por Eloy Gutiérrez Menoyo.

OS DEZ LIVROS QUE COMOVERAM O IDIOTA

Quando a guerra terminou — na verdade, uma coleção de escaramuças, emboscadas e tiroteios sem glória nem importância — e Batista fugiu do país na madrugada de 1º de janeiro de 1959, Guevara já era um dos homens mais próximos de Castro. Depois dos primeiros meses, fizeram-no diretor do Banco Nacional e em seguida ministro das Indústrias; em ambos os cargos, deu mostras, em partes iguais, tanto de abnegação como de incapacidade, combinação que costuma ser fatal na gerência dos assuntos públicos.

Em meados da década de 1960 — após seus inequívocos fracassos administrativos — Guevara deu seus primeiros passinhos guerrilheiros fora de Cuba, ao lado dos africanos que lutavam contra os portugueses, mas a experiência (da qual quase nunca se fala) acabou sendo desastrosa, embora lhe tenha aberto o apetite para outras aventuras mais domésticas. Em 1965, decidido a criar "dois, três, cem Vietnãs na América Latina", desapareceu de circulação e Castro anunciou publicamente que o Che, de forma patriótica e voluntária, afastava-se de Cuba para cumprir tarefas revolucionárias "independentes" por esses caminhos de Deus. Tratava-se de procurar um álibi desculpador para o governo cubano. Dizia-se à época que Fidel preferia o Che fora de Cuba, porque entre ambos havia sérias discrepâncias sobre a forma de conduzir o país e sobre as relações com a URSS.

Pouco depois começaram os boatos de sua presença em diferentes lugares da América — percorreu vários países com a cabeça raspada e documentos falsos — até ser localizado na Bolívia. No final, uma patrulha do exército boliviano, sob o comando do capitão Gary Prado, capturou-o vivo ao terminar um breve combate, mas os chefes militares decidiram executá-lo sem julgamento depois dos interrogatórios de praxe. Cortaram os dedos do cadáver para assegurar a identificação dactiloscópica e o enterraram numa vala sem nome. Seu *Diário* de campanha não foi destruído e o original acabou nas mãos de Castro. A partir de então, a lenda do Che e sua iconografia multiplicaram-se sem parar.

A importância de *A guerra de guerrilhas*, o livro em questão, reside no fato de ter se transformado num manual subversivo, prático e teórico, do qual foram distribuídos mais de 1 milhão de exemplares no Terceiro Mundo. Em seu breve livrinho, com a prosa didática de quem redige uma cartilha para parvos, o Che parte de três axiomas extraídos da experiência cubana: primeiro, as guerrilhas podem derrotar os exércitos regulares; segundo, não é preciso esperar existir um clima insurrecional, porque os "focos" guerrilheiros podem criar essas condições; terceiro, o cenário natural para essa batalha é o campo e não as cidades. O coração da guerra revolucionária guerrilheira está nas zonas rurais.

A partir desses dogmas, o Che explica a estratégia geral, a tática de "morde e foge", a formação das unidades guerrilheiras, os tipos de armamentos, a intendência, o serviço de saúde, o papel das mulheres e o papel de apoio que os guerrilheiros urbanos devem desempenhar. O Che — Clausewitz do Terceiro Mundo — quer que todos os comunistas do subdesenvolvimento possam fazer sua revolução caseira sem grandes contratempos. A edição que comentamos foi publicada por Era S.A., do México, em 1968, sob o título de *Obra revolucionária*. Tem um prólogo hagiográfico de Roberto Fernández Retamar, um admirável poeta cubano que começou militando nas fileiras do catolicismo e terminou sua vida como comissário político no terreno da cultura oficialista e rígida do castrismo.

O grande erro desse livrinho, que custou a vida ao Che e a tantos milhares de jovens latino-americanos, é elevar a categoria universal a anedota da luta contra Batista, ignorando as verdadeiras razões que provocaram o desabamento dessa ditadura. Castro e o Che — que querem se ver como os heróis das Termópilas — nunca admitiram que Batista não era um general decidido a lutar, mas sim um sargento taquígrafo, elevado ao generalato após a revolução de 1933, cujo objetivo principal era enriquecer no poder junto a seus cúmplices.

Batista, por exemplo, não quis acabar com a guerrilha de Castro após o desembarque do Granma, e deixou que os sobreviventes se organizassem e se abastecessem, durante quase um ano de pouquíssimas atividades militares, simplesmente para poder aprovar "orçamentos especiais de guerra" que iam parar nos bolsos dos militares mais corruptos. A tal extremo que, quando morria algum pobre soldadinho em algum "combate", nem ao menos se dava baixa na relação de nomes, de modo a que os oficiais pudessem continuar cobrando o salário do morto. Claro que diante de um grau de corrupção dessa natureza, os bons oficiais do Exército e os soldados foram se desmoralizando até o nível da paralisia ou da conspiração com o inimigo. Assim estavam as coisas e, após perder o apoio dos Estados Unidos — que haviam decretado um embargo à venda de armas a Batista desde o começo de 1958 — o ditador decidiu fugir numa madrugada, com seu exército aparentemente intacto e com apenas uma cidade em poder do inimigo (Santa Clara). Não havia sido derrotado pela guerrilha. Fora derrotado por ele mesmo. Essa experiência, claro, não pôde ser repetida em nenhum outro país, nem ao menos na Nicarágua, onde Somoza caiu em 1979 pela ação secreta e combinada de Cuba, Venezuela, Costa Rica e Panamá, ajudada pelo descrédito do ditador e pela ingenuidade de Carter, mas não como conseqüência de um enfrentamento "doméstico" entre a Guarda Nacional e a guerrilha. Sem a clara solidariedade internacional com a guerrilha — armas, combatentes, treinamento, dinheiro, santuário e apoio diplomático — unida ao isolamento de Somoza, o manual do Che não teria servido para coisa alguma, em absoluto.

Revolução dentro da revolução? Régis Débray, 1967

Na década de 1960, Régis Débray — nascido em Paris, em 1941 — era um jovem jornalista francês, formado em sociologia, incrivelmente maduro para sua idade, seduzido pelas idéias marxistas e — ainda em maior grau — pelo revolução cubana e pelo fotogênico espetáculo de uma paradisíaca ilha caribenha, governada por audazes barbudos que preparavam o assalto final contra a fortaleza imperialista americana.

Com boa prosa e uma cabecinha maluca propícia para a análise afiada, receberam-no em Havana de braços abertos. Cuba era um viveiro de homens de ação, mas não abundavam os teóricos capazes de dar sentido aos fatos ou, simplesmente, pensadores aptos para justificá-los razoavelmente bem. O Che, por exemplo, publicara seu famoso manual *Guerra de guerrilhas* e preparava-se para pô-lo em prática no cenário sul-americano, mas a batalha que estava prestes a empreender deixava aberto um flanco perigoso: onde ficavam os partidos comunistas e as organizações marxistas-leninistas tradicionais? Inclusive, a partir e uma perspectiva teórica era necessário aplicar a ruptura do velho roteiro escrito por Marx no século XIX, completado por Lenin no seguinte. Não tínhamos decidido que o comunismo viria como conseqüência da luta de classes, incitada pela vanguarda revolucionária de base operária organizada pelo Partido Comunista?

É disso que trata *Revolução na revolução?*, mas não como um exercício intelectual abstrato e sim como uma importantíssima tarefa revolucionária absolutamente deliberada, revelada em toda sua candura num parágrafo que diz o seguinte: "Quando o Che Guevara reaparecer [ele se havia "perdido" para preparar a sublevação na Bolívia], não seria aventureiro afirmar que estará à frente e um movimento guerrilheiro como chefe político e militar indiscutível" (Ediciones Era S.A., México, terceira edição.) Débray era, simplesmente, mais um soldado da guerrilha, embora seu encargo não fosse emboscar inimigos, mas sim justificar as ações, "racionalizar" as heresias, escrever nos jornais, difundir as teses revolucionárias e abrir espaço a seus camaradas nos papéis do Primeiro Mundo. Era, na velha linguagem da Guerra Fria, um "companheiro de viagem" totalmente consciente e orgulhoso de seu trabalho.

Alguma prática ele tinha. Em 1964, sob o pseudônimo de "Francisco Vargas" havia publicado em Paris, na revista *Révolution*, um longo texto ("Uma experiência guerrilheira") no qual descrevia sua visita aos subversivos venezuelanos que então tentavam destruir a incipiente democracia surgida no país após a derrubada de Pérez Jiménez (1958). Foi esse grande artigo que ganhou a confiança de Castro, autor intelectual e cúmplice material dos guerrilheiros venezuelanos, aos quais enviou não só armas e dinheiro, mas também seu mais querido discípulo: o capitão Arnalo Ochoa, fuzilado muitos anos depois, em 1989, já com a patente de general, quando deixou de ser suficientemente fiel.

Em todo caso, se o Che estava a ponto de iniciar sua grande (e última) aventura, e se essa ação iria provocar a ira, o rechaço ou a indiferença dos partidos comunistas locais, pendentes e oponentes de Moscou, era preciso antecipar-se aos fatos com uma espécie de gramática revolucionária cubana: *Revolução dentro da revolução?* Três coisas vem dizer o francesinho para consolo e benefício de La Habana, assim como para a maior glória do Che: com a primeira, adverte que as revoluções na América Latina devem partir de um "foco" militar rural que, em seu devido momento, desovará uma vanguarda política. A essa tese chama de "foquismo"; com a segunda, afirma que, quando se inverte a ordem dos fatores — criando primeiro a vanguarda política para depois tratar de gerar o "foco" insurrecional — ocorre que a organização política se transforma num fim em si mesmo e jamais chega a forjar a luta armada; com a terceira, determina o inimigo a bater: o imperialismo ianque e seus capatazes locais.

Esse palavrório — verdadeira ampliação conceitual do manual de Guevara — não lhe serviu de muita coisa. Uma patrulha de indiozinhos mal armados acabou a tiros com a pomposa teoria do "foquismo". Débray foi capturado pelo exército boliviano após uma visita à guerrilha organizada por Guevara e julgado por rebelião militar, apesar de seus protestos de inocência, montados em torno do álibi jornalístico. Admitiu, no entanto, ter feito uma ou outra guarda noturna, assegurou não haver disparado contra ninguém, e solicitou as garantias processuais que, com certeza, jamais defendeu para seus odiados adversários burgueses. Por sorte, seus captores não o maltrataram além de algumas bofetadas e, devido às pressões internacionais, poucos meses depois foi indultado e perdoado da longa coondenação que lhe fora imposta. Após seu regresso a Paris, foi evoluindo, de maneira lenta e gradual, até se transformar, muito a seu pesar, num homem profundamente odiado e desprezado por seus amigos cubanos. Débray havia compreendido que dentro da revolução não havia outra revolução, mas sim um imenso e sangrento disparate que levaria à morte milhares de rapazes iludidos, apaixonados pela violência política.

Os conceitos elementares do materialismo histórico.
Marta Harnecker, 1969

A grande vulgata marxista publicada na América Latina apareceu em 1969 pelas mãos de uma escritora chilena, Marta Harnecker, radicada em Cuba desde a década de 1970, após a derrubada de Salvador Allende. Em 1994, a editora Siglo XXI, do México, publicou a 59ª edição de *Os conceitos elementares do materialismo histórico*, dado que prova a resistente vitalidade dessa obra (e a heróica teimosia dos marxistas), apesar do descalabro dos países comunistas e do descrédito previsível em que caíram os estudos marxistas a partir de 1989.

A autora chegou a Cuba pela primeira vez em 1960, mas não era então uma marxista convicta e sim uma dirigente da Ação Católica Universitária, de Santiago do Chile. Era o que se chamava de "católica progressista ou de esquerda", imbuída de ideais justiceiros, leitora de Jacques Maritain e Teilhard de Chardin. No entanto, apesar da admiração que lhe despertou o processo político cubano — como a tantos intelectuais do Ocidente — sua vinculação afetiva e intelectual com o comunismo, seu súbito descobrimento da "Grande Verdade", não lhe chegou dessa experiência vital, mas sim das lições que a partir de 1964 recebeu de Louis Althusser na École Normale de Paris. Essa observação não é gratuita — e logo voltaremos a ela — porque demonstra o grande paradoxo em que incorrem muitos intelectuais marxistas: enquanto aparentemente se aferram a uma interpretação marxista da realidade extraída dos livros, ignoram a experiência concreta na qual vivem.

O livro em questão não é outra coisa senão uma boa síntese da parte não filosófica do pensamento de Marx. É um texto pedagógico para formar marxistas num par de semanas de leitura intensa. É, num tomo, "tudo o que você quer saber sobre o marxismo e tem medo de perguntar". Face a seu caráter didático, traz resumos, questionários, frases em destaque, temas de discussão e bibliografia mínima. Está escrito com clareza e tenta fixar a cosmovisão marxista em torno de três grandes temas: a estrutura da sociedade, as classes que a integram e a "ciência" histórica. Quem digerir suas 300 páginas de letra miúda já está pronto para a tarefa que Marx e a sra. Harnecker querem que todos os marxistas empreendam: transformar o mundo. Transformá-lo, claro, através de uma revolução violenta que faça voar pelos ares o estado burguês, instale a ditadura do proletariado e lance as bases de um universo justo, eficiente, luminoso e próspero.

De certa forma, *Os conceitos...* complementa e melhora o conhecidíssimo *Princípios elementares e princípios fundamentais de filosofia*, lições ditadas em 1936 por George Politzer na Universidade Operária de Paris, mais tarde reunidas por seus discípulos em forma de livro, obra desde então reproduzida mil vezes como texto de cabeceira para todos aqueles que se iniciavam nos despenhadeiros conceituais do autor de *O capital*. No entanto, o manual de Harnecker talvez faça parte de uma nova corrente, muito em voga nos anos 60 e 70: a dos "releitores" dos clássicos. Quer dizer, a dos intelectuais, encabeçados pelo próprio Althusser, que foram diretamente aos textos sagrados para buscar uma compreensão não peneirada por interpretações anteriores, embora, para dizer a verdade, não há no texto da chilena uma única variante nova a justificar o esforço de ter deduzido de alguns livros de Marx e de Lenin... exatamente o mesmo que outros exegetas de antes.

Não obstante, e apesar de uma certa independência e de critérios que a autora quer transmitir, a mencionada edição de *Os conceitos...* traz uma entrevista na qual Harnecker, com muito trabalho, sem revelar por inteiro seu propósito, tenta deixar claro quatro assuntos relacionados com seu passado que evidentemente a mortificam, ou talvez lhe criem algumas dificuldades na Cuba ortodoxa onde vive: primeiro, já não é católica; segundo, tampouco é maoísta, algo de que foi acusada no passado por causa de suas defesas das teses insurrecionais do líder chinês; terceiro, não compartilha das críticas à URSS que, a seu tempo, seu mestre Althusser fez; e, quarto, quer que se subentenda estar perfeitamente alinhada com os pontos de vista moscovitas (da Moscou de então).

Curioso que a sra. Harnecker, tão suscetível em seu desejo de se afastar de seu mestre Althusser no tocante ao anti-sovietismo, não fizesse o mesmo com a condição de uxoricida do filósofo francês, visto que o pior do autor de *Para ler o capital* não é o fato de ter feito críticas à ditadura soviética, mas sim o de ter estrangulado com as próprias mãos sua pobre mulher, Elena, episódio impossível de ser relevado em alguém que aparentemente passou a vida lutando pela libertação de seus semelhantes.

Em qualquer caso, esse divórcio entre a vida de carne e osso e a visão intelectual que se tem dela, é uma dolorosa contradição que deve afetar a Harnecker, se é que sua consciência sofre as conseqüências das dissonâncias que costumam afetar as pessoas normais. Nas duas décadas em que residiu em Cuba constatou a crescente degradação física e moral de que essa sociedade padece, o fracasso da planificação centralizada, o horror da polícia política, a falta de escrúpulos do governo, as mentiras constantes, a dupla moral que o povo pratica, o aumento galopante da fome e da prostituição. Viu, em resumo, as terríveis calamidades que o marxismo provoca quando se põe em prática aquilo que seu livro afirma que trará a riqueza e a felicidade das pessoas.

E não pode, sequer, a autora de *Os conceitos*... ... esconder-se atrás da justificativa de que, apesar de viver em Cuba, não sabe o que ali acontece, porque seu marido, pai de sua filha, é nada menos que o general Manuel Piñeiro ("Barbarroja"), o homem que durante mais de três décadas, a partir do Departamento da América do Comitê Central do Partido Comunista, dirigiu habilmente todas as operações subversivas realizadas pelo castrismo na América Latina. Piñeiro, e possivelmente sua esposa, sabem até os últimos detalhes dos crimes do Estado, do tráfico de drogas e de todas as violações da decência e das normas internacionais que o governo cubano realizou, sempre em nome de uma mítica revolução que dificilmente pode ser defendida por alguma pessoa medianamente informada.

Como se compadece essa biografia — a de Harnecker — com sua obra de pedagoga de um método para implantar a felicidade no mundo? Talvez Elena, a mulher de Althusser, tenha feito uma pergunta parecida a seu marido. Qualquer um sabe por que a estrangulou o mestre predileto da sra. Harnecker.

O homem unidimensional. Herbert Marcuse, 1964

Se Fanon lançou seu ataque contra o Ocidente a partir de uma trincheira do Terceiro Mundo — o que lhe diminuía efetividade fora dos países colonizados — outra coisa muito diferente ocorreu com a crítica feroz ao capitalismo surgida dentro das próprias entranhas das sociedades avançadas. E entre essas críticas, nenhuma teve mais eco nas décadas de 1960 e 1970 — época áurea do idiota latino-americano — que as vertidas pelo filósofo alemão, estabelecido nos Estados Unidos, Herbert Marcuse.

Marcuse nasceu em Berlim em 1898. Em 1934, abandonou a conturbada Europa do nazi-fascismo e instalou-se nos Estados

Unidos, país no qual adquiriu notoriedade como professor de filosofia e pensador original. O primeiro livro que o catapultou à fama foi *Eros e civilização* (1955), mas a obra que o transformou num verdadeiro guru da esquerda intelectual do último terço do século XX foi *O homem unidimensional*, publicado em inglês em 1964 e em espanhol em 1968 sob o selo prestigioso da editora mexicana Joaquín Mortiz. Menos de um ano depois, a imprensa dava a conhecer a 5ª e definitiva edição, dessa vez ligeiramente revista. Marcuse morreu em 1979, quando os Estados Unidos viviam uma inflação de dois dígitos, a URSS estava no apogeu de seu poderio, a sociedade americana expiava o trauma do Vietnã e não era muito maluco pensar — como Revel advertia, com dor, em Paris — que a era das democracias chegava ao fim. Marcuse, que se regozijava com esse fracasso, nunca soube que a história vindoura seria muito diferente.

Antes de Marcuse, e também com bastante efeito, dois analistas sociais haviam feito um feroz inventário do modelo ocidental, embora centrando-se nos Estados Unidos: o sociólogo C. Wright Mills e o inteligente divulgador de observações sociológicas Vance Packard. Três livros do último haviam se transformado em verdadeiros e instantâneos *best-sellers*: *The hidden persuaders*, *The status seekers* e *The waste makers*. Os três mostravam uma sociedade grotescamente manipulada pelos poderes econômicos, irracional em suas tendências consumistas e degradante pelos valores que transmitia. O importante era triunfar a todo custo, embora tivéssemos de participar da *rat-race*, a corrida de ratos daqueles que procuravam subir na ladeira empresarial para adquirir os símbolos de hierarquia social que lhes permitisse... continuar subindo.

A essa indignada família ideológica — também visitada por economistas como o sueco Gunnar Myrdal ou o norte-americano John Kenneth Galbraith — Marcuse uniu duas monumentais influências e métodos de análise adquiridos em sua primeira formação européia: Marx e Freud. Marcuse era freudiano e marxista, combinação herética que já se havia observado, por exemplo, em autores do porte de Erich Fromm. Ao conduzir suas reflexões por meio dessas duas linguagens — a psicanálise e o materialismo dialético — criava uma verdadeira música celestial, densa e sedutora, para os intelectuais desejosos de crucificar o modelo de convivência ocidental e que queriam algo mais do que os grosseiros panfletos propagandísticos. Marcuse fornecia a filosofia do "Grande Repúdio".

Isso é *O homem unidimensional*: a racionalização, a partir do marxismo e do freudianismo, de — como diz o subtítulo de seu livro — um duro ataque contra a "ideologia da sociedade industrial avançada". Uma ideologia que, aparentemente, desvirtua a natureza profunda dos seres humanos, aliena-os e transforma-os em pobres seres conformistas, aparvalhados pela quantidade de bens que o sinuoso aparato produtivo põe à sua disposição, enquanto secretamente o priva da liberdade de escolher. Porque, no final, "a sociedade tecnológica é um sistema de dominação".

Marcuse, que viveu nos Estados Unidos, onde chegou justamente em meio à Grande Depressão e que viu a formidável recuperação econômica do sistema em seus 30 anos de residência americana, não pôde montar sua crítica sobre o eixo "pobres contra ricos" — é testemunha da prosperidade das classes médias — levando-o a reformular o ataque a partir de outra perspectiva: já não se pode (como Marx profetizava) esperar um enfrentamento de classes que destrua o sistema porque "o povo [esse rebanho unidimensional] já não é o fermento da mudança social e se transformou [oh, desgraça!] no fermento da coesão social". Quer dizer, o que Marcuse percebe com melancolia, é que a sociedade tecnológica desarranjou o mecanismo das mudanças sociais — de quantitativas para qualitativas, segundo a gíria marxista — anestesiando os trabalhadores até transformá-los na engrenagem cega de um sistema de avanço científico e técnico que dita sua própria dinâmica.

Como escapar desse *fatum* terrível? Admitindo que o verdadeiro totalitarismo está nas sociedades avançadas do Ocidente, onde prevalece a propriedade privada, divorciada dos interesses dos indivíduos, e buscando no controle estatal dos meios de produção a verdadeira liberdade moral que o capitalismo tirou das pessoas. Assim, diz na página 266 de seu notável livro: "Dado que o desenvolvimento e a utilização de todos os recursos disponíveis para a satisfação universal das necessidades vitais é o pré-requisito para pacificação [dos povos], é incompatível com o predomínio dos interesses particulares que se levantam no caminho para se alcançar essa meta. A mudança qualitativa [que Marcuse preconiza] está condicionada pela planificação em favor da totalidade contra esses interesses de uma sociedade livre e racional que só pode aparecer sobre essa base."

E logo acrescenta, para que não haja dúvida, no mais perverso raciocínio, o seguinte paradoxo: "Hoje, a oposição à planificação central, em nome de uma democracia liberal que é negada na realidade, serve como pretexto ideológico para os interesses repressivos. A meta da autêntica autodeterminação dos indivíduos depende do controle social efetivo sobre a produção e a distribuição das necessidades (em termos do nível de cultura material e intelectual alcançado)."

Quem vai encabeçar o "Grande Repúdio" ao "totalitarismo" das democracias liberais? Evidente: "o substrato dos proscritos e dos estranhos, os explorados e perseguidos de outras raças e cores, os desempregados e aqueles que não podem ser empregados... Sua força está por trás de toda manifestação política em favor das *vítimas* da lei e da ordem." Essa é a semente de uma revolução que demolirá um sistema injusto a transformar as pessoas em zumbis. Só que, enquanto Marcuse escrevia sua desesperada apologia da desobediência e do protesto, uma multidão horrorizada fugia por baixo de todas as cercas de arame estendidas nos paraísos marxistas em busca de um destino unidimensional, ou polidimensional, ou o que fosse, mas nunca aquele que lhes impunham os correligionários de Marcuse. É uma pena que Marcuse não tenha vivido até 1989. As imagens do muro derrubado de sua Berlim natal talvez lhe tivesse feito repensar sua obra.

Para ler o Pato Donald. Ariel Dorfman e Armand Mattelart, 1972

Em 1972, a idiotice política latino-americana viu-se subitamente enriquecida com um livro fundado numa disciplina até então afastada da batalha ideológica: a "semiótica", nome com que Ferdinand de Saussure designou um ramo muito especulativo de lingüística que se ocupa em decifrar os signos e comunicação vigentes em todas as sociedades. A obra em questão tinha o nome adequado de *Para ler o Pato Donald*, ao qual se seguia um pós-título um pouco mais rançoso e acadêmico: *comunicação de massa e colonialismo*. Seus autores eram dois jovens que mal roçavam a casa dos 30 anos — Dorfman nascera na Argentina e chegou a Santiago na adolescência, ao passo que Mattelart era de origem francesa — e ambos trabalhavam nas vizinhanças da investigação literária: Dorfman, como membro da Divisão de Publicações Infantis da Ed. Quimandú, enquanto Mattelart atuava como professor-investigador do Centro de Estudos da

Realidade Nacional, vinculado à Universidade Católica. De certa forma, o livro era o resultado de um polêmico seminário intitulado "Subliteratura e modo de combatê-la", mote a provar o velho *dictum* tantas vezes ouvido: as idéias têm conseqüências. Inclusive as más

Em que consiste a obra? Em essência, trata-se de uma aguerrida leitura ideológica sob a perspectiva comunista, publicada justamente no Chile encrespado e radicalizado do governo de Salvador Allende. Dorfman e Mattelart — marxistas — propõem-se a encontrar a oculta mensagem imperial e capitalista que encerram as histórias em quadrinhos saídas da "indústria" Disney. Mais do que ler o Pato Donald, esses intrépidos autores, os Abbot e Costello da linguística, querem desmascará-lo, demonstrar as intenções avessas que ele esconde, descrever seu mundo distorcido e vacinar a sociedade contra esse veneno mortal e silencioso que risonhamente mina da metrópole ianque. E para que realizar esse trabalho justiceiro de policiais semiológicos? Não há dúvida: "Este livro não surgiu da cabeça maluca de indivíduos, mas sim converge para todo um contexto de luta para derrubar o inimigo de classe em seu terreno e no nosso." Dorfman e Mattelart, de lança em riste, cantando a *Internacional* de mãos dadas, rompem as correntes do opróbio. Bravo.

O que encontram? Donald, sem disfarce, eliminados os ardis que o encobrem, é um canalha, claro, patológico. Inclusive pervertido, porque em seu mundinho fantástico não há sexo, nem se procria, ninguém sabe quem é filho de quem, porque semear essa confusão sobre as origens faz parte das macabras tarefas do inimigo: "Disney" — dizem os horrorizados investigadores — "masturba seus leitores sem lhes autorizar um contato físico. Criou-se outra aberração: um mundo sexual assexuado. E é no desenho que mais se nota isso, não tanto no diálogo."

Esses desenhos sexistas e — ao mesmo tempo — emasculados, nos quais as mulheres são sempre coquetes e reprimidas, quando não ligeiramente burras ou pouco audazes.

Donald, Mickey, Pluto, Pateta não são o que parecem. São agentes disfarçados da reação, espalhados entre as crianças para assegurar uma relação de domínio entre a metrópole e as colônias. O tio rico não é um pato milionário e egoísta, e o que acontece não são peripécias divertidas, mas trata-se de um símbolo do capitalismo com o qual se predispõe as crianças a cultivar o egoísmo mais cru e individualista. A Patolândia — metáfora dos próprios Estados Unidos — é o centro cruel do mundo, enquanto que os outros (ou seja, nós) fazem parte da periferia explorada e explorável habitada pelos seres inferiores. Não há lugar para dúvidas: "Disney expulsa o produtivo e o histórico do mundo, tal como o imperialismo proibiu o produtivo e o histórico no mundo do subdesenvolvimento. Disney constrói sua fantasia imitando, de maneira subconsciente, o modo com que o sistema capitalista mundial construiu a realidade e como tal deseja continuar montando-a." Não, não se trata de histórias lúdicas concebidas para entreter as crianças: "O Pato Donald no poder é essa promoção do subdesenvolvimento e dos farrapos cotidianos do homem do Terceiro Mundo em objeto de gozo permanente no reino utópico da liberdade burguesa. É a simulação da festa eterna onde o único entretenimento-redenção é o consumo dos signos asseptizados do marginal: o consumo do desequilíbrio mundial equilibrado... Ler a Disneylândia é engolir e digerir sua condição de explorado."

Como era de se esperar, uma besteira desse calibre tinha por força de se transformar num *best-seller* na América Latina. Em 1993, após 21 anos da primeira edição, a obrinha fora reproduzida 32 vezes para satisfação do ramo mexicano da Siglo XXI

OS DEZ LIVROS QUE COMOVERAM O IDIOTA

e, mesmo em nossos dias de ceticismo saudável, quando não é de bom gosto chupar o polegar, não faltam os circunspectos revolucionários a continuar recomendando-a como a amostra inequívoca da perfídia imperial e — na outra ponta — da sagacidade intelectual de nossos marxistas mais alertas e ativos.

Por que esse livro se encaixou tão perfeitamente na biblioteca predileta do idiota latino-americano? Porque está escrito em clave paranóica, e não há nada que excite mais a imaginação de nossos idiotas do que acreditar-se objeto de uma conspiração internacional encaminhada para subjugá-los. Para esses desconfiados seres sempre existem uns "americanos" tentando enganá-los, tratando de roubar-lhes seus cérebros, arruinando-os nos centros financeiros, impedindo-lhes de criar automóveis ou peças sinfônicas, intoxicando-lhes a atmosfera, ou combinando com os cúmplices locais a forma de perpetuar a subordinação intelectual de que padecemos. Por outra parte, é sempre gratificante defender a cultura autóctone diante da agressão estrangeira. Para que importar heróis e fantasias de outras latitudes quando nós podemos produzi-los domesticamente, como havia demonstrado, por exemplo, Velasco Alvarado com aquele imaginativo "menino Manuelito, de poncho e *chullo*", com que tentou, de forma patriótica, substituir o Papai Noel dos gringos e suas malditas renas?

Interessante ninguém ter dito a nossos belicosos semiólogos que da mesma maneira podiam fazer uma leitura ideológica de Mafalda, encontrando-lhe tendências lésbicas porque nunca deixa que Guillermito, ou seja lá como se chame o menino de cabeça raspada, lhe acaricie um bico do peito, de passagem acusando Quino de ser agente da CIA, visto que sua heroína nem uma única vez denuncia a presença americana no Canal de Panamá. Que ocorreria se nossos sagazes intérpretes se defrontassem com a figura de Batman? Será que nesse imperfeito mundo ianque só se pode defender a justiça com o rosto coberto e o fundo de uma cova? E o Super-Homem, nosso casto herói, defensor de todas as leis — menos a da gravidade — não será um pobre *gay*, assim como esse Zorro sempre acompanhado pelo índio que, sem dúvida, o sodomiza? Que sairia de uma leitura revolucionária e marxista de *A bela adormecida* ou de *Chapeuzinho vermelho*? Não há naquela avó comilona e desalmada que lança a menina aos perigos do bosque uma demonstração palpável da pior moral burguesa? Como se pode, Deus!, ser tão idiota e não morrer no esforço?

Dependência e desenvolvimento na América Latina. Fernando Henrique Cardoso e Enzo Faletto, 1969

Esse breve manual, de apenas 200 páginas, lido por muitos universitários da América Latina, prescrito como "obra básica" por tantos latino-americanistas, foi escrito em Santiago do Chile, nos anos 1966 e 1967, à sombra da Comissão Econômica para a América Latina, a famosa CEPAL, e pode-se verificar perfeitamente sua origem cepalina. Seus autores são dois prestigiosos sociólogos, e um deles, Fernando Henrique Cardoso, é hoje nada menos do que o presidente do Brasil, embora seja muito provável — devido a seu programa de governo — que nos 30 anos transcorridos entre a redação do livro e sua vitória eleitoral, tenha se produzido uma profunda mudança na maneira de entender a realidade econômica latino-americana que sustenta esse brasileiro ilustre. Afinal de contas, a primeira coisa que o ensaio transpira é uma fria racionalidade muito afastada do panfleto dogmático. É evidente que seus autores não estavam empenhados em provar suas hipóteses a todo custo, mas sim encontrar uma explicação razoável para o teimoso atraso relativo da América Latina. Só que o que propuseram então — ainda repetido por inúmeras pessoas — era simplesmente errôneo.

Ao que parece, o bem-sucedido livro — em 1994, a Siglo XXI do México havia publicado 26 edições — só pretendia "estabelecer um diálogo com os economistas e planejadores para destacar a natureza social e política dos problemas de desenvolvimento na América Latina". Mas na realidade o propósito final tinha muito mais calado: averiguar por que havia fracassado a hipótese principal dos economistas latino-americanos mais acreditados dos anos 40 e 50. Era preciso encontrar alguma explicação para o naufrágio da teoria desenvolvimentista do argentino Raúl Prebisch, escola baseada em duas premissas que a experiência acabaria por desacreditar por completo: a primeira, industrializar os países latino-americanos através de barreiras fiscais temporárias que lhes permitissem substituir as importações estrangeiras; e a segunda, que esse gigantesco esforço de "modernização" das economias tinha de ser planificado e até financiado pelos Estados, visto que a burguesia econômica local carecia dos meios e até da mentalidade social requerida para promover esse grande salto adiante.

Em meados da década de 1960, apesar de alguns êxitos parciais no México e Brasil, já se sabia que a receita cepalina não havia produzido os resultados desejados, e era óbvio que o desenvolvimentismo não havia conseguido diminuir a distância econômica que separava países como os Estados Unidos ou o Canadá de seus vizinhos do sul. Inclusive, em certas nações — a Argentina é o melhor exemplo — a aplicação dessa terapia havia dado resultado contraproducente. Por quê? Onde haviam falhado as previsões dos economistas? O problema de fundo não seria de natureza política, tornando-se conveniente examiná-lo com instrumentos alheios à economia? É nesse ponto que Cardoso e Faletto oferecem algo que cai como chuva de maio sobre o moribundo pensamento cepalino de então. Oferecem uma explicação "sociológica" que racionaliza de um só golpe os dois problemas debatidos: por que a América Latina está consideravelmente mais atrasada do que os países do Primeiro Mundo e — sobretudo — por que não funcionou como fora previsto a política industrializadora de substituição de importações que supostamente teria liquidado esse problema secular no lapso de uma geração de trabalho febril?

Essa racionalização tem um nome mágico, "dependência", e consiste no seguinte: "A dependência da situação de subdesenvolvimento implica socialmente numa forma de dominação que se manifesta por uma série de características no modo de atuação e na orientação dos grupos que no sistema econômico aparecem como produtores ou como consumidores. Essa situação supõe que nos casos extremos, as decisões que afetam a produção ou o consumo de uma dada economia são tomadas em função da dinâmica e dos interesses das economias desenvolvidas." Os países subdesenvolvidos, numa economia global, constituem a "periferia", sempre subordinados ao "centro", os desenvolvidos, que determinam "as funções que cumprem as economias subdesenvolvidas no mercado mundial."

A partir dessa visão "estrutural" Cardoso e Faletto tentam descrever como se estabelece a "dependência" entre o "centro" e a "periferia", método de análise que os leva a construir um modelo de comportamento segundo o qual prevalece na sociedade uma espécie de consenso mecânico de vontades, onde não cabem o acaso, os indivíduos ou as paixões irracionais, nem aparece o menor sinal de liberdade individual na tomada de decisões. Toda a obra está lastrada por essa manobra mecanicista e reducionista de entender o porvir histórico. Um parágrafo típico seria este: "É possível, por exemplo, que os grupos tradicionais de dominação se oponham, a princípio, em entregar seu poder de controle aos novos grupos sociais que surgem com o processo de industrialização, mas também podem pactuar com eles, alterando assim as conseqüências renovadoras do desenvolvimento no plano social e político." Aí não existem pessoas, mas sim máquinas.

Não estranho que dois sociólogos formados nos anos 50 adoeçam dessa concepção estruturalista, tingida de pseudociência marxista, porque ao longo de quase todo o século duas tendências acadêmicas disputaram a supremacia nesse cenário: os weberianos e os marxistas; nessa época, e até os anos 80, os marxistas haviam sido hegemônicos. Daí pode-se deduzir que se Cardoso e Faletto tivessem escrito seu livro em nossos dias, provavelmente procurariam na "cultura", como propunha Weber, as profundas razões que explicam nossos males, como demonstra muito bem Lawrence Harrison em seu livro *O subdesenvolvimento está na mente*.

Por outro lado, após o êxito indiscutível dos "tigres" ou "dragões" da Ásia, já não é possível continuar pensando que as nações desenvolvidas, o mítico "centro", impõem a dependência às subdesenvolvidas, ou "periferia". Simplesmente, há sociedades que num ponto de sua história — a Suíça, por exemplo, a partir de 1848 — começam a fazer as coisas de certo modo a conduzir ao crescimento e ao desenvolvimento progressivo. E existem sociedades que ficam presas em seus próprios erros. Isso pode ser comprovado no contraste do Chile dos injuriados *Chicago boys* e o Peru de Velasco Alvarado e Alan García.

Em 1959 — esse é outro exemplo adequadíssimo — havia duas ilhas distantes que se pareciam, de maneira notável, em suas circunstâncias políticas: Cuba e Taiwan. As duas viviam ameaçadas por um vizinho gigante e adversário. As duas faziam parte do mundo subdesenvolvido, embora Cuba tivesse um nível de prosperiade, educação e saúde infinitamente mais alto do que a ilha asiática. O que ocorre quase quatro décadas depois? Que os taiwaneses — que por sorte jamais ouviram falar da teoria da dependência — trabalharam, pouparam, investiram e pesquisaram até se transformar numa potência econômica de importância mundial, sem que ninguém pretendesse impedi-lo. O resto — nunca foi tão bem dito — é puro conto da carochinha.

Para uma teologia da libertação. Gustavo Gutiérrez, 1971

A década de 60 foi marcada pela rebeldia e pelo "compromisso" em praticamente todas as nações do Ocidente e na quase totalidade das atividades sociais. Os cantadores "protestavam" contra as injustiças; os pacifistas contra a guerra; os hippies contra a sociedade de consumo; os estudantes contra as universidades mediocrizadas. Cada grupo, cada segmento, cada grêmio, erguia o punho feroz e ameaçador contra o poder específico do âmbito no qual desempenhavam suas tarefas particulares. Foi a era da primeira eclosão das guerrilhas e do "maio" francês de 1968. Um século antes, desde 1848, o mundo não havia sentido um espasmo revolucionário semelhante.

Naturalmente, a Igreja católica não estava alheia a essa atmosfera, e muito menos na América Latina, continente sacudido pela pobreza, pela instabilidade política e constantes atos de violência. Percepção essa que começou a transcender desde o próprio momento — 1959 — em que João XXIII convocou o Concílio Vaticano II, grande congresso de príncipes e pensadores da Igreja, do qual emanara uma mudança substancialíssima na

OS DEZ LIVROS QUE COMOVERAM O IDIOTA

orientação da Instituição. Quando o Concílio começou, a principal função da Igreja era "guiar" o rebanho até a conquista pacífica do Céu; quando terminou, vários anos e inúmeros documentos mais tarde, a Igreja se havia declarado "peregrina", isto é, companheira da sociedade na luta para construir um mundo mais justo e equânime. Em 1967, o Papa proclama a encíclica *Populorum progressio*. Roma, de alguma maneira, havia secularizado seus objetivos imediatos. Pouco antes dessa data, mas já dentro desse espírito combativo, morreria lutando o sacerdote Camilo Torres junto à guerrilha colombiana castro-comunista.

Após o Vaticano II, em agosto de 1968, produziu-se em Medellín a segunda reunião plenária do Conselho Episcopal Latino-americano (CELAM) e o conseqüente *aggiornamento* da missão pastoral. Para esse magno evento foi solicitada a colaboração das melhores cabeças intelectuais com que contava a Igreja no continente, grupo ao qual sem dúvida pertencia o então jovem sacerdote peruano Gustavo Gutiérrez (Lima, 1928), formado em psicologia em Louvain, doutorado em teologia por Lyon e professor da Universidade Católica de Lima. Para esse evento, Gutiérrez começa a organizar suas reflexões num documento em torno do que chamou de "teologia da libertação", texto que foi se enriquecendo posteriormente até sua publicação definitiva em 1971 sob o título de *Para uma teologia da libertação*. Desde então, poucos livros de pensamento publicados na América Latina alcançaram o grau de influência e penetração dessa obra.

Para entender esse livro, é muito importante ter em mente qual seu propósito: dar um suporte teológico, baseado nos próprios livros sagrados do catolicismo, a uma nova forma de atuação. A Igreja, simplesmente, não poderia mudar seus objetivos pastorais, não poderia dar um giro de 180 graus em sua missão no mundo, sem explicar-se a si mesma e a seus crentes por que

341

passava da complacência e — com freqüência — da cumplicidade com o poder para a contestação e a rebeldia. Afinal de contas, toda a legitimidade da Instituição estava baseada no caráter de "revelação divina" atribuído às Escrituras, de maneira que os atos daqueles que subscrevem essas crenças têm necessariamente de se ajustar a uma leitura desses textos, sob pena de incorrer na maior incongruência.

Gustavo Gutiérrez armou esse quebra-cabeça. Procurou os livros sagrados e encontrou a leitura adequada para converter os "pobres" no sujeito histórico do cristianismo. Estava nas origens, nos salmos, em diferentes passagens bíblicas, em relatos do Velho e do Novo Testamento. Era perfeitamente possível, sem incorrer em heresia, afirmar que a missão principal da Igreja era redimir os pobres, não só em suas carências materiais mas também nas espirituais. O conceito de "libertação" era para Gutiérrez muito mais do que dar de comer ao faminto ou de beber ao sedento: era — como "o homem novo" do Che e de Castro aos quais cita — construir uma criatura solidária e desinteressada, despojada de vis ambições mundanas.

O problema se complica quando Gutiérrez passa da teologia para a economia e propõe à sua Igreja a análise convencional da esquerda marxista para obter a mudança. Diz o padre peruano: "Os países pobres tomam consciência cada vez mais clara de que seu subdesenvolvimento nada mais é que o subproduto do desenvolvimento de outros países devido ao tipo de relação que mantêm atualmente com eles. E, portanto, que seu próprio desenvolvimento não se fará a não ser lutando para romper a dominação que sobre eles exercem os países ricos." O que precipita, de imediato, Gutiérrez a se apoderar de uma concepção marxista-leninista dos conflitos sociais e a propor uma solução drástica, talvez violenta: "Só uma ruptura radical do estado de coisas atual, uma transformação profunda do sistema de propriedade, do acesso ao poder da classe explorada, uma revolução social que rompa com essa dependência, podem permitir a passagem a uma sociedade distinta, a uma sociedade socialista".

Eliminava-se, portanto, a velha definição de Leão XIII — "o comunismo é intrinsecamente perverso" — e, de modo tácito, estimulava-se os cristãos a mostrarem seu compromisso com os pobres aliando-se com os comunistas nas universidades, nos partidos políticos e nas guerrilhas. Se era preciso combater com as armas um modelo degradante de sociedade, a Igreja não ia organizar esse empenho, mas se somaria ou apoiaria aqueles que o fizessem. Era freqüente, inclusive, que dos seminários religiosos ou do magistério pastoral surgissem movimentos que logo evoluíam para a luta armada e o terrorismo. Aconteceu com a *ETA* basca e com os tupamaros uruguaios. Viu-se com clareza, na Nicarágua e em El Salvador, países nos quais a influência da Teologia da Libertação, administrada de forma irresponsável por certos jesuítas e *maryknolles*, induziu muitos jovens à violência e alguns religiosos ao martírio, assassinados por militares ou paramilitares fanatizados pelo ódio.

A retificação desse sangrento disparate — algo que o Papa Wojtyla parece desejar — não é fácil, porque além de estimular a luta armada e de conferir legitimidade moral a uma boa porção de terroristas e assassinos embarricados atrás da causa da justiça social, no processo de "libertar" os pobres, criaram-se numerosas "comunidades de base" (sobretudo no Brasil), muito radicalizadas, que já não respondem como antes às orientações da Igreja, mas sim às pregações de teólogos semi-hereges como Leonardo Boff, inutilmente censurado pelo Vaticano em 1985. A rebelião também acabou afetando a disciplina da própria instituição.

Vinte e cinco anos depois de publicar seu famoso livro, Gustavo Gutiérrez, fiel a suas palavras, mantém-se como pároco humilde de um bairro pobre de Lima, assistindo com suas poucas forças aqueles que lhe pedem ajuda. Quem o conhece, não pode duvidar de sua honradez e integridade fundamental. Quem o leu com cuidado, não pode ignorar seu imenso, doloroso e — com certeza, sem que o tivesse proposto — sangrento disparate. Afinal, sua teologia não serviu aos pobres nem à Igreja.

As veias abertas da América Latina. Eduardo Galeano, 1971

Toda a bibliografia mínima (ou máxima) que se respeite, dedicada a resenhar a biblioteca básica do idiota latino-americano, tem de terminar com *As veias abertas da América Latina*, do escritor uruguaio Eduardo (o "Truta", para seus amigos) Galeano, nascido em Montevidéu em 1940. Não existe um compêndio melhor dos erros, arbitrariedades ou simples bobagens que povoam as cabecinhas de nossos radicais mais desencaminhados. Não há, além disso, um livro de seu gênero que tenha recebido tantas edições, traduções e elogios. Não se conhece em nossa língua, em suma, uma obra que — como essa — mereça ser considerada a bíblia do idiota latino-americano ou, por outro lado, como a grande serpente do pensamento político.

O título, perdidamente lírico, já é uma amostra eloqüente do que vem depois: a América Latina é um continente inerte, desmaiado entre o Atlântico e o Pacífico, do qual os impérios e os canalhas às suas ordens sugam o sangue das veias, isto é, suas imensas riquezas naturais. A imagem é tão plástica e tão melodramática que até um grupo "progressista" de músicos argentinos compôs uma música de protesto sob sua inspiração, enquanto a edição do Círculo de Leitores da Colômbia, ilustrada por

OS DEZ LIVROS QUE COMOVERAM O IDIOTA

Marigot, exibe em sua capa uma enorme bandeira norte-americana na forma de faca que estripa sem compaixão uma América do Sul que sangra. Lindo.

Que diabo é esse *vademecum* do idiota latino-americano? É um livro didático, o livro definitivo para explicar por que a América Latina tem níveis de desenvolvimento inferiores aos da Europa Ocidental ou dos Estados Unidos. A cada afirmação "importante" que vai fazendo, seu autor a anota em letra cursiva, com o objetivo de o leitor perceber, por um lado, a inteligência sutil de quem a escreveu e, por outro, para que guarde a substância da reflexão ou o dado exato, e assim consiga alcançar as bondades dessa ciência infusa que ele nos ministra em parágrafos arrebatadores e certeiros.

A estrutura do livro também delata sua condição de cartilha revolucionária. No prólogo, resume-se o conteúdo da obra. Pode-se ler o prólogo e ignorar o resto, porque tudo fica avassaladoramente dito nas primeiras 20 páginas. A partir daí, o que se faz é pôr os exemplos a escorar as afirmações que vão sendo vertidas. Esses exemplos se organizam em torno das riquezas naturais que os imperialistas nos roubam desde o momento mesmo em que os depredadores espanhóis puseram o pé no continente: o ouro, a prata, a borracha, o cacau, o café, a carne, a banana, o açúcar, o cobre, o petróleo e todo vegetal, animal ou mineral que pode servir para alimentar o insaciável Moloch estrangeiro.

A segunda parte do livro tenta descrever as razões que explicam os fracassos latino-americanos em seus esforços para escapar da miséria tradicional que embarga as massas. Algumas vezes os culpados são os ingleses, outras os norte-americanos, sempre os traidores locais. O livro é um memorial constante de agravos montados a partir do vitimismo e da identificação dos vilões que nos martirizam de maneira cruel: aqueles que importam nossas matérias-primas; aqueles que nos exportam objetos, maquinarias ou capitais; as multinacionais que investem e as que não investem; os organismos internacionais e crédito (FMI, BID, BM, AID). A ajuda exterior é um truque para nos empobrecer ainda mais. Se nos emprestam é para nos arruinar. Se não nos emprestam é para nos estrangular: "os investimentos que transformam as fábricas latino-americanas em meras peças da engrenagem mundial das corporações gigantes não alteram em absoluto a divisão internacional do trabalho. Não sofre a menor modificação o sistema de vasos comunicantes por onde circulam os capitais e as mercadorias entre os países pobres e os países ricos. A América Latina continua exportando sua desocupação e sua miséria: as matérias-primas que o mercado mundial necessita e de cuja venda depende a economia da região. O intercâmbio desigual funciona como sempre: os salários de fome da América Latina contribuem para financiar os altos salários nos Estados Unidos e na Europa."

Há bons nesse filme de terror? É claro. É muito significativo saber quem são os heróis desse pilar da bobagem ideológica latino-americana. No passado, nada menos do que as Missões jesuítas do Paraguai, os criadores de um sistema totalitário no qual os pobres guaranis tinham até de fazer amor ao som de um sino. E depois, no mesmo infeliz país, o enlouquecido Gaspar Rodríguez de Francia, um ditador que literalmente fechou sua nação a toda influência estrangeira, ao extremo de só permitir duas bibliotecas, a sua e a do padre Maíz. Por que é apreciado? Por seus esforços de desenvolvimento autárquico, por seu nacionalismo feroz, por não aceitar o comércio livre, pela militarização que impôs, pelo imenso papel que atribuiu ao Estado como produtor de bens, pela disciplina de "pau e posição-de-sentido" com que sujeitou os paraguaios durante quase três décadas, por seu ódio ao liberalismo. De quem mais gosta? Do fazendeiro Rosas, outro tirano, e por razões parecidas, de Fidel Castro, que fez a mesma coisa que Rodríguez de Francia, porém com maior torpeza administrativa, embora Galeano seja capaz de afirmar a seguinte falsidade sem o menor rubor: "Em Cuba, a causa essencial da escassez é a nova abundância dos consumidores: agora o país pertence a todos. Trata-se, portanto, de uma escassez de signo inverso do que padecem os outros países latino-americanos."

Naturalmente, esse discurso só pode conduzir à violência mais insensata, como aquela desencadeada por seus compatriotas tupamaros. Vejamos o parágrafo com que termina o livro: "O processo atual de integração não nos reencontra com nossa origem nem nos aproxima de nossas metas. Bolívar já havia afirmado, certeira profecia, que os Estados Unidos pareciam destinados pela Providência a encher a América de pragas e misérias em nome da liberdade. Não serão a General Motors e a IBM que terão a gentileza de levantar, em vez de nós, as velhas bandeiras de unidade e emancipação caídas na batalha, nem serão os traidores contemporâneos que vão realizar hoje a redenção dos heróis traídos ontem. É muita a podridão a ser jogada no fundo do mar no caminho da reconstrução da América Latina. Os despojados, os humilhados, os malditos têm, eles sim, em suas mãos, essa tarefa. A causa nacional latino-americana é, antes de mais nada, uma causa social: para que a América Latina possa nascer de novo, será preciso começar por derrubar seus donos, país por país. Começam tempos de rebelião e mudança. Há quem acredite que o destino descansa nos joelhos dos deuses, mas a verdade é que trabalha, como um desafio candente, sobre a consciência dos homens."

Não há dúvida: existe algo que Galeano odeia com maior

intensidade ainda que os próprios gringos, que as multinacionais, que o liberalismo: a verdade, a sensatez e a liberdade. Não as suporta. Não acredita nelas. Não merecem o menor respeito. Sua única e mais firme devoção é alimentar de erros e loucuras os latino-americanos mais desprovidos de luzes até aperfeiçoar a lendária idiotice ideológica que os fez famosos. Por isso, seu livro põe o ponto final no nosso. Ganhou isso na marra.

INDEX EXPURGATORIUS

O mau não é ter sido idiota, mas sim continuar sendo.

Eu acredito na liberdade política, mas a liberdade de mercado na economia é a raposa livre com as galinhas soltas.

Raúl Alfonsín
(ex-presidente da Argentina)
Buenos Aires, 1983

Nos anos 90, a dignidade camponesa está impondo-se de novo sobre a arrogância tecnocrática e, apesar de ter as apostas contra, os índios das Cañadas sobem no marcador e estão dando uma surra nos yuppies de Harvard.

Armando Batra
(antropólogo mexicano)
México, 1995

As reformas econômicas, sobretudo a adoção de medidas que promovem uma economia de livre mercado, exacerbaram as tensões sociais e atiçaram os protestos [na Colômbia] nos últimos anos.

Anistia Internacional
(organização de direitos humanos)
Madri, 1994

Não estamos sós. Os países da comunidade socialista tornam patente sua fraterna solidariedade para conosco. Isso se refere em especial à União Soviética, a qual nós denominamos nosso irmão mais velho.

Presido um governo que não é socialista, mas que abrirá sem vacilações o caminho para o socialismo.

Salvador Allende
(ex-presidente do Chile)
Moscou, 1972 e Cidade do México, 1972

Não somos de esquerda nem de direita: nosso lema é o Peru como doutrina.

O notável impulso que alcançou o antigo Peru tem sua explicação no alto grau de desenvolvimento que adquiriu o planejamento, deixando provas irrefutáveis. A Ação Popular se propôs aproveitá-las.

Fernando Belaunde Terry
(ex-presidente do Peru)
Lima, 1980 e 1994

Minha carta de intenção não é com o Fundo Monetário Internacional, mas sim com o povo venezuelano.

Rafael Caldera
(presidente da Venezuela)
Caracas, 1993

Quando quererá o Deus do céu
que a tortilha se vire;
que os pobres comam pão
e os ricos comam merda

Que culpa tem o tomate
de ter nascido na mata
se vem um gringo filho da puta
o mete numa lata
e o manda pra Caracas.

(Canções anônimas cantadas por grupos de esquerda da América Latina.)

Rechacemos a alienação da eletricidade, da petroquímica básica e da comunicação por satélite, elementos fundamentais da segurança e soberania da Nação.

Cuauthémoc Cárdenas
(líder do Partido Democrático Revolucionário do México)
Cidade do México, 1995

O neoliberalismo é intrinsecamente imoral, porque tem como base um positivismo sem Deus, que põe como bem supremo o lucro e o dinheiro... "Ave, Caesar, morituri te salutat" (Saúde, neoliberalismo, os que vão morrer te saúdam).

Bartolomé Carrasco Briseño
(arcebispo emérito de Oaxaca, México)
Oaxaca, 1996

A relação entre uma parte desse processo industrializador [ocorrido no Terceiro Mundo] e os transnacionais ocasiona sérias preocupações diante da comprovação de que impõem a nossos países uma nova forma de dependência para transformá-los em exportadores de manufaturas simples, presos nas redes de sistemas transnacionais de produção e comercialização, enquanto continuam importando os equipamentos e bens de capital que decidem o curso do desenvolvimento.

A Ilha antes afundaria no mar do que abandonaria os princípios do marxismo-leninismo.

Senhores empresários, eu os convido a investir em Cuba. Afinal de contas, o pior que lhes pode acontecer aqui já aconteceu: que o país se torne comunista.

Fidel Castro
(ditador cubano)
La Habana, 1988, 1989 e 1990

A paz é um direito e um dever de cumprimento obrigatório.
Todos os colombianos têm direito a uma moradia digna.
Reconhece-se o direito de todas as pessoas à recreação, à prática de esporte e ao aproveitamento do tempo livre.

Constituição Política da Colômbia
Bogotá, 1991

(...) Assim, eu sei que um dia voltaremos a nos ver / bom dia, Fidel, bom dia, Haydée, bom dia, minha Casa / meu lugar nos amigos e nas ruas / meu buchinho, meu amor, meu jacarezinho ferido e mais vivo que nunca / eu sou esta palavra de mãos dadas com outros são teus olhos ou teus músculos todos juntos iremos à safra futura / ao açúcar de um tempo sem impérios e escravos.

Julio Cortázar
(escritor argentino)
Paris, 1971

Quando a União Soviética se viu obrigada, num ou noutro caso, a mandar tropas fora de seu território, sempre o fez, não para exportar a revolução, mas sim para impedir a contra-revolução.

Luis Corvalán
(ex-secretário-geral do Partido Comunista Chileno)
Santiago do Chile, 1986

A venda de nossas empresas estatais como forma de salvar o país não pode ser aceita pela esquerda. Não podemos deixar-nos levar pelas teses do neoliberalismo. O Estado tem um papel importante e preponderante.

Luis Ignacio (Lula) da Silva
(ex-presidente do Partido dos Trabalhadores do Brasil)
La Habana, 1993

INDEX EXPURGATORIUS

Pobre México, tão longe de Deus e tão perto dos Estados Unidos.

Porfirio Díaz
(ex-ditador mexicano)
México, final do século XIX

Incapaz de satisfazer seus constituintes, o Estado latino-americano sucumbiu primeiro às ditaduras militares, depois às reformas neoliberais. O sufoco do alto protecionismo, do consumo e da produção subsidiados, os mercados cativos e a ausência de competitividade deviam ser e foram revistos. Mas em seu lugar procedeu-se à satanização dos Estados nacionais, à quimera de se esperar tudo do livre jogo de forças do mercado, à cruel complacência do darwinismo social em terras de fome e as necessidades extremas.

O Exército Zapatista é a primeira guerrilha do século XXI.

Carlos Fuentes
(escritor mexicano)
Cidade do México, 1994 e 1995

Não devemos ser dogmáticos e adotar o assim chamado sistema democrático, que em muitos países degenerou em pseudo-democracia, por isso tivemos de dar um jeito com um machete.

Eu ficaria encantado se tivéssemos várias Shangai no Peru.

Alberto Fujimori
(presidente do Peru e autor do golpe de Estado em 1992)
Cartagena de Índias, Colômbia, 1994

Há mais de dois mil prisioneiros políticos cubanos nos Estados Unidos, que ajudei a libertar e o fiz discretamente.

É muito mais importante para a América Latina eu ser amigo de Fidel do que romper com ele.

Gabriel García Márquez
(escritor colombiano)
Bogotá, 1992

Outros governos, outras ideologias e outros setores sociais postularam que se o governo recebe 100, só deve gastar 100. Nós dizemos que se o governo recebe 100, pode gastar 110, 115, porque com esses quinze haverá crédito para o camponês.

Senhores, confesso que só tenho um par de sapatos, não porque queira aparecer como pobre ou exagerado, mas sim porque não preciso de mais.

Não sou ocioso, não sou um homem que tenha vivido algum dia da política ou do salário de parlamentar.

Precisamos que o Estado participe, de maneira decisória e como protagonista, porque ainda falta muito para que o Estado atinja um nível de saturação na economia nacional.

Vamos industrializar nossa indústria, defendendo-a contra a invasão de recursos e mercadorias estrangeiras.

Alan García Pérez
(ex-presidente do Peru)
Lima, 1990; Bogotá, 1992.

Na Argentina o que faz falta é um pouco mais de inflação.

Bernardo Grinspun
(ministro da Economia do governo de Raúl Alfonsín, na Argentina)
Buenos Aires, 1984

Devemos deixar de ser as múmias [almofadinhas] do marxismo, deixar de lado o obsoleto da letra e ficar com a essência.

Luis Guastavino
(ex-deputado comunista, atualmente na Plataforma Democrática de Esquerda)
Santiago do Chile, 1990

A taxa de crescimento, que se define como algo belíssimo para toda a América, é de 2,5% de crescimento líquido... Nós falamos de 10% de desenvolvimento sem medo algum, 10% de desenvolvimento é a taxa que Cuba prevê para os anos vindouros... Que pensa ter Cuba no ano de 1980? Pois uma renda líquida per capita de uns US$ 3 mil. Mais do que nos Estados Unidos.

Nós afirmamos que, num tempo relativamente curto, o desenvolvimento da consciência faz mais pelo desenvolvimento da produção do que o estímulo material e o fazemos baseados na projeção geral da sociedade para entrar no comunismo, o que pressupõe que o trabalho deixe de ser uma penosa necessidade para se transformar num agradável imperativo.

A culpabilidade de muitos de nossos intelectuais e artistas reside em seu pecado original; não são autenticamente revolucionários... As novas gerações virão livres do pecado original... Nossa tarefa consiste em impedir que a atual geração, deslocada por seus conflitos, se perverta e perverta as novas... Já virão os revolucionários e então o canto do homem novo com a autêntica voz do povo.

Ernesto Che Guevara
(ex-guerrilheiro argentino-cubano)
La Habana, 1961, 1964 e 1965

Stalin, Capitão,
a quem Xangô proteja e a quem resguarde Oxum...
A teu lado, cantando, os homens livres vão:
o chinês que respira com pulmão de vulcão,
o negro de olhos brancos e barbas de betume,
o branco, de olhos verdes e barbas de açafrão...
Stalin, Capitão,
os povos que despertem, junto a ti marcharão!

Nicolás Guillén
(poeta cubano)
La Habana, 1947

É importante, pelo significativo de toda luta que Cuba manteve contra a grande potência imperialista. Há um pequeno espaço para dizer que a utopia socialista não morreu.

> Tomás Harris
> (poeta chileno)
> Frase pronunciada em Santiago do Chile,
> em 1996, ao ser informado de ter ganho
> o Prêmio Casa de las Américas outorgado por Cuba.

O imperialismo é a etapa inferior ou primeira do capitalismo moderno nos países pré-capitalistas ou industrialmente subdesenvolvidos.

Com as classes médias antiimperialistas, unidas às massas operárias e camponesas — condutoras estas do verdadeiro movimento de transformação econômica, política e social que o APRA organizou —, configura-se a aliança popular dos trabalhadores braçais e intelectuais, indeficiente protagonista de nossa segunda revolução emancipadora continental que não haverá de ser pela ação de uma luta de classes, mas sim de uma luta de povos.

> Victor Raúl Haya de la Torre
> (fundador do APRA e do Partido Aprista Peruano)
> Lima, 1977

Fidel aparece sentado na borda de um trepidante tanque que entra em La Habana no dia de Ano Novo... As moças atiram flores no tanque e correm para puxar brincalhonamente a barba negra do líder. Ele ri alegremente e dá beliscões em algumas nádegas. O tanque se detém na praça. Fidel deixa cair seu fuzil no chão, dá uma palmada na coxa e se ergue. Parece um pênis gigantesco posto em ereção, e quando acaba de se erguer, quão alto é, a multidão se transforma no ato.

> Abbie Hoffman
> (ativista norte-americano)
> Estados Unidos, 1967

O Estado vai cruzar tudo.

Ricardo Lagos
(líder do Partido Socialista do Chile e ministro pela coalisão de seu partido com a Democracia Cristã)
Santiago, 1991

A privatização é, entre nós, mais do que uma mudança jurídica do estatal ao privado, a mudança no usufruto do coletivo ao individual.

Juan Manuel López Caballero
(ensaísta colombiano)
Bogotá, 1994

Tanto o liberalismo como o marxismo são a mesma gata, mas com laço de fitas diferente.

Javier Lozano Barragán
(bispo de Zacatecas, México, e presidente do Comitê Econômico do Conselho Episcopal Latino-americano)
Zacatecas, 1996

Eu apoio Fidel Castro.

Diego Armando Maradona
(jogador de futebol argentino)
Madri, 1992

O neoliberalismo se propôs a impulsionar um processo de reconquista da terra. Só que: a conquista da terra não vai seguir o processo de conquista espanhola. Vai seguir o processo da conquista do oeste norte-americano. Implica o aniquilamento físico, cultural e histórico do campesinato.

Subcomandante Marcos
(líder do Exército Zapatista de Libertação Nacional do México)
Chiapas, 1995

O dinheiro com que se financiou a guerrilha foi doado pelos camponeses e operários de forma voluntária.

Manuel Marulana Vélez, apelido "Tirofixo"
(chefe das Forças Armadas Revolucionárias da Colômbia)
Na clandestinidade, 1995

Liquidado o mito da burguesia nacional e da possibilidade de uma transição reformista com a colaboração desta classe, toda revolução autêntica na América Latina tem necessariamente que situar-se numa perspectiva socialista. Parafraseando palavras de Teodoro Petkoff, a revolução na América vencerá como socialista ou será derrotada como revolução.

Plinio Apuleyo Mendoza
(escritor colombiano)
Paris, 1971

Estamos esperando-os, tragam o Principezinho.

General Menéndez
(comandante militar das ilhas Malvinas)
Buenos Aires, 1982, em pleno conflito com a Inglaterra.

O fim da ditadura batistiana e o começo desta bela revolução trará aos cubanos uma etapa de liberdade e prosperidade, como a Ilha nunca conheceu. Quem pode duvidar desse destino feliz?

Carlos Alberto Montaner
(escritor cubano)
La Habana, fevereiro de 1959

Escravo por uma parte, servil criado pela outra, é o primeiro que nota, o último a se desatar. Explorando essa missão de ver tudo tão claro, um dia se viu libertado por esta revolução.

Pablo Milanés
(cantor cubano)
A frase pertence à sua "Canção pela unidade latino-americana".

Se me virem rico, me chamem de ladrão.
Eu não aspiro ser levado a [o palácio de] Miraflores; o que ambiciono é que me levem nos ombros.

Carlos Andrés Pérez
(ex-presidente da Venezuela)
Caracas, 1977 e 1988

Viajei pela Europa; ali tudo são antiguidades. O futuro está na Argentina de Perón.
Amanhã, São Perón, que trabalhe o patrão.

Evita Perón
(ex-primeira dama da Argentina)
Buenos Aires, 1947

O tema "cálculo econômico" não nos interessa; nós proclamamos os direitos sociais da aposentadoria da dona de casa; as questões contábeis que sejam ajeitadas pelos que virão dentro de 50 anos.
O homem é bom, mas se é vigiado é melhor.
Primeiro a pátria, depois o Movimento e em seguida os homens.
Na comunidade organizada cada um terá bem definido seu papel social pelo Estado.
Antes de assinar um decreto de radicação de capitais estrangeiros, cortarei minhas mãos.
Para os amigos, tudo. Para os inimigos, nem justiça.

Juan Domingo Perón
(ex-presidente da Argentina)
Buenos Aires, 1952, 1950, 1949, 1954 e 1955

Direitos humanos, não; direitos humanóides.

Augusto Pinochet
(ex-ditador chileno)
A frase, originalmente pronunciada pelo almirante Merino, membro da junta chilena, foi adotada por Pinochet ao longo de seu governo.

O Peru tem dois tipos de problemas: os que não se solucionam nunca e os que se solucionam sozinhos.

Manuel Prado
(ex-presidente do Peru)
Lima, anos 50

Não compartilho a tese da abertura neoliberal, que é a mais conservadora de todas, e por isso em meu governo adiantaremos a abertura à colombiana.

O único atestado que aceito, que peço e que procurarei como presidente da Colômbia é que ao terminar meu governo digam: Samper está aprovado porque cumpriu as promessas de desenvolvimento social que fez a todos os colombianos.

Ernesto Samper
(presidente da Colômbia)
Bogotá, 1993 e 1995

Ouvi fechar-se a porta atrás de mim, e perdi logo a lembrança de minha velha fadiga e a noção do tempo. Entre esses homens completamente despertos, na plenitude das faculdades, dormir não parece uma necessidade natural, mas sim uma simples rotina da qual se libertaram em maior ou menor medida... todos borraram de sua agenda diária a alternância de almoço e janta... De todos esses serenos, Castro é o mais desperto. De todos esses jejuadores, Castro é o que mais pode comer e o que pode jejuar durante mais tempo... [Todos eles] exercem uma verdadeira ditadura sobre suas necessidades pessoais... fazem retroceder os limites do possível.

Jean Paul Sartre
(filósofo francês)
Paris, 1961

INDEX EXPURGATORIUS

Devemos esmagar a tendência neoliberal. Não podemos permitir que o partido [liberal] se plinioapuleyise.

Horacio Serpa Uribe
(ministro do Interior do governo colombiano
presidido por Ernesto Samper)
Bogotá, 1993

A União Soviética é hoje em dia o país mais livre do mundo.

Volodia Teitelboim
(secretário-geral do Partido Comunista Chileno)
Santiago do Chile, 1989

O bastante pobre e muito rapinante neoliberalismo continental fundamentado num dogmatismo obscurecido parece estimular a noção de que em Washington se localiza uma espécie de "estrela polar" não apenas total, mas também perpétua e implacável para a América Latina.

Juan Gabriel Toklatian
(politólogo e catedrático argentino radicado na Colômbia)
Bogotá, 1992

Os Estados Unidos devem tirar imediatamente as mãos de El Salvador e deixar esse país respirar livremente. US out of El Salvador! US out of El Salvador!

Alvaro Vargas Llosa
(jornalista peruano)
Washington, 1984, diante da Casa Branca

Dentro de 10, 20 ou 50 anos terá chegada a todos os nossos países, como agora a Cuba, a hora da justiça social e a América Latina inteira se terá emancipado do império que a saqueia, das castas que a exploram, das forças que hoje a ofendem e reprimem.

Mario Vargas Llosa
(escritor peruano)
Caracas, 1967

O governo revolucionário das Forças Armadas não é capitalista nem comunista, mas sim todo o contrário.

Camponês, o patrão não comerá mais de tua pobreza.

Juan Velasco Alvarado
(ex-ditador do Peru)
Lima, 1970

A segunda frase foi adotada por Velasco em 1970 como lema da reforma agrária, após atribuí-la, equivocadamente, ao líder indígena do século XVIII Tupac Amaru.

Este livro foi impresso no
Sistema Digital Instant Duplex da Divisão Gráfica da
DISTRIBUIDORA RECORD DE SERVIÇOS DE IMPRENSA S.A.
Rua Argentina, 171 – Rio de Janeiro, RJ – 20921-380 – Tel.: (21)2585-2000